COLLECTION FOLIO

Jean Giono

Provence

*Textes réunis
et présentés
par Henri Godard*

ÉDITION REVUE
ET AUGMENTÉE

Gallimard

Jean Giono est né le 30 mars 1895 et décédé le 8 octobre 1970 à Manosque, en haute Provence. Son père, italien d'origine, était cordonnier, sa mère repasseuse, d'origine picarde. Après des études secondaires au collège de sa ville natale, il devient employé de banque, jusqu'à la guerre de 1914, qu'il fait comme simple soldat.

En 1919, il retourne à la banque. Il épouse en 1920 une amie d'enfance dont il aura deux filles. Il quitte la banque en 1930 pour se consacrer uniquement à la littérature après le succès de son premier roman : *Colline*.

Au cours de sa vie, il n'a quitté Manosque que pour de brefs séjours à Paris et quelques voyages à l'étranger.

En 1953, il obtient le prix du Prince Rainier de Monaco pour l'ensemble de son œuvre. Il entre à l'Académie Goncourt en 1954 et au Conseil littéraire de Monaco en 1963.

Son œuvre comprend une trentaine de romans, des essais, des récits, des poèmes, des pièces de théâtre. On y distingue deux grands courants : l'un est poétique et lyrique ; l'autre d'un lyrisme plus contenu recouvre la série des chroniques. Mais il y a eu évolution et non métamorphose ; en passant de l'univers à l'homme, Jean Giono reste le même : un extraordinaire conteur.

AVANT-PROPOS

Giono n'est pas un écrivain provençal ; il est un écrivain français né en Provence. C'est lui qui le dit, et il faut le répéter au seuil de ce volume. Il dit de même, et là aussi il faut lui prêter attention : « *Il n'y a pas de Provence. Qui l'aime aime le monde ou n'aime rien.* » *Toujours par réaction contre les poncifs, il trouvera encore en 1954 cette autre formule :* « *L'écrivain qui a le mieux décrit cette Provence, c'est Shakespeare.* »

On le comprend. Il lui a fallu du temps pour se défaire de l'étiquette d'écrivain régionaliste, et écrire sur la Provence c'est chaque fois courir le risque de se la voir de nouveau appliquer. Depuis la fin du siècle dernier, qui plus est, quelques écrivains se sont fait de la Provence une spécialité dont il lui faut se démarquer, cependant que le pays lui-même prenait en plus d'un endroit, à force de tourisme, un aspect de carte postale.

Mais Giono a beau prendre ses distances jusqu'à souligner qu'il n'est né en Provence que par rencontre, il n'en reste pas moins que ce pays est celui sur lequel il a ouvert les yeux, qui l'a formé, et où il a passé à peu de chose près la totalité de sa vie. Même pour lui qui s'est vanté de ne pas aimer les voyages, ce n'était pas voyager que de sillonner en tous sens ces Basses-Alpes devenues depuis Alpes-de-Haute-Pro-

*vence, et il ne s'en est pas privé. Tant d'heures passées
à marcher au milieu de ces paysages et à y exercer son
aptitude naturelle à tirer du monde sensations et joies
ne sont pas sans lui avoir laissé l'envie d'écrire sur
eux. Il a dans ce domaine tous les titres pour rivaliser
avec ses devanciers, fût-ce avec Shakespeare.*

*Il n'a, d'une certaine manière, jamais cessé d'écrire
sur la Provence, même si le territoire de son univers
romanesque ne se confond pas avec elle. Ni le nombre
ni l'importance des romans dont l'action se situe dans
la partie méridionale du Dauphiné ne peuvent faire
que la Provence ne reste dans nos mémoires le décor
dominant de cet univers. Noms géographiques et
détails descriptifs se mêlent dans cette impression
d'ensemble. Quelque importance qu'ait le Trièves
dans l'imaginaire de Giono, c'est sur la Provence que
l'œuvre s'est ouverte et qu'elle se refermera. C'était
bien, et pour cause, des paysages provençaux qu'il
évoquait sous couvert de noms grecs dans son premier roman,* Naissance de l'Odyssée. *Les suivants,
eux, se donnent comme ouvertement provençaux par
la multiplication des mentions de Manosque, de la
Durance, de la montagne de Lure et de beaucoup
d'autres lieux aisément repérables. En 1935, dans
l'édition illustrée des* Vraies richesses, *Giono laissera
commenter des photographies de paysages de la
région avec des citations tirées de ces romans, comme
s'il s'agissait de les authentifier. Après la guerre
encore, c'est la Provence que traversera Angelo, de
Montgenèvre à Manosque et de Manosque à Théus,
dans les trois premiers volumes du cycle du* Hussard,
et à Marseille que mourra Pauline. Dans L'Iris de
Suse, *son dernier roman, Giono se donnera le plaisir
de parcourir une fois encore en imagination sa pro-
vince natale, du sud au nord cette fois, à la suite de
Tringlot et d'un troupeau en transhumance.*

Cette localisation apparemment si évidente n'a

pourtant jamais été sans équivoque. Quand Giono mentionne des noms authentiques, il prend soin de déplacer les uns par rapport aux autres les lieux correspondants et de brouiller encore les pistes en y mêlant des noms fictifs. Peu importe qu'il se soit parfois amusé à dessiner lui-même sur des cartes l'itinéraire de ses personnages : il ne se prive pas de varier. La réalité géographique peut paraître avoir fourni le cadre, elle a été subtilement intégrée elle aussi à la fiction. Les noms de villes, de villages, de fleuves, de cols ou de sommets seraient-ils plus nombreux encore, la Provence serait toujours là sans y être. Par eux, sans doute Giono se réfère-t-il plus à elle que Faulkner au Mississippi, mais il revendique tout autant que lui la création d'un Sud imaginaire.

Il était donc naturel, au fur et à mesure que les romans s'imposaient à l'attention, que naisse le désir de savoir ce que Giono avait à dire de la Provence elle-même. Invitations et commandes ne tardèrent pas à le solliciter. Certaines aboutirent à des volumes, par exemple, aux deux extrémités de l'œuvre, Manosque-des-Plateaux *dès 1930 et l'ensemble de courts textes commentant des photographies qui fut publié en 1967 sous le titre significatif* Provence perdue. *D'autres projets avaient été des moyens plus ou moins directs de parler de la Provence, comme le scénario du film* L'Eau vive, *qui permet à Giono, en suivant son personnage, de dégager l'axe et comme l'épine dorsale de sa Provence, ou l'* « Essai sur le caractère des personnages » *joint aux* Notes sur l'affaire Dominici. *Mais, à côté de ces essais de quelque ampleur, il avait aussi répondu au même type de sollicitations dans nombre de textes plus courts, préfaces, articles, lettres publiées et même des exposés oraux enregistrés. Ce sont ces textes qui sont réunis dans ce recueil. À deux exceptions près, ils étaient jusqu'à présent dispersés dans les périodiques ou les brochures dans lesquels ils avaient paru, et les livres dont ils étaient les préfaces. (Une Note bibliographique fournit en fin de volume les références de ces premières publications.) Beaucoup, notamment les préfaces, étaient dépourvus de titre ou étaient seulement intitulés « Provence ». Ils sont désignés ici par des formules empruntées au texte lui-même, souvent à ses premiers mots. Les deux seuls à avoir été repris en recueil étaient le texte de 1939 intitulé ici « Ce que je veux écrire sur la Provence... », qui avait été inséré en 1943 dans le volume* L'Eau vive (Rondeur des jours)*, et « Arcadie ! Arcadie ! » qui figure dans le recueil posthume* Le Déserteur. *Un autre avait été écrit pour servir de préface à un regroupement partiel de quatre essais antérieurs sous ce même titre de* Provence.

Giono, quand il écrit ces textes, n'est plus narrateur de fiction, mais témoin. Il s'exprime en tant que natif de Manosque et au nom d'une familiarité de toute une vie avec la Provence. Ses qualités d'écrivain sont ici au service de ce témoignage. Ce sont elles qui lui permettent de l'animer et de varier sa forme. Parlant d'un sujet qui reste le même, il n'a pas de peine à le renouveler en faisant, pour les vues d'ensemble, alterner itinéraires et vues circulaires prises d'un point élevé – en suivant parfois la progression du soleil se levant peu à peu sur la région et, à partir d'une certaine hauteur, touchant simultanément des points éloignés dans l'espace, parfois l'itinéraire d'une route, ou celui d'un voyageur, qu'il soit anonyme ou qu'il s'agisse de lui-même, et, dans ce cas, tantôt dans un présent de narration vécu instant après instant, tantôt sous forme de souvenir. Point par point s'offrent à lui des images, qui ne sont ici d'abord que des moyens de mieux faire voir la réalité. À l'époque où il écrit la plupart de ces textes, Giono est parvenu à une maîtrise d'écriture qui ne cesse d'être parfaitement sensible.

*Mais il n'y a pas à attendre de lui que, même pour dire ce qu'est son pays sur le mode de l'essai ou du témoignage, il se tienne trop étroitement à cette réalité. Il a, il est vrai, parcouru et reparcouru les itinéraires qu'il retrace. Mais quand il écrit, il étale souvent sur sa table et garde sous les yeux ces cartes qui pour lui sont en elles-mêmes une source de plaisir. Ce qu'il écrit doit autant à la vision qu'elles lui proposent qu'à sa mémoire proprement dite. Aussi n'y a-t-il pas toujours lieu, quand il précise tel détail minime du paysage, ou quand il énumère au contraire tous les plans et les repères éloignés aperçus d'un même point de vue, d'enquêter sur l'existence présente ou passée de ce détail, ou de se demander en quelle saison ou par quelles conditions de temps ces repères sont tous visibles à la fois. On ne s'adresserait pas à Giono si on cherchait un guide touristique. Mais quiconque a rêvé une fois, en présence d'un paysage, aux hommes et aux femmes qui pourraient lui correspondre, prendra plaisir à lire ce que Giono a en cela à dire de la Provence. Sa connaissance de ce pays étant un fait acquis, et étant entendu qu'ici son but est de la faire partager, il reste qu'au-delà des réalités que tout le monde peut décrire, l'intérêt réside dans la vision qui s'y ajoute. Avec lui, la frontière entre essai descriptif et roman tend insensiblement à s'effacer, et le lecteur ne peut que s'en féliciter. Le texte d'*Ennemonde* a d'abord été publié sous le titre* Le Haut Pays,* *et toute sa première moitié pourrait en effet prendre place dans un recueil tel que celui-ci, de même qu'un certain nombre de pages de « Camargue », n'était que l'un et l'autre texte ont fini par donner naissance à des personnages. La Provence de Giono est ainsi en permanence un pays habité par les ombres des personnages qu'ont suscités ou auraient pu susciter à chaque tournant de la route les paysages qu'il décrit.*

S'il s'agit toujours des mêmes paysages, le regard

*porté sur eux et plus encore l'imaginaire auquel ils se
prêtent ne sont pas sans se modifier. Écrits par inter-
valles sur une durée de plus de trente ans, ces textes
une fois réunis permettent d'embrasser d'un seul
coup d'œil l'évolution de vision et de style qui caracté-
rise Giono, constantes et ruptures mêlées. La Provence des débuts de l'œuvre était tout naturellement
la terre de Pan et de l'union de l'homme avec le
monde, chantée sur le mode lyrique. Dans les années
cinquante, elle est devenue un pays où subsistent plus
qu'ailleurs des passions fortes qu'analyse avec gourmandise un amateur d'âmes. Un texte comme « Je ne
connais pas la Provence... », qui date de 1936, est tout
imprégné de l'inspiration des* Vraies richesses. *Mais
un pas a déjà été franchi trois ans plus tard dans « Ce
que je veux écrire sur la Provence... ». Une première
publication en brochure, puis l'insertion, toujours
sous le titre initial de « Provence », dans le recueil très
divers de* L'Eau vive, *n'ont sans doute pas permis de
prendre toute la mesure de ce long essai. Il est en réalité un des textes charnières dans lesquels le « premier » Giono de l'attention portée au monde naturel
se diversifie et s'enrichit d'intérêts nouveaux.
L'accent est certes toujours mis sur un sentiment émerveillé et presque religieux de la simultanéité de tout ce
qui, variations du temps et formes de la terre, plantes,
animaux et êtres humains, coexiste à un moment
donné dans le monde. Mais il annonce aussi de plus
d'une manière la production d'après-guerre. Ce serait
encore peu de chose que l'apparition de ces grandes
demeures vides au milieu de parcs abandonnés qui
seront plus tard le décor de plus d'une scène, ou celle
de ces boghéis, tilburys et autres véhicules d'autrefois
qui se multiplieront alors, ou même le surgissement à
un détour de phrase de la « sabretache cloutée d'or
d'un hussard ». Mais on discerne ici dès 1939 dans certains passages l'esquisse de cette psychologie romanesque qui sera la marque de l'œuvre à venir.*

Quand Giono reviendra à la Provence pour elle-même, en 1953, le tournant sera définitivement pris. Virgile oublié, ou peu s'en faut, quand il s'agira de trouver au pays une référence dans la littérature du passé, ce sera Stendhal, puis Shakespeare. «Arcadie! Arcadie!» est écrit sur la lancée du Voyage en Italie. *Giono s'amuse ici à placer la terre qui lui est le plus familière dans l'éclairage de cette psychologie, désormais pleinement développée, qui vient de lui servir à prendre une vue personnelle de Brescia, de Florence et de Venise. Le titre, il est vrai, semble renouer avec l'ancienne inspiration, mais le point d'exclamation qui le termine est là, avec son ambiguïté, pour suggérer qu'il est plutôt un clin d'œil, même si l'évocation de la vallée d'Asse fait resurgir, l'espace d'un paragraphe, la vieille utopie paysanne (désignée toutefois par une métaphore qui n'a plus rien de virgilien ni d'antique : «des Tahitis de gens éblouis»). Pour le reste, le ton n'est plus au lyrisme ni à la solennité, mais au contraire à la légèreté et à l'humour. La distance se laisse pleinement percevoir dans le long développement consacré à la cueillette des olives. On est loin ici du «Poème de l'olive» de 1930, et en revanche si proche du passage de Noé sur les olivades qu'il y a là comme une variation écrite en marge de ces pages. Mais Giono est plus près encore du cycle du* Hussard. *«Arcadie! Arcadie!» est comme une récréation qu'il se donne avant d'entrer dans la longue rédaction du* Bonheur fou. *On ne s'étonne donc pas d'y retrouver de ces formules qui sont comme les signatures du stendhalisme avec lequel il joue dans tout ce cycle de romans. Cette Provence de 1953 a bien rompu avec le paganisme, elle est désormais une terre capable de «faire jouir l'âme de délires» (ou encore «de la mélancolie la plus tendre»), le pays des «âmes sensibles», qui savent y trouver des «combles de bonheur».*

Quelques mois se sont à peine écoulés après que Giono a écrit ce texte pour son ami Lucien Jacques, quand on lui demande de nouveau des pages sur la Provence, cette fois pour servir de préface à un « Album des Guides bleus ». Pour changer sa manière, il renonce ici aux itinéraires suivis qui faisaient parcourir la Provence dans toute son étendue, et aussi aux développements synthétiques du type de ceux qu'il vient de consacrer dans « Arcadie ! Arcadie ! » aux civilisations de l'huile et du vin. Il choisit de mettre en valeur non plus l'unité mais la diversité du pays, diversité inépuisable qui exclut toute présentation d'ensemble, et même une connaissance complète, comme il en prévient dès la première phrase : « J'ai beau être né dans ce pays et l'avoir habité pendant près de soixante ans : je ne le connais pas. » Très logiquement, il opte donc pour une succession de vues partielles, enchaînées par contraste ou par simple association d'idées. Tout au plus s'accorde-t-il un plan panoramique comme il les aime, pris du haut d'un de ses points de vue favoris à cette époque, le village haut perché de Saint-Julien-le-Montagnier, d'où il peut voir, en tournant peu à peu sur lui-même, tous les sommets qui divisent ou délimitent la région. Ailleurs, il passe en toute liberté d'un point à un autre du pays, le balayant tout entier non plus de la vue, mais par la pensée de ses différences, et périodiquement ramené, sans qu'il le précise toujours, à cette ville de Manosque qui n'a jamais cessé d'être l'origine de son regard et le point de départ de toutes ses explorations.

Cette nouvelle Provence est, dès ses premières pages, celle des Chroniques romanesques. Plusieurs noms de lieux l'y rattachent, par exemple ceux des fermes de Silence ou du Sambuc, et plus encore la pratique forcenée du jeu, très proche de celle qui était évoquée dans le « Monologue » de Faust au village, *quoiqu'il prenne ici la forme curieuse et le nom nouveau de l' « arrêt ». C'est bien toujours le même divertissement indispensable dans cet univers de solitude et d'ennui, le seul qui permette une démesure suffisante pour relever le défi du monde qui vous entoure. De la chasse au bonheur d' « Arcadie ! Arcadie ! », on est passé aux passions tragiques ; de Stendhal à Shakespeare : c'est dans ce texte que Giono en vient à donner l'auteur de* Macbeth *et du* Roi Lear *comme l'écrivain qui a le mieux décrit la Provence.*

Mais, en 1954, la série des Chroniques *est déjà presque terminée. Parmi les œuvres nouvelles auxquelles Giono commence à penser alors, il en est une qu'il n'écrira pas finalement, mais qui donnera lieu aux esquisses publiées dans une préface de 1958 à* Colline *et à la série des* Cœurs, passions, caractères *de 1960-1961. Les textes sur la Provence écrits dans ces années ne manquent pas de faire place à cet intérêt nouveau pour un certain type de caractère. On en trouve des préfigurations dans celui de 1954, par exemple dans l'histoire de l'ancien propriétaire de la maison de Saint-Julien. Le suivant, en 1957, sera presque tout entier consacré à raconter une première fois l'histoire d'une certaine Marie M., dont Giono n'écrira pas moins d'une demi-douzaine de versions dans les années suivantes. L'esquisse aboutira en 1965 à un « caractère » à la manière d'Ennemonde, et la même année, le personnage sera encore cité au passage dans le dernier des textes de ce recueil, pour le relais qu'aura assuré Marie M. entre les anciens habitants du village et ceux qui vont peut-être le repeupler. Ainsi toute une série de ces textes suit-elle à sa manière le parcours de l'œuvre. Avec toutes les précautions que peut prendre Giono pour ne pas être identifié avec la Provence ou enfermé en elle, le pays le touche malgré tout de si près que, changeant luimême, il le fait changer avec lui.*

Mais la Provence change aussi de son côté. Du temps de la jeunesse de Giono, elle pouvait lui sembler être restée la même qu'au temps de Virgile. Depuis, elle a subi non seulement des catastrophes naturelles, ce qui est dans l'ordre des choses, mais aussi des dommages causés par les hommes. À une accélération générale du progrès technique se sont ajoutées quelques atteintes particulières qui petit à petit la rendent méconnaissable. Le monde, par force, finit toujours par s'accommoder des catastrophes. Après le gel exceptionnel de 1956, Giono a pu être d'abord effrayé à l'idée d'une Provence privée de ses oliviers. Deux ans après, son œil sait trouver une beauté aux troncs morts restés debout au-dessus des surgeons qui repoussent. Mais que faire de ces routes de plus en plus larges, de plus en plus rectilignes, qui tranchent comme des lames dans la chair vive des paysages ? Jusqu'aux années 1950, Giono n'avait encore à s'en prendre qu'à la Nationale 7 en provenance de Paris. Tandis qu'il écrit ensuite certains des textes de ce recueil, sont en construction un premier puis un second tronçon de l'autoroute qui traverse désormais la Provence de part en part. « Les autoroutes flagellent de leurs lentes ondulations des paysages vierges. » Il n'a pas vécu le temps du T.G.V., mais il a connu un certain nombre de projets analogues, et tenté de lutter contre eux : l'installation du centre nucléaire de Cadarache et la création de zones militaires comme celle du Plan de Canjuers, en attendant le plateau d'Albion. La Provence est sans doute plus que d'autres un pays menacé. Plus même que menacé, dira Giono en 1967 dans un titre : Provence perdue.

Il n'est pas dit d'ailleurs que ce ne soit pas, pour une part, ce qu'il aime en elle. Il évoquait déjà dans Colline *ces villages morts de la montagne de Lure dont les maisons ne sont plus que des tas de pierres enva-*

*his par le lierre et les ronces. Il y revient une nouvelle
fois en 1954 dans les dernières lignes de « J'ai beau
être né dans ce pays... ». De tout temps, le regard qu'il
a jeté sur la Provence n'était pas fait seulement
d'acuité, de finesse d'observation, de sa richesse ou
de sa précision de coloriste. Il était animé sans cesse
par la mémoire et par l'imagination, et aussi par ce
sens du tragique et des passions humaines qui faisaient parallèlement la force des romans. Il n'en fallait pas moins pour sortir ce pays des clichés ou du
folklore qui ont depuis longtemps commencé à le
menacer. Giono, qui ne se voulait pas provençal,
aura beaucoup fait pour nous faire voir une Provence
autre, agrandie de tout un jeu nouveau d'ombres por-
tées qu'elle projette lorsqu'elle se trouve ainsi placée
dans la lumière d'une œuvre.*

Henri Godard

I
VUES D'ENSEMBLE

1.

« *Comme une tache d'huile,*
la Provence... »

Comme une tache d'huile, la Provence déborde
ses frontières historiques. Si elle est maintenue fermement dans ses limites, à l'ouest par le Rhône, au
sud par la mer, dans le nord ces touffes de thym montagnard qui parfument les sommets de Lus-la-Croix-
Haute et à l'est le ciel clair qui s'ouvre au-dessus du
Briançonnais sont sa marque. La brèche que la
Durance ouvre dans les Préalpes, à Sisteron, semble
une porte de la muraille de Chine. On s'imagine
qu'au-delà les terres sont nouvelles. Elles sont en
effet nouvelles par la haute végétation ; la chevalerie
des arbres promène les lances enrubannées du frêne
et du tilleul, au lieu du bouclier rond de l'olivier et
du panache du platane ; mais la piétaille de l'armée
du soleil occupe le pays. La sariette escalade les
talus ; la lavande se répand dans les landes, le lilas
d'Espagne guette sur tous les rochers et toutes les
ruines. L'angle des toitures s'est aiguisé, les maisons
bombent le dos, le chaume parfois apparaît. On se
prépare à la neige, à la bourrasque glacée, mais le
crépi est fait des mêmes chaux qu'à Arles et le
mélange du soleil et de ce crépi donne les mêmes
couleurs. Au-delà de Sisteron, vers les Alpes, au-delà
de la montagne de Lure, vers le Vercors, un parfum
circule, et c'est celui qu'on respire dans les collines

du Var, les coteaux du Rhône, le désert de la Crau, la vallée de la Durance. Si cet air est salé de Cassis à Nice, s'il a comme un arrière-goût de plâtre d'Arles à Salon, s'il sent l'oiseau d'Avignon à Embrun, il est touché d'une pointe de glace à Briançon, à Lus-la-Croix-Haute, à Die. Mais il est fait – sur toute l'étendue du territoire que ces villes et ces bourgs circonscrivent – du piétinement du soleil sur les herbes odoriférantes : il est le jus de cette vendange de résines. À le déguster de nuit, on ne fait pas de différence sauf si l'on est spécialiste. On ne peut en déterminer l'origine que si une longue habitude du cru vous permet de sentir les subtilités, la friandise locale apportée par la respiration d'une forêt de sapins, le logement d'immenses troupeaux, le dessèchement d'un étang, le rôtissement d'une vaste étendue de cailloux roulés, la mer, le glacier ou, par exemple, comme du côté de Saint-Julien-le-Montagnier, l'inextricable enchevêtrement des yeuses, plein de bauges de sangliers.

Qu'on n'imagine cependant aucune uniformité. J'ai dit qu'on peut s'y tromper en dégustant de nuit cet air parfumé. Mais dès que le jour se lève, la plus extraordinaire diversité s'étale sous le soleil. L'aube sortant du Piémont installe d'abord ses théâtres italiens dans les forêts du Briançonnais, sur les glaces du Pelvoux, les pâtures de l'Isère, les dents de scie du Vercors. Elle saute plus bas, sur le sommet du Ventoux, de la montagne de Lure, plus bas encore sur Sainte-Victoire, sur Sainte-Baume. Elle ne touche encore la mer qu'au large. Près de la côte, de Marseille à Nice, ou, plus exactement, de Carry-le-Rouet à l'embouchure du Var, tout est encore dans l'ombre. Il faudra attendre que les premiers rais du jour aient pénétré dans les sombres vallées de la Drôme, dans les noires gorges du Diois, avant de voir s'allumer la frange d'écume qui bouillonne contre les roches rouges du Trayas. De forêts en glaciers, de pâtures en rochers, la lumière coule vers les vallons découvrant les montagnes mordorées du Nyonsais, les schistes bruns de Gap, les collines romantiques du Var, les déserts de Lure et du Canjuers ; elle touche de vermeil la pointe des villages perchés dans les vallées de la Drôme, de la Durance, de l'Encrême, de l'Asse, du Buech, du Verdon. Elle se glisse en même temps que la bicyclette du facteur dans la cour fortifiée des fermes hautes du plateau d'Albion ; elle se pose enfin dans la large Crau, sur les graviers de marbre faisant mousser une longue herbe blonde transparente comme du verre. Maintenant, la mer étincelle comme le bouclier d'Achille ; les yachts s'enflamment de pavois en rade de Cannes ; le café fume devant les huttes de charbonniers dans les solitudes du Var ; les douaniers vont chercher le journal à Montgenèvre ; les flamants roses s'élèvent du Vaccarès ; le pluvier fait courir son fil bleu dans les roseaux du Rhône ; la grive appelle sur les pentes du Ventoux ; le blaireau rentre à sa tanière, dans les déserts de Lure ; les maraîchers discutent aux terrasses des cafés de Cavaillon ; les pêcheurs de Cassis commencent leurs premières parties de boules ; Marseille a lâché tous ses autobus dans les rues ; Grenoble compte ses pitons et ses cordes ; Valence se réveille au sifflet de ses chalands ; l'odeur du pain frais embaume des centaines de bourgs, mille villages. Les écoles perdues dans les bois avalent des petits enfants à la tête en boule ; l'alouette grésille en Crau, le corbeau croasse dans l'Alpe, l'aigle tourne au-dessus de Lure ; les troupeaux font fumer les chemins autour des Alpes ; les tankers soulignés de rouge mugissent au pont de Caronte. L'étang de Berre éblouit Saint-Chamas. Tout le Sud est en train de vivre.

[1958]

2.

« *Il est vain de vouloir réunir...* »

Il est vain de vouloir réunir ce que Dieu a désuni. Il y a deux Provences très différentes l'une de l'autre.

La Basse-Provence circule à plat sur la rive gauche du Rhône, de la sortie du défilé de Mondragon jusqu'à la mer, et le long de la Méditerranée, du delta du Rhône à l'Estérel. Les plaines du Comtat en font partie, ainsi que les plaines du Var. C'est la Provence de tradition 1840 ; c'est Tartarin, c'est Mireille ; c'est celle que le touriste croit connaître parce qu'il l'a regardée par les portières de sa voiture, et qu'il a parfois lu la littérature traditionnelle. C'est une Provence qui, à certains endroits, a fini par ressembler à ce qu'on a dit d'elle. Au début du siècle, il aurait été aussi difficile de rencontrer au bord du Rhône un joueur de pétanque qu'un chasseur de casquette ; maintenant, il ne faut pas se le dissimuler, il y a les deux.

La Haute-Provence déroule ses bastions de collines le long d'une frontière qui va de Carpentras à l'Auberge-des-Adrets en passant par Vaison, Nyons, Sault, Apt, Mirabeau, Aix-en-Provence, Ollioules, Pourrières, Seillons-Source-d'Argens, Carcès, l'abbaye du Thoronet. C'est le pays sur lequel se sont éboulées les Alpes. Les collines d'altitude moyenne qui en recouvrent les trois quarts gardent encore les traces d'un bouleversement géologique alpin. Les torrents qui la parcourent l'ensemencent d'essences alpestres. Il y a autant de bouleaux que d'oliviers. Les collines se haussent peu à peu en plateaux d'origine glaciaire, puis en véritables montagnes : le Ventoux à 1 987 mètres, la montagne de Lure autant, à quelques mètres près ; la Sainte-Baume et la Sainte-Victoire ont plus de 1 000 mètres, et, dans les marches extrêmes du pays, aux endroits mal définis où il se mélange avec le Piémont et le Dauphiné, les sommets avoisinent 3 000. C'est une région où le tourisme a très peu pénétré. Le gros des « gens à quatre roues » est obligé de suivre les vallées, et dans les vallées, pour si belles qu'elles soient, il n'y a pas la splendeur et l'originalité des terres hautes. Donc, pays secret.

Mais pour celui qui est connu, archiconnu et parcouru de haut en bas par la Nationale 7, voyons-le quand même dans ses détails. Dès qu'on s'est glissé entre l'eau et les rochers de Donzère-Mondragon, la Basse-Provence s'ouvre. On a beau dire qu'elle commence à Valence ; Valence n'est qu'un pain mal coupé ; il y a encore dans le ciel quelques traces de Lyonnais. Certes, pour le Groenlandais, le Hollandais ou le Belge, c'est le Midi, mais le Midi n'est pas la Provence. Le gris n'y a pas encore sa qualité aristocratique. Au sud du défilé par contre, on croit voir un fourmillement de couleur, et là, c'est du gris, du vrai gris de la qualité la plus noble. Ne croyez pas au peintre qui fourre dans ce pays-ci le rouge sang, le jaune d'or, le vert vinaigre. Tout est gris. C'est sur ce gris, à la fin de l'hiver, que jouent les blancs et les roses des fleurs d'amandiers, c'est contre ce gris que s'appuyera l'azur du ciel d'été, c'est de ce gris que s'échapperont les flammes à peine citronnées de l'automne. C'est ce gris qui rejoindra le gris de l'hiver, le poussant juste un peu, dans les lointains, vers un violet d'évêque *in partibus*. Je ne parle pas, bien entendu, des abords de la Nationale 7 dont les couleurs sont (dirons-nous à la mode du jour) « fonctionnelles » ; elles fonctionnent dans le commerce de la loi de l'offre et de la demande et le cours des halles : c'est le rose bonbon des vergers de pêchers, c'est le jaune moutarde de la moutarde, c'est le vert bleu du blé américain, c'est le bleu cuivre des vignes passées à la sulfateuse, c'est la couleur artificielle de ce qu'on vend sur les marchés et que forcément on cultive. Mais, dès qu'on a quitté les vergers et les labours, dès qu'on s'est écarté de la longue allée de pompes à essence et de trompe-nigauds qui descend vers la mer, c'est le gris qui vous enveloppe ; un gris étrange fait de lumière intense et de couleurs broyées. Avant l'asservissement du Rhône qui fournit désormais du néon aux enseignes lumineuses et de l'énergie aux usines qui fabriquent du prolétariat, le fleuve avait fait surgir de ses rives les forêts de ses sources. Les graines et les racines arrachées au Valais donnaient arbres, feuillages, murmures et ombres à son tumulte. Les hauteurs de la rive droite dépassaient à peine la cime des trembles, des bouleaux, des aulnes et des sapins. Maintenant, ces bords du Rhône ont été ici rectifiés, mis en ordre, alignés. Les bulldozers ont arraché et aplani. Le délicat romantisme du paysage qu'on apercevait à travers les tronc de bouleaux nus entre Charnève et les îles Margeries a disparu. Restent les grands espaces moyenâgeux vers le Tricastin, couvert du pelage de bronze de ses yeuses jusqu'aux lointaines hauteurs de la Roche-Saint-Secret au-delà de laquelle vers Valouse et l'Estellon descendent les pentes dauphinoises. Dans le sud, le Ventoux se devine déjà, et s'organisent les plans entremêlés des collines qui encombrent encore la vallée jusqu'à Orange : la Ranjarde, le bois d'Uchaux et, à la pointe extrême du golfe dans lequel va s'établir le Comtat, les Dentelles de Montmirail.

Si je me suis un peu attardé autour de la porte d'entrée c'est qu'à cet endroit-là, la Provence est moitié basse, moitié haute, et à partir d'ici la séparation se fait. Les collines, et déjà presque les montagnes, reculent jusque derrière Nyons et Carpentras, la vallée s'élargit en plaine. À la fin du siècle dernier, après la création du canal de Carpentras, dans le triangle Jonquières-Pernes-Carpentras et sur toutes les terres à l'est de cette ville, vers Mazan, Malemort, Venasque, la plaine se couvrit de grands domaines à prairies, à futaies de sycomores, à fontaines monumentales, dans lesquels on élevait des chevaux de race et où vivait une société élégante et raffinée. Les maquignons des terres hautes venaient s'approvisionner dans ces haras, et les bourgeois éleveurs de chevaux avaient des noms célèbres dans les foires. Les filles de ces bourgeois ont fait souche d'une très belle race d'hommes et de femmes qui tient encore le haut du pavé en originalité et parfois en fortune dans tout le Comtat d'aujourd'hui. Les fils de ces bourgeois imbus des grands principes de liberté qui poussaient tout seuls à l'ombre fraîche des sycomores et des fontaines monumentales sont tous restés célibataires ; ils ont traversé avec pompons, cocardes et rubans toutes les belles aventures du xixe siècle et sont presque tous morts magnifiquement en 14-18. Restent encore quelques grandes maisons sonores et désertes, dans des prairies à barrières blanches, vers Monteux, le long de l'Auzon ou de la Grande Levade. Il y a longtemps qu'on n'y élève plus de chevaux. On y dort, ou on y « passe des weekends ». Les autres domaines ont disparu, remplacés par des pépinières de pylônes. La capitale de ces centaures à redingote était à Carpentras. Depuis leur disparition, la ville vit surtout dans ses faubourgs, d'une vie détournée des paysages généreux au profit d'un sens politique. Vue à quelque distance, le matin à l'aube en plein été, quand le trafic est encore endormi, la cité a un grand air espagnol ; on y respire les vapeurs de soupe des san-bénitos.

D'ailleurs, il faut bien se le dire, tous les dieux du monde (en plus bien entendu de ceux de la Grèce, de ceux d'Israël et de ceux d'Auguste) sont venus mourir sur cette terre qui va du promontoire des Dentelles de Montmirail jusqu'aux rivages les plus au sud du delta. Il faut à peine gratter les labours de Bédarrides, les jardins de Sorgues, les lavandes de Blauvac, les asperges d'Althen-des-Paluds, pour en voir surgir un serpent à plumes, un nez de l'île de Pâques, un pétroglyphe, un dieu de l'Arizona, une bannière tibétaine, un pansexualisme archaïque, un corpus christi universel. Mais, comme les villes mortes qui ne sont visibles que d'avion dans les sables du désert, ces traces divines ne sont plus perceptibles qu'à l'aube. Il faut être debout à l'heure où les tankers rêvent sur les routes nationales, où les quatre-roues en mal de Riviera dorment le nez souillé de châteauneuf-du-pape, dans les draps roses des Hôtels des Princes, de l'Univers et des Crillons réunis. Alors, l'arc de triomphe d'Orange fait prendre l'air à ses captifs et la colline Saint-Eutrope délivre les murailles de brume d'un temple considérable. C'est l'heure où le bleu-de-Gênes à qui est dévolu le soin de faire chanter la sirène de l'usine en est encore à mettre dans son panier l'omelette aux tomates, le saucisson de Lyon et les sardinelles de Tunis. Les bistrots n'ont pas encore sorti leurs terrasses. Le charroi des vins de l'Hérault, des pétroles de Berre et des Ciments Lafarge ne se fait encore qu'au goutte à goutte et, entre ces gouttes, on entend crier les hirondelles et le vent passer dans les platanes. On peut surprendre alors dans les ruelles autour de la place des Frères-Mounet le glissement d'une toge ou une de ces vieilles femmes noires contemporaine des os de narval taillés par les Alakaloufs, qui va à pas menus à la première messe de Saint-Florent. Plus tard, il n'y aura plus, le long des rues centrales, que les étalages multicolores des vanniers autochtones qui font venir leurs corbeilles toutes faites des prisons tchécoslovaques.

Mais à la même aube, à Avignon, sur la place Saint-Didier, Notre-Dame-du-Spasme ayant quitté son retable vient rafraîchir ses pieds nus sur le pavage de galets qui faisait crier la goutte à Stendhal. C'est à travers la rue de la Bonneterie, la place Stalingrad et la rue Carnot qu'il faut aller à la place du Palais. De vieilles maisons qui ne se sont pas lavé les dents depuis des siècles et ont au surplus de graves ennuis de tuyauterie soufflent une haleine corrosive sur vos talons. C'est saint Jean clamant dans le désert. On est dans la bouche d'or des prophètes forts en gueule, mangeurs de poireau cru. Le fleuve – qu'on entend mugir par-dessus les toits – parle, malgré sa vivacité, de Jourdain, de mer Morte, de civilisation pastorale, parfumée bon gré mal gré et in aeternum de suint de mouton. La fraîcheur helvétique qui vous saisit au détour des murs du Palais vous surprend sans vous enchanter. L'air a beau être embaumé de cette odeur de cannelle des arbres abondamment arrosés, le remugle palestinien des petites rues s'accordait mieux avec les grandes lignes verticales de la façade mi-sévère mi-goguenarde de la forteresse des Papes appuyée sur l'azur de plomb d'un ciel que le soleil n'élime pas encore. On peut avoir là, suivant les saisons, entre l'Hôtel des monnaies et les « marches du Palais » d'un à trois quarts d'heure d'Italie, tant que la ville ne remue pas. Dès qu'elle bouge, c'est fini, ou plus exactement c'est autre chose : c'est l'opérette, *l'opera buffa*, presque *Cosi fan tutte*, à suivre le manège de tout ce qui prend le café, le pastis ou le frais sur la place Georges-Clemenceau. Toutes ces sensations mirifiques sont d'ailleurs fonction l'une de l'autre, se complètent, s'enrichissent, se font valoir, et tel « primeuriste » à maillot de peau, tel rentier à gilet de basin, chaîne de montre et allure de toupie, telle fillette à corolle de jupons empesés, perdraient de leur cocasse s'ils ne pouvaient être confrontés avec le gothique du XIVe siècle, et le souffle léonin des ruelles. Il y a d'ailleurs autour de cette ville de très beaux remparts qui manquent de hauteur – c'est l'avis général – mais sont encore très capables d'estropier les élèves de l'école primaire. Avignon a son monstre du Loch Ness : c'est le mistral. Il y souffle avec une violence extrême et pendant cinq à six minutes la vieille ville perd son odeur. Mais, pour les poëtes du cru (je veux dire : le boucher, le marchand drapier, l'épicier et d'une façon générale tous ceux qui ont un fil à la patte, et un comptoir à l'autre bout du fil), le mistral a partie liée avec le Rhône, et dévore bon an mal an, à l'aide du fleuve dans la gueule duquel il les pousse, plusieurs douzaines de voitures automobiles, cargaison comprise. Les modestes, ou ceux qui ont une culture nordique, prétendent qu'il s'agit uniquement de deux-chevaux, les autres parlent de camions bâchés. Il est de fait que par tempête de noroît (ou de *notos*) la ville hurle comme Troie la nuit de sa mort. La véhémence des arbres, le fleuve qui rebrousse ses écailles, les murailles qui tremblent, le clairon qui sonne dans tous les couloirs, la poussière qui fume de toute part, le ciel blanc, le soleil malade dressent le décor d'un sublime exceptionnel. Avignon est alors une ville à nulle autre pareille ; elle s'arrache à l'époque actuelle pour devenir la ville flottante de Gulliver.

Passé le pont de Bonpas, de l'autre côté de la Durance, on entre dans les champs Élysées. Jusqu'aux Alpilles la plaine est couverte de cyprès. C'est un immense jardin funèbre à la Louis XIV, un potager pour Eurydice jardinière. Du haut des collines d'Eygalières, au lieu-dit le Mas-de-Montfort, on domine ce Hadès légumier ; on en voit se mêler, s'écarter, se rejoindre toutes les avenues. Avant l'invention des machines de jardinage à moteur, c'était le pays de l'ombre paisible, le pas du promeneur découvrait de barrières de cyprès en barrières de cyprès quatre ou cinq femmes noires accroupies grattant le sol autour des plans de tomates, ou suivant la saison un petit diable roux faisant chanter sa bêche dans une terre de soie et de cendres ; maintenant c'est le domaine du teuf-teuf et je te frotte, et je te gratte, et je te herse, et je t'épouille et je te bouleverse à l'essence, mais sans rien changer à l'essentiel et au dramatique de la situation ; le bruit de ces multiples véhicules faisant somme toute de loin le bruit d'un vaste chaudron qui bouillonne, et la poussière qu'ils soulèvent devenant avec très peu d'imagination la fumée des cuisines infernales.

Sur le versant nord des Alpilles, Saint-Rémy s'écorche jusqu'au sang romain et même gallo-grec. Il y emploie des ongles jansénistes. En face de Saint-Rémy, sur le versant sud des Alpilles, Les Baux fait tourner des cars de touristes autour d'une sécrétion de la reine Jeanne et d'une auberge à trois étoiles.

Ceci passé, on est alors au seuil d'un pays extraordinaire. Nous sommes loin des menus gastronomiques et de la moyenne horaire. Des derniers sommets des Alpilles, au-dessus d'Eyguières, de l'Espigoulier, ou au-delà des rochers d'Entreconque, on domine une vaste étendue déserte dont les confins vont trembler dans la mer. C'est la Crau. En

plein été, lorsque les gramens sont blancs comme de
la neige, des mirages s'installent dans ces déserts.
Vers Entressen, on voit monter les voiles de la
Grande Armada, les palmiers de *Vathek*, ou les paysages fantastiques d'un Gustave Doré du trottoir qui
travaillerait à la craie brûlante. C'est à pied qu'il faut
se perdre dans ses vastes étendues de galets roulés et
d'herbes dures. Après de longues heures de marche,
on rencontre parfois un berger sarde, ou bien un
homme hors du temps enroulé dans une centaine de
moutons têtes basses. Loin dans l'est, luit l'acier
transparent du massif de la Trévaresse contre lequel
se niche la ville de Salon, au-delà duquel coule la
Durance et qui contient dans un de ses vallons Aix-
en-Provence. À l'ouest et au sud, la Crau n'est bordée
que d'une muraille d'air sirupeux où palpite la chaleur. Le voyageur solitaire suit des pistes où les
traces de tous les monstres imaginaires s'entre-
mêlent. Un simple fil de la Vierge sépare ici l'époque
actuelle des mondes préhistoriques. S'il est un lieu
de méditation propre à faire réviser l'échelle
moderne des valeurs, c'est ici. Ni complaisance pittoresque, ni confort d'aucune façon : il faut être sûr
de soi pour aimer ce canton ; les routes en font le
tour, sauf celle, droite comme un if sur 40 kilomètres, qui va de Salon à Arles. Le long de cette jetée
qui coupe la Crau à un tiers vers le nord, à portée du
regard des Alpilles, quelques fermes couleur de pain
brûlé, vastes comme des abbayes ou des souks,
montent la garde entourées de cyprès et d'amandiers. Certaines sont vides, et le vent les fait sonner
comme des ruches d'Edgar Poe. Sur la partie de cette
route qui, du carrefour de la Samatane, va à Salon, se
trouvent tous les paysages de Nostradamus. Nostradamus est le plus grand poëte de la Basse-Provence
(et peut-être même de la Haute). On a tort de vouloir
lui faire expliquer le futur ; il ne l'explique que

comme l'expliquent Clément Marot, Maurice Scève, Jodelle, La Boëtie, Jean de Sponde, etc. Certains de ses vers sont parmi les plus beaux qu'une mémoire d'homme puisse retenir pour alimenter son auberge espagnole [1] :

Le port Phocen de voile et nefs couvert

De l'onde il moulle et le limbe et le pied

Mort dans le puys sommet du ciel frappé

Oh sang Troyen mort au pont de la flèche

La vie demeure a raison ; Roi se range.

Tu te verras en ile et murs enclos

*L'arbre qu'estait par longtemps mort séché,
dans une nuit viendra a reverdir*

La lune au plein de nuit sur le haut mont

*Dame l'absence et son grand capitaine,
seront priés d'amour du vice-roi*

D'un rond, d'un lys, naîtra un si grand prince

*Six cent et six, six cent et neuf,
Un chancelier gros comme un bœuf,
Vieux comme le Phoënix du monde,
En ce terroir plus ne luira,
Et la nef d'oubli passera,
Aux Champs-Élisiens faire ronde.*

---

1. Giono ne possédait pas moins de sept éditions de Nostradamus dans sa bibliothèque. *(N.d.É.)*

Dès qu'en direction d'Arles on quitte les fontaines et les ombrages de Salon pour s'engager sur cette longue ligne droite lancée à travers le soleil, tout ce qu'on touche se change en or. En or mortel, en or mythologique, en or qui pèse sur votre nuque, en or qui sèche votre salive, brouille votre vue, colmate vos poumons, vous transforme en momie dorée, pendant que les fantasmagories décorent de fresques grises les parois de votre tombeau.

Il est évident que l'automobile empêche ces transmutations. Des centaines de personnes se trimballent chaque jour « le pied sur le champignon » de Salon à Arles et d'Arles à Salon sans se douter qu'elles frottent les lisières impalpables du pays au-delà de l'air. Ce sont les mêmes qui rêvent de prendre pied sur la lune et même de voyager dans le cosmos.

Arles était au début du siècle, malgré Saint-Trophime, les arènes, le théâtre antique et les Alyscamps, une de ces villes à rues ouvertes sur le vide qu'on voit dans les westerns. En dépit de l'urbanisme et de l'esprit moderne qui président à l'art de la construction, elle en a gardé quelque chose. Certaines de ses nuits sont ébranlées par des mugissements qui peuvent aussi bien venir du Rhône que du Minotaure. C'est la porte de la Camargue. La Camargue est un triangle rempli d'oiseaux et de bœufs.

Au carrefour de la Samatane dont j'ai déjà parlé à propos de la délimitation des paysages nostradamiens, la route venant de Saint-Rémy, Les Baux et Mouriès traverse à peine en oblique la route d'Arles à Salon, et s'enfonce dans la petite Crau. Elle mène à l'étang de l'Olivier sur les bords duquel se trouve Istres, puis, longeant les rives de l'étang de Berre jusqu'à l'anse de Ranquet, elle va à Martigues ; auquel Martigues je préfère Fos.

Fos est sur la mer, au bord du golfe du même nom et au bout d'une autre route qui traverse la grande Crau et longe de mélancoliques paluds : Fos est un petit morceau de ville d'Ys. Au surplus, c'est le seul endroit où la lumière blanche est d'accord avec le feuillage de tamaris usés par le vent, l'écume de la mer et la poussière des déserts. La mélancolie des marais endort toute forme de vie. On y est seul. On y entend les grandes voix : le vent, la mer, l'écho des abîmes. On est sur une petite languette de terre aplatie entre le ciel et l'eau. Les thons et ces êtres bizarres qui firent la terreur d'Ulysse, les lamantins, viennent jouer sur sa plage. Un simoun permanent en fait fumer le sable. On n'y danse pas le dimanche. On ne s'y baigne pas, à cause de dangers inexistants mais mal définis et terribles. On est dans de la poussière d'argent et il ne s'y passe rien que d'être dans de la poussière d'argent.

Martigues est appelé « la Venise provençale » ; elle n'a de commun avec sa glorieuse marraine que de sentir le pétrole comme sur le quai des Esclavons, quand le vent vient de Mestre.

De Martigues, on va à Marseille par une route qui longe le versant nord de la chaîne de l'Estaque. Cette route n'apprend rien. Par contre, si on s'en va à Carro, on apprend beaucoup de choses, et notamment qu'il faut venir lire Homère dans ces montagnes de craie qui dominent le cap Couronne. On continue à être à une intéressante école, si on va flâner vers le Val-de-Ricard, Laure, le Douard, le Rove. C'est d'ailleurs du Rove, au sortir du tunnel, qu'on a la plus belle vue de Marseille, ce qui n'est pas peu, mais ce qui est mieux c'est qu'on est alors admirablement placé pour comprendre cette ville qui souffre de tant de légendes niaises et de malentendus primaires (d'ailleurs concertés).

Les Marseillais ne sont pas marins : ils sont « navigateurs ». C'est avec eux qu'on arme les paquebots. Ils s'aventurent rarement sur de petits bateaux : ils vont au cargo, mais pas à l'embarcation de pêche. Malgré les tempêtes de la Méditerranée aussi violentes que celles de l'Océan, on peut visiter les cimetières de Perpignan à Livourne, on ne trouve pas de « péris en mer ». À part, disons, un millier de Marseillais (sur 800 000) qui vont à la mer pour le plaisir, le reste est résolument montagnard. Dès que le Marseillais a du temps de libre, il prend sa voiture et il va dans les Alpes, l'hiver pour faire du ski, l'été pour pique-niquer. De là, dans Marseille, une foule d'associations, toutes terrestres, et terrestres jusqu'à être pédestres : les excursionnistes marseillais, les marcheurs de Saint-Henri, les alpinistes de la Barasse, etc., etc. Certains vont effectivement à la pêche, mais à la pêche à la ligne sur les rochers de la Corniche ou des Goudes ; quelques-uns se hasardent sur des « esquifs » jusque dans les parages du château d'If, ce sont les plus téméraires ; la camarde en fait une sinistre moisson même par beau temps. Le Marseillais commun ne se noie pas : il s'écrabouille en voiture du côté de Venelles. Le Marseillais ne rêve pas d'Océanie, ou de mers du Sud, il ne rêve que de bastidon ou d'Alpe-d'Huez. C'est aller au plus facile (et au plus flatteur) que d'imaginer le Marseillais sensible au chant des sirènes (des sirènes de bateaux). Il est cependant si sentimental, quand il s'agit de lui-même, qu'il l'imagine sans l'aide de personne en prenant la route des montagnes.

Marseille est un comptoir plus qu'un port : ici on ne joue pas avec la mer, on commerce. La voie ferrée qui descend des Alpes, et maintenant l'autoroute du Nord, ont éventré, puis fait disparaître les magnifiques domaines que les armateurs de l'époque 1900 possédaient sur les collines de Septèmes, sur les hauteurs de la Viste et les mamelons de Saint-Barthélemy. Il y avait là, dans les pins, d'admirables maisons et d'autres moins admirables reproduisant en pierres de taille toute la fatuité, l'orgueil, la vanité et le besoin de paraître de leurs propriétaires ! Mais, pour les admirables, elles l'étaient avec cet absolu de beauté qui hante volontiers les bords de cette mer. Construites « en belle vue » ou parfois à l'ombre des versants nord, toutes les maisons avaient des tourelles avec longue-vue pour scruter le large et sémaphore pour correspondre. À cette époque sans radio et téléphone (je ne parle que de cinquante ans), les mouvements de bras d'une croix pouvaient décider sur place la baisse ou la hausse de n'importe quelle matière importée. À l'aide de ces longues-vues et de ces sémaphores, on faisait attendre en rade ou on pressait le mouvement, puis on descendait en bourse profiter de l'événement provoqué. Les affaires sont toujours l'essence de Marseille ; je veux dire le « carburant » qui fait marcher son cœur. Elles ont simplement perdu le romantisme du début du siècle : les collines du golfe ne font plus signe de la mer, les armateurs ne se précipitent plus à la bourse dans des calèches à trotteurs rapides, les « bénéfices » ne se promènent plus sur la Canebière ou sur le cours Belsunce enroulés de dentelles de Malines et parfumés de patchouli, les petits agios ne font plus les grandes rivières de diamants et tel « gougnafier » qui habite un tapis, rue Tapis-Vert, en met plus à gauche en restant couché dans des draps sales près d'un téléphone que jadis les grandes familles qui donnaient le nom de leur tante Hélène à des cargos.

Reste cependant de cette époque le goût de la chaussure bien cirée (bien qu'il se perde lui aussi, un peu, depuis la dernière guerre, et surtout depuis la mode du daim). Les boutiques de cireurs et les petits cireurs à boîtes étaient plus nombreux que les boulangeries. Le Marseillais se serait plus facilement passé de pain que de souliers rutilants. Marseille est la seule ville au monde où les cireurs avaient une poudre spéciale pour faire « craquer » la chaussure. Cette invention est hélas désormais perdue. Se promener sur le Cours (le Corso italien) consistait à avoir les souliers astiqués, comme vernis, et craquants. Depuis le daim et le mocassin, ces habitudes se sont perdues (l'existentialisme par contre n'y est pour rien ; l'existentialiste marseillais se fait cirer les chaussures si elles ne sont pas en daim). Les boutiques de cireurs sont moins nombreuses ; elles se sont enfoncées sous terre, également ; enfin, elles ne sont plus ces « salons de conversation », ces Sorbonnes de la philosophie méridionale qu'elles étaient. Elles sont, dit-on, un peu de la police ; elles l'étaient aussi dans l'ancien temps mais avec une sorte d'élégance tropicale ; depuis qu'elles s'occupent des délits d'opinion, elles sont devenues nordiques et mornes. Néanmoins une révolution n'est possible à Marseille qu'avec l'appui des boutiques de cireurs.

Il y a ici beaucoup d'air oriental et il est incontestable que l'ombre d'Haroun al Rachid frappe des coups redoublés dans les lambris bourgeois ; ces manifestations occultes peuvent faire croire à la présence d'un cœur qui bat ; ceux qui s'y laissent prendre le payent cher. La ville est ample, généreuse (dans ses formes et sa lumière), elle a la beauté nacrée et le bourdonnement des coquillages vides. Elle est ouverte au vent du large par un sillon nord-sud, la Canebière, dans laquelle on se promène encore un peu ; il est facile de distinguer, parmi les passants, le vieux beau, le jeune beau : ils font des ronds de jambe même dans le vide ; ils sont très soignés du haut et du bas, c'est-à-dire qu'en plus des souliers cirés, ils ont les cheveux gominés ; le reste,

entre les cheveux et les souliers, à part bien entendu
le visage traité à la « serviette chaude », est d'une élégance assez Amérique latine. La vieille belle et la
jeune y foisonnent aussi. La première stupéfie par sa
carène, son corps Louis XV et sa voilure toujours à la
frégate ; la seconde est une sorte de petit noyau noi-
raud et insolent ; il faut vraiment être dépourvu de
toute imagination pour penser à la « croix de sa
mère ». D'est en ouest, prolongé par le cours Saint-
Louis et la rue de Rome, il y avait le cours Belsunce,
il n'y en a plus que les débris. Depuis qu'on a démoli
les quartiers derrière la Bourse, et surtout depuis
qu'on les reconstruit, il a perdu toute sa qualité. Du
temps de ma jeunesse c'était, au gros de la chaleur,
un havre de fraîcheur et de « bon ton » ; le poult-de-
soie venait y froufrouter à petits pas sous des
ombrelles, il y avait des chapeaux melons, de grands
saluts et toute la comédie des pays à soleil.

Sans jamais avoir eu l'allure aristocratique de
celui de Madrid, le Prado de Marseille était une belle
avenue ; elle est aujourd'hui dévorée par l'automobile, sauf dans sa branche qui va vers la mer où
elle est restée ce qu'elle était à l'origine : une résidence de feuillages et d'oiseaux. Elle est encore dans
cette partie escortée de demeures, les unes belles, les
autres dans un style 1900 assez touchant, mais toutes
entourées de beaux arbres et de pelouses, parfois
même de taillis. Elle débouche sur la mer dans la
meilleure tradition des avenues d'aventures.

C'est de là qu'on va vers les Goudes et la corniche
de roches blanches qui s'interrompt avant Cassis.
Mais dans l'arrière-pays de ce Prado, vers Aubagne,
s'ouvre encore une des vallées les plus grasses et les
plus opulentes de la Provence. On en distingue
encore, par-ci par-là, des débris au milieu du gâchis
effroyable de l'autoroute du Sud en construction.
Malgré ce terrible sacrifice moderne au dieu de la

vitesse et parmi les tronçons des futaies abattues, des
saules renversés, des prairies dépecées, on voit
encore d'admirables îlots de paix et d'ombres, sous
des ormes, des charmilles, des sureaux, des bosquets
de lilas, ou se perpétue pour quelque temps encore
l'art de vivre, tel qu'il existait à la belle époque dans
la vallée de l'Huveaune.

Certains quartiers de la ville, comme le Camas, le
cours Gouffé, la rue de la Turbine, l'avenue du
Domaine-Flotte, ont gardé beaucoup de charme.
Certaines maisons à allure de petits couvents, parfois
d'ailleurs habitées par de minuscules confréries reli-
gieuses, possèdent encore de romantiques jardins. Il
suffit là d'un arbre, d'un lierre, d'une glycine et d'un
peu de ferveur pour que s'effondrent dans de reten-
tissants abîmes toutes les constructions métaphysiques de la civilisation moderne. Les rues, ou
plus exactement les ruelles, de ces quartiers sont
encore sensibles et émues du pas du promeneur.

Un des plus beaux monuments de Marseille est la
Vieille-Charité. C'est une construction à la Piranèse.
Il faut la chercher dans un lacis de ruelles à « navigateurs » sur les collines qui dominent le port à droite
en regardant la mer. Cet ancien lazaret est heureusement habité de nos jours par toute une population
qui semble sortie d'une Asie Mineure de *Magasin pittoresque*.

On peut aller à Cassis en automobile (évidemment). On traverse alors le massif de calcaire blanc
de Marseilleveyre ; d'où, comme son nom l'indique,
on voit toute la baie ; on peut en imaginer facilement
les splendeurs primitives. Ces hauteurs de quelque
300 mètres au-dessus de la mer ont une analogie certaine avec celles que nous avons trouvées du côté du
Rove et de l'Estaque : là aussi la lecture d'Homère
s'impose, qu'il s'agisse, bien entendu, d'abord de

l'*Odyssée*, mais également de l'*Iliade* ; ces roches nues, ce ciel cru, cette mer amère et parfois les bourrasques d'un vent blanc parlent tout naturellement de combats héroïques. Je ne crois pas cependant que ce soit pour cette raison qu'on y avait établi un camp militaire sur les landes au-delà du col de Carpiagne.

Les « happy few » qui opteront pour le voyage à pied (ce qui n'est pas une mince entreprise) prendront après les Goudes les sentiers du bord de la mer. Ils sont scabreux ; l'intense lumière vous aveugle, le ressac qui brise et éclabousse sur les rochers à cinq, dix ou quarante mètres plus bas vous attire irrésistiblement par la monotone répétition de son bruit et de son éclatement d'écume ; le large est un gouffre horizontal qui donne le vertige comme les autres. Mais ceux-là verront la calanque de l'Oule (c'est-à-dire du chaudron) par le haut, ce qui est un spectacle peu ordinaire. Elle a été bien baptisée : c'est un chaudron de pierre, aux parois parfaitement verticales, de près de 100 mètres de profondeur. Ce gouffre d'un diamètre de plus de 200 mètres de large, ouvert à la mer par une passe de 25 à 30 pas, est plein d'une eau profonde, violette, tempérée à peine par le reflet des parois d'albâtre, et tout retentissant des moindres bruits. La vaguelette qui là-bas au fond caresse la roche par temps calme fait éclater l'écho de sonorités extravagantes ; le martinet, l'hirondelle de mer, la mouette et le fou de Bassan claquent de l'aile comme si toutes les lavandières du ciel battaient ensemble la lessive de dieu, le vent y fait gronder les cuisines cosmiques. On visite également cette calanque par mer, comme on visite les autres, mais moins souvent, elle verse plus de peur que d'enthousiasme au cœur des citoyens.

Toute cette côte, jusqu'à Toulon, par La Ciotat, Bandol, Sanary, la presqu'île du cap Sicié est somme toute constituée par le massif de la Sainte-Baume plongeant dans la mer. Les calanques, les criques, les petits golfes, les découpures du bord de l'eau ne sont que les extrémités de vallons montagnards engloutis. Dans l'intérieur des terres, des plainettes et des fonds de val sont couverts de vignes et de cerisiers. Une vie agricole bien différente de celle qu'on mène dans le Comtat ou vers Cavaillon y réunit de petites agglomérations de paysans très sarrasins. Les choses n'y sont jamais faites en gros, mais témoignent d'une philosophie où le désir de bien vivre (suivant des préceptes anciens) a pris depuis longtemps le pas sur le besoin de gagner. Les montagnes ne sont jamais bien loin et on s'y perche volontiers. Malgré des hauteurs de 800 et même de 1 000 mètres vers la montagne de la Loube au-dessus de La Roquebrussanne et les vallées profondes et noires vers Garéoult, Sainte-Anastasie, Beaupré, Montrieux, Belgentier, c'est toujours la Basse-Provence ; c'est plus une question de caractère que de relief. Malgré tout ce qui peut séparer un primeuriste de Cavaillon d'un propriétaire de cerisaies de Méounes, on trouve chez l'un et chez l'autre le même regard, le même ton, et ils allument la vie au même brandon. De ce côté-ci, la Basse-Provence ne finit qu'à la route Nationale n° 7 d'Aix à Nice.

Au-delà de Toulon commence une terre très mahométane. L'œil des femmes parle de razzia, de Barbaresque et de sérail ; le pas des hommes est un peu turc ; la montagne se fait Taurus en miniature avec ses yeuses, ses chênes-lièges, ses routes de croisades, ses villages où on joue aux boules dans des Kraks des Chevaliers.

La mode écrase sur les plages de cette région une épaisse couche de femmes à poil. Le bord de mer sent tout l'été l'embrocation et la sueur. On vient de fort loin pour digérer ici ; on y digère tout : le besoin de parvenir, celui de paraître et celui d'évasion, l'amour raté, le réussi (ou qu'ils disent), la nécessité d'être, la petite liberté en forme d'ammonite, la vo-volonté de pui-puissance, et finalement tous les trente-sixièmes dessous dont les nécessités de la vie moderne ne permettent plus de faire sonner les échos. Le résidu de ces digestions donne à l'air un fumet de capitaine vainqueur. Les indigènes n'ont pas résisté longtemps à cette atmosphère de grotte au chien ; et c'est leur zombie qui continue à donner l'illusion qu'ils vivent à ras de terre.

Comme on s'en aperçoit sur une carte, la Nationale n° 7, dont j'ai dit tout à l'heure qu'elle était dans cette région la ligne frontière entre la Basse et la Haute-Provence, la Nationale n° 7 se rapproche de la mer. Après Fréjus, elle pousse encore vers le bas le massif de l'Estérel. Il mériterait d'être poussé vers le haut : il a écœuré tant de milliers d'automobilistes, qu'on vient de dépenser des milliards pour en faire le tour ; il est sauvage sans édulcoration ; les gens qui habitent cette montagne sont de qualité, ils n'ont pas fait une faute de goût. On pourrait presque dire que, négligeant la Nationale n° 7, la Haute-Provence vient ici se jeter dans la mer. Après, bien sûr, c'est Cannes etc., etc.

*

Mais revenons sur notre Nationale n° 7. Au début de cette description générale, je m'étais proposé, après en avoir fini avec la Basse-Provence, de péné-trer dans la Haute par les plateaux du Nord, puis j'ai pensé revenir au Comtat et me servir de la vallée de la Durance pour monter dans les hauteurs ; finale-ment je crois que le plus simple est de partir d'ici. Voilà l'Estérel entrant dans la mer avec ses rochers rouillés, ses argelas (et, on me dira : ses mimosas). Il n'y a qu'à monter au mont Vinaigre au-dessus de l'Auberge-des-Adrets et regarder du côté du noroît.

On domine d'abord des fonds tumultueux gris de pins d'où monte une haleine de sécheresse et de désert (c'est dans ces fonds que passe maintenant l'autoroute). Rien ne chante : ni l'oiseau, ni le souvenir, ni le lyrisme qui habite volontiers celui qui s'est hissé à 600 mètres d'altitude (fût-ce à l'aide d'un moteur). Au-delà de la première terre montueuse qui domine cette funèbre cuvette, et sur laquelle on voit blanchir les ossements de quelques petits villages sans fumée ni vie, se dressent les contreforts du haut pays, déjà bleus.

Alors, pour le voyageur qui, là-bas, a dépassé Fayence et se glisse vers Bargemon, par des chemins tortueux, les fantasmagories de la montagne commencent leurs jeux. Il n'est plus question de cette licence d'esprit que confère à chacun la nullité du zéro d'altitude. Sur 18 kilomètres de route, on rencontre 13 chapelles romanes, toutes dans ce style tibétain ou aztèque à quoi obligent, sur toute la surface du globe, les grandes terreurs primaires : Notre-Dame-des-Cyprès, Notre-Dame-de-l'Ormeau, Sainte-Anne, le Saint-Bel-Homme, Notre-Dame-des-Selves, le Martyr-Reclos, la Vierge-des-4-Chemins, Saint-Auxile, et d'autres dont les noms ne sont que murmurés et se transmettent de bouche à oreille, toujours transformés, jamais fixés, comme s'ils étaient destinés à appeler on ne sait quoi d'inconnu. Toutes bonnes constructions de pierres dures et de terreur, toutes le bonnet tiré sur les yeux, ces chapelles, la bouche dans la poussière, clament depuis des siècles dans le désert. Mais pas vainement : celui qui plein de foi et d'espérance pénètre dans ces régions le bâton à la main s'arrête sous les arcades et écoute. Il sait que le silence est plein d'enseignement.

À Bargemon les routes sont emmêlées comme des fils de laine avec lesquels les chats ont joué. Qu'il s'agisse de redescendre vers les pays faciles ou de

continuer à monter vers l'essentiel, elles tournoient
sur elles-mêmes comme si elles ne pouvaient se décider à vous conduire à un endroit ou à l'autre. Elles
n'ont pas envie de vous engager vers Draguignan et
elles se refusent à vous conseiller la montagne. Il
faut prendre soi-même la décision. Le village d'ailleurs est une sorte d'oasis des falaises, avec, réunis
autour d'une place sombre comme un fond de puits,
tous les petits métiers artisanaux indispensables à la
vie solitaire dans les steppes : recoudre une courroie,
tailler une barbe, aiguiser un couteau, remplir l'étui
à aiguilles, etc.

Mais pour celui qui, ayant choisi, sort de Bargemon par l'ouest, une organisation symphonique
l'accompagne et le soulève et enfin l'environne,
quand il met le pied sur le plateau. Dans les lacets de
la montée, il a d'abord vu pointer au-dessus de la
terre de bronze dont il se dégage l'extrême arête des
Alpes, debout au-delà du col d'Allos. Elle est sur
l'azur comme une, puis deux, puis trois pointes de
flèche taillées dans un silex transparent. C'est, loin
dans l'est, l'Italie : la Rocca Bianca, le mont Ténibre,
puis, s'élançant vers le nord, la pointe de la Font
Sancte, l'Izoard, Rochebrune, le Mont-Cenis et enfin
le Pelvoux qui se dévoile, avec tout son enchaîne-
ment vers Grenoble au moment où, un peu avant de
passer sur le Nartuby, on s'arrête émerveillé sous les
voûtes virgiliennes de la chapelle de Saint-Ours.

La terre ici est d'un gris fer que dore par endroits
un lichen rustique collé sur le nord de toutes les
pierres. Légèrement ondulé, portant sur toutes ses
plaies et bosses de courtes chênaies blanches rasées
par le vent, le plateau va vers les hauteurs de Grasse,
de Gourdon, de Saint-Vallier, puis, vers Comps et
Castellane, il pénètre à l'aide d'un brouillard grena-
din dans les enchevêtrements des Alpes de Provence : le Pelat, le Restefond, la Blanche, La Voga,

l'Empeloutier, le Courrouit ; tous ces sommets taillés à la romanesque en forme de donjons, de proues, de voiles, de Constantinople des airs, installent de plans en plans toutes les variétés du bleu.

Passé le Nartuby et monté jusqu'à la route de Montferrat, toute cette basse noble continue à gronder dans les lointains pendant qu'au rythme du pas entrent dans le jeu d'orgues mille flûtes et hautbois et trompettes et trombones et clarinettes de dieu. C'est, à vos pieds, une touffe de lavande, ou, si vous avez de la chance, une de ces couleuvres aux muscles algébriques recouverte elle aussi de lichen doré ; c'est, à la portée de votre main, un tronc de bouleau doux au toucher comme le flanc d'un poulain, ou, à hauteur d'homme, la branche embaumée d'un tilleul ; c'est, au-dessus de votre tête, le vol éblouissant des geais, le javelot noir d'un merle, la danse myriadaire des étourneaux semblables à de la mousseline envolée qui, à chaque battement d'aile, change de couleur, de ton et de forme, entraînant autour de vous le changement harmonique de milliards de tonnes d'Alpes et de collines. C'est enfin, à mesure qu'on s'avance du côté de Peygros, les décors de premier plan qui se mettent en place : l'austère Mourre de Chanier, Berbené, les hauts de Chasteuil, Villars-Brandis, les rocs de Castellane badigeonnés de bleu charrette, plantés dans une brume en duvet de poussin.

Maintenant, on entre dans le désert d'un haut plateau à l'altitude moyenne de 1 000 mètres sur 40 kilomètres de long et 15 kilomètres de large. C'est le Plan de Canjuers. Comme pour la scène d'un grand théâtre sur laquelle va jouer la solitude, les montagnes en place sur tout le pourtour de l'horizon ne vont pas bouger, le piéton lui-même continuant sa marche a l'impression d'être immobile. Il est à la place crayonnée sur le « plateau » (c'est le cas de le dire) par le grand metteur en scène, et il y joue son rôle sans en bouger. Rien de plus corrosif pour le moderne que ce haut lieu. L'air est d'une pureté exquise : le poumon devient un appareil de connaissance ; il goûte l'âpreté des glaciers, il assimile les espaces vierges, il respire enfin autre chose que ses résidus et les laissés-pour-compte, il est aux prises avec les éléments même de la vie. Et pour nourrir de nourritures terribles les grands besoins métaphysiques, le piéton, ici, se rend compte que la vie détruit le moderne. Même l'avion qui passe parfois très haut en travers de ces contrées, à l'heure du courrier Paris-Nice ou Paris-Rome, disparaît effacé par l'éclat neuf de la vie et confond son ronronnement avec celui d'une ruche. Ou même avec simplement celui du silence. Le silence ! Ce grand producteur de globules rouges dans tous les sens, le silence animateur de l'âme, le silence qui marche « les dents serrées » à côté de vous. Dont fait partie d'ailleurs ce tintement de clochette : chèvre ? bélier ? ville d'Ys ? froissement des plumes de l'ange ? Ce grondement : vent ? tonnerre de l'azur sans nuage ? effondrements dans de lointains soleils ? Ces longs abois : seuils de fermes (qu'on ne voit pas, et il n'y en a pas d'ailleurs) ? troupeaux ? suintements de l'enfer ? On ne sait. Tout est possible et plus sûrement la magie que l'ordinaire. Sur ces vastes étendues désertes se dressent constamment les mirages de l'esprit. Alimentés de nourritures primordiales, les sens entrent en ivresse. Les grandes terreurs, les grandes espérances, courent avec les ombres des nuages ; le sel est souple comme le tremplin même de l'héroïsme. Le large de ces terres enchantées vous absorbe peu à peu. Il n'y a plus que cette piste qui entraîne votre pas. L'herbe ne l'est plus qu'à vos pieds ; pour peu que votre regard s'éloigne, elle est de bronze ou d'or, mais d'un bronze ou d'un or si magique que le moindre souffle de vent en transmue le métal en matière qui n'a plus aucun nom dans les classifications ; c'est de l'argent, c'est de l'écume, c'est de l'écume d'argent, du poil de monstres, le plus vaste entrepôt du monde de fils de la Vierge ou le pavé de l'enfer, enfer toujours présent dans les délices trop subtiles de ces terres où toute l'harmonie se résume et se condense. La réussite est si parfaite qu'on a constamment la terreur de voir tout s'effondrer et se confondre si la caille ne claque pas du bec comme il faut, si cette fleur qui se balance perd un pétale, si l'épervier qui tourne en rond au-dessus de vous rate un virage. Mais la caille connaît parfaitement sa partition, la fleur est solide et l'épervier est depuis longtemps passé maître en circumnavigation. Ainsi on a la sensation très nette que tout l'équilibre dans lequel on jouit tient à des riens ; ce qui est le propre du suspens magique.

Par contre, par une insensible dérive, l'ordre des décors, des lumières et des orients se modifie autour du piéton. Il a déjà laissé derrière lui les vals sournois qui circulaient autour de la montagne de Barjaude ; il a dépassé la longue ferme solitaire de Lagnerose semblable à un monastère tibétain ; il a monté Serrière de Lagne. Il descend maintenant vers le minuscule hameau de La Barre.

Autour de lui, le sol est comme jonché d'ossements et de crânes blanchis. Est-ce à perte de vue le champ de bataille des légions célestes ? Ici les crânes sont gros comme des noix, là comme le poing, ici comme des crânes d'hommes, là ils sont géants ; les fémurs, les omoplates, les cages thoraciques sont également de toutes les dimensions. Il semble qu'on ait dispersé ici les squelettes de milliers d'enfants, de nains et de léviathans. C'est le champ d'effondrement d'un tuf calotté de calcaire friable ; la pluie

ayant emporté le calcaire a nettoyé ces orbites, ces
orifices de narines, ces bouches béantes. Mais l'expli-
cation scientifique ne satisfait pas l'esprit ; on est
finalement plus à l'aise quand le vent sifflote une
mélopée funèbre dans les taillis de guenilles, quand
se dresse la convulsion immobile d'un premier sauvage – mort, naturellement –, quand l'hostilité du
ciel – nu, lisse, vide – se fait évidente.

Avant de poursuivre plus loin dans ce Gobi vers sa
lisière nord, Aiguines et la fosse du Verdon, si on
prend au cœur de la solitude la petite route de Vé-
rignon, par la ferme abandonnée de la Nouguière, on
arrive sur les crêtes qui dominent tout le Haut-Var.
La vue s'en va par-dessus la houle des terres tour-
mentées jusqu'à Sainte-Victoire qui domine Aix, la
Sainte-Baume, les monts Aurélien qui abritent Saint-
Maximin, le massif de Notre-Dame au-dessus de Brignoles et, au-delà, les Maures. Notre fameuse Nationale n° 7 court dans les fonds, là-bas dedans ; et, d'ici
à cette frontière du haut pays, on voit fumer les
vapeurs et les respirations de quelques très beaux villages. La pente des ruisseaux s'incline vers la vallée
plus profonde de l'Argens. Dès que l'humidité
réveille la terre, c'est un extraordinaire élancement
d'arbres tendres. Après les genévriers, les lavandes,
les épineux rustiques, jaillissent de tous les vallons
les cimes aristocratiques des peupliers, le miroitement des trembles, la blancheur des bouleaux. Les
eaux de ces terres sèches sont pures et glacées ; dès
qu'elles prennent la moindre épaisseur, elles sont
bleu d'acier. Ces bocages sont hantés de milliers
d'oiseaux et sont fréquentés par des quantités de
rêveurs, le pays n'en manque pas. Les uns essayent
de justifier leur vagabondage total avec des cannes à
pêche et même, pour les plus roués, des épuisettes ;
quelques machiavéliens ont un livre sous le bras (on
se demande alors si on est bien en 1961 – ils jouissent

de la stupeur qu'ils provoquent) ; d'autres (ce sont les faibles, qui ne portent qu'une demi-culotte, ou l'ont cédée tout entière à leur moitié) entretiennent de minuscules jardinets, qu'ils arrosent avec un luxe inouï de petites rigoles ; enfin, mais il faut être alors au moins notaire ou médecin, ou receveur des postes, on en voit qui se promènent, simplement, bonnement, à l'ombre, au frais, une fleur à la bouche.

Du haut des crêtes de la Nouguière, on les pressent : en bordure même du désert, l'air est si tendre, et des haleines si légères, des rumeurs si naïves montent du pays dominé : Aups, Salernes, Cotignac, Carcès, Villecroze, Lorgues, Correns, tant de petits bourgs, et même de villages : Varages, Tavernes, Esparron, Saint-Martin, qui vivent d'un espagnolisme très stendhalien comme chaque fois que le temps n'est pas compté. J'entends : qui vivent l'essentiel, c'est-à-dire les passions (dont certaines sont démoniaques), car pour le reste, évidemment, ils échangent des camions, des lettres et même des voitures de tourisme avec les pays circumvoisins.

Mais si, au lieu de tourner à gauche, dans cette petite route de la Nouguière, on continue tout droit à travers le Canjuers, d'ondulations en ressauts on arrive finalement à un étrange balcon. Malgré la marche du vent, la vénusté de la lumière et le vernis des couleurs, on avait pu jusque-là se croire en plaine et soudain, sans avoir jamais monté (sauf là-bas à Bargemon, mais on l'a depuis longtemps oublié), on se trouve guindé au-dessus d'un vide profond et d'un espace immense. C'est que, ce massif de Barjaude, de l'Aigle, de Peygros, de Beau-Soleil, de la Sioune, de Chamail, dans le plateau duquel on était porté, est celui que le Verdon tranche de ses gorges, qu'on a été tout le temps à plus de 1 000 mètres d'alti-

tude et qu'on domine maintenant le cirque de Vaumale, à mi-pente duquel se trouve Aiguines. C'est la
sortie des gorges proprement dites, où deux départements, Var et Basses-Alpes, dont elles sont frontière,
se disputent le « Sublime » : le Var ayant, rive gauche,
sa corniche « Sublime » – c'est du sublime de syndicat hôtelier et de conseil général –, et les Basses-
Alpes, rive droite, plus modeste, leur « Point
sublime ». On peut avoir la description de ces super-
latifs et de ces « miroirs à chevaux-vapeur » dans tous
les guides spécialisés. Ces gouffres n'apprennent
rien à personne sinon que le vide donne le vertige et
facilite l'émotion par mise en route de contractions
dans les parages du plexus solaire. Pour qui se sert de
son âme (instrument de maniement plus délicat, j'en
conviens, et qui exige une certaine pratique), le balcon au-dessous de Vaumale offre des sensations
moins communes quand on arrive de Canjuers.

Ici, le paysage n'est pas un wagonnet de scenic-
railway ; il ne vous précipite pas, il vous accueille,
avec générosité certes, et avec grandeur, très seigneurial, faisant joyaux de ses misères et modestie de
ses beautés ; il ne vous propose pas fanfare et roule-
ments de tambour, mais conversation ; il ne cherche
pas à vous assommer, mais à vous séduire ; il ne vous
prend pas pour un enfant, mais pour un « honnête
homme » ; mieux, il s'adresse à vous comme à un
mandarin de la vieille Europe, plus raffiné désormais
que les Chinois de la nouvelle Chine.

En bas, la vallée du Verdon a quelques centaines
de mètres de large et les eaux sont couchées sur le
sable comme une branche de menthe chargée de
feuilles. De petits champs maigres sur lesquels le vert
des eaux semble avoir déteint, ou s'être mélangé à
des gris et des bleus légers, escaladent les pentes de
l'effondrement, portant les allègres couleurs – néanmoins un peu funèbres – des vieux amandiers, le

bronze des yeuses, ou la brusque flambée des sureaux et des clématites, dont le blanc exalte tous les rapports voisins. Quelques vieux murs dorés de lichens soutiennent des terrasses décorées au point de croix par des alignements d'artichauts, par le lainage pomponné de quelques carrés de fèves, ou la bourre blonde des pois chiches et des lentilles ; mais, du balcon d'où on les regarde, ces couleurs ont perdu leur valeur potagère, pour accéder à la dignité de valeurs picturales pures, et c'est par la bêche du jardinier qu'on entre dans les joies de la peinture. De majestueux bosquets de trembles cachent les eaux sous le balancement de plumes d'autruche, ou parfois un coup de vent un peu brusque fait jaillir comme contre un récif un éclatement d'écume cependant végétale mais avec toute la verroterie de l'eau.

Au-delà de la vallée, dont on voit qu'elle est un effondrement de roches, de grès, d'argiles et d'ocres qui coulent dans les pentes avec des rouges sang (illuminés par les gris sombres de quelques pins) et des jaunes d'or (tempérés par le vermeil des champs de luzerne), au-delà du rebord dentelé d'yeuses du plateau d'en face, on voit s'éloigner à l'infini une terre bleue sur laquelle se couchent des fumées. L'est est obstrué par la grosse masse du Mourre de Chanier dont on touche les flancs ; au fond, apparaissent le Ventoux et la montagne de Lure ; l'ouest est l'évasement par lequel la Durance pénètre dans le Comtat ; vers le sud monte Sainte-Victoire, dont on voit le flanc nord, et la crête semblable à une couleuvre (alors que vue du sud, Sainte-Victoire est un voilier ayant sorti toutes ses voiles), et dans le sud parfait, la Sainte-Baume au pied de laquelle est Marseille, et la mer.

Il faut descendre, passer Aiguines, traverser la vallée, monter au-delà de Moustiers-Sainte-Marie pour contourner le flanc du Mourre de Chanier qui nous cache un grand morceau de Haute-Provence. Et non le moindre. C'est celui qu'on commence à apercevoir quand, après avoir pris pied sur le plateau d'en face, on aborde, après Notre-Dame-de-Beauvoir, les pentes extrêmes du Serre de Montdenier, vers Saint-Jurs, et qu'on voit quand on atteint les bords de la vallée de l'Asse.

C'est un amas de montagnes : Denjuan, le Cheval Blanc, la Tête de l'Estrop, les Trois Évêchés, Côte-Longue, la Blanche, le Grand Coyer, le Cugulet, la Coupe, la Séolane, la Pompe, Chamatte, l'Autapie (derrière lesquelles apparaissent les sommets que nous avons vus tout à l'heure du Plan de Canjuers : le Pelat, Allos, le mont Ténibre et l'Italie), le Blayeul, les Monges, les Préalpes de Digne, le Grand Bérard (qui est déjà en Dauphiné, comme le Pelvoux, qu'on voit aussi), pour ne parler que des sommets dépassant 2 000 mètres ; et tout un relief d'altitude moyenne en 1 000 et 2 000.

Ces montagnes sont jansénistes. Les plaies de l'érosion font apparaître leur âme de schiste et de graphite. Noires, luisantes et sévères jusqu'à l'éblouissement, elles se refusent la moindre joie qui ne vient pas de l'abandon à dieu. Leur gloire est une harmonie de misère chantée dans les tons mineurs par un gravier maigre couleur de bure, le cri de fou des torrents, le grincement de l'aigle, solitaire malgré le couple. La vie de ces montagnes est un combat contre elles-mêmes pour arriver à frapper contre le ciel plus durement qu'aucune autre ; alors, elles s'écroulent, remplissant les vallons de rochers bondissants et d'extraordinaires poussières qui dorment ensuite pendant des mois, retranchant du monde des cantons entiers sous ce qu'on pourrait prendre pour la fumée d'un immense brasier.

Les routes en font le tour de loin ; malgré ces précautions, elles sont souvent coupées par des ava-
lanches de pierres froides comme la glace, ou par la
charpie de lambeaux de forêts. Quelques pistes
essayent de pénétrer dans cette forteresse de refus en
remontant le cours des eaux scabreuses qui en descendent. On risque ainsi d'atteindre dans les plis
décharnés d'un vallon trois ou quatre maisons basses
couvertes de lauzes ou de paille, affrontées pignon à
pignon, qui gardent comme des trésors une douzaine
de poules, quatre ou cinq brebis, un chien ; enfin,
quelques femmes, un homme ou deux, un troupeau
d'enfants, tous aux yeux verts, muets, lents de gestes
et dont on ne découvre l'extraordinaire valeur
qu'après un long commerce. Ces hameaux n'ont
jamais été touchés par l'automobile ou l'électricité ;
certains ont depuis plus de cent ans perdu leur pasteur, tous sont des foyers brûlants de passions
amères, de réflexions savantes malgré leur naturel.
Pays curieusement sans légende ni loups-garous ; on
n'y rencontre pas de terreurs ancestrales, ni de terreurs tout court, au contraire : un contentement paisible, un mépris des fausses valeurs, une connaissance du monde qui doit tout à l'événement, et à
l'événement régional ; le reste du globe ne compte
pas. Et, quand on regarde l'alentour – leur alentour
–, il est difficile de leur dire qu'il pourrait compter
un jour.

Mais, pour celui qui voit les toitures de ce Tibet du
bord oriental de la vallée de l'Asse, il a ensuite, à ses
pieds, la vallée de cet affluent de la Durance, devant
lui le plateau de Puimichel, un peu à sa gauche la
montagne de Lure qui, maintenant, barre tout l'horizon de l'ouest comme une muraille de Chine.

Au-delà du plateau de Puimichel s'ouvre la vallée
de la Durance. Depuis que nous sommes partis de
Bargemon, les hautes terres parcourues, quoique

coupées par le Verdon, puis par l'Asse, quoique nommées : Canjuers, plateau de Valensole, plateau de Puimichel, ne forment qu'une limite géographique. Au-delà de la Durance, tout change.

Bien que la Durance prenne sa source sur les sommets du Montgenèvre, à l'endroit où nous la rencontrons, elle est entièrement haute-provençale. Avant de recevoir l'Asse et le Verdon, elle a reçu la Bléone, et ces trois torrents viennent des montagnes jansénistes. Elle a assez de rudesse et d'orgueil pour se noircir volontiers de toutes ses sévérités et cependant elle est là, couchée dans ses galets, molle et duvetée comme une branche de figuier. C'est que depuis Sisteron elle frotte ses eaux contre sa rive droite. Ce n'est pas une servante-maîtresse, c'est une solide crapule qui profite des pluies rageuses et des orages pour aller rabouiller dans les vergers, les vignes et les jardins, emportant ici quelques hectares, là quelques brebis, ailleurs quelques maisons. Combien de fois ne l'a-t-on pas vue s'enfuir vers le Vaucluse en emportant des lits, des berceaux, des attelages, des arbres et de la bonne terre ? Sous le grand soleil et l'azur clair, certes elle fait la chatte, à sa manière car elle n'est pas rivière à miroitement paisible, elle s'étire, elle rit dans ses galets, elle se pomponne d'arbres vermeils, elle flâne, elle trotte, elle aguiche, elle frétille, mais que l'orage gronde et elle gronde, elle se gonfle, elle déchire de ses pattes brunies les terres de sa vallée.

Sa vallée qui, à l'aval, débouche dans ce fameux Comtat, dont nous avons parlé tout à l'heure, est, près de Manosque, grasse comme un rognon de mouton. Après tant de déserts, tant de landes et de montagnes, c'est une longue oasis, mais on s'y fait riche : adieu les valeurs spirituelles.

Dès qu'on aborde la rive droite vers **La Brillanne**

(la colline aux lièvres), un peu au-dessus de
Manosque, une tendresse rit dans la lumière. C'est
par des vallonnements doux qu'on monte vers la
montagne de Lure. Ici c'est Vénus. Non pas l'Aphro-
dite ou celle qui sort de la coquille de Botticelli, mais
la virgilienne, la rustique, la *Copa*, cette Syrienne à la
mitre grecque qui convie le passant à venir dans la
chair et le vin, parmi les fromages et les fruits, cueillir le jour d'un jour : « Voici des arbres taillés en char-
mille, et voici des coupes, une rose, une flûte, une
lyre dans le frais berceau que font les roseaux
ombreux. Voici sous un antre ménalien le suave
gazouillement du chalumeau rustique avec les
accents qu'y mettent les bergers. Voici ce petit vin
qui tout à l'heure s'est épanché de la jarre scellée de
poix. Voici le ruisseau qui clapote et fait de rauques
murmures. Et encore : voici les corolles du safran
violet et les guirlandes de soucis, où est mêlé le
pourpre d'une rose, et, cueillis au bord d'une onde
virginale, les lys qu'en ses corbeilles d'osier apporta
la fille d'Achéloüs. Voici les petits fromages qui
séchèrent sur les joncs pressés et, molles comme
cire, les prunes des jours d'automne. Voici les mûres
saignantes, les raisins dont les grappes ploient sous
la main, et les aubergines bleuâtres pendant à leurs
cordes, et les châtaignes, et les tommes aux suaves
rougeurs. Voici Cérès toute pure, voici l'amour,
voici Bromius. Voici le gardien de la chaumière avec
sa faux en bois de saule. Malgré ce qu'il a d'énorme
au bas-ventre, il n'est pas bien terrible. »

Les fermes qu'on rencontre sont sans apparat, ont
l'air modeste, mais c'est le royaume d'Épicure.
Aucun nabab ne mange nourriture plus noble et plus
saine que celle de ces gens. Ils vivent presque en
économie fermée, ils produisent tout ce qui vient sur
leur table, et tout ce qui vient sur leur table est d'une
exquise fraîcheur. Ils sont savants en art de vivre. Ils

font leur bonheur de petits détails très soignés ; ce sont des aristocrates jusqu'au bout des ongles. Leurs richesses sont solides et naturelles : elles ne se chiffrent pas en francs. Les troupeaux sont minuscules ; les champs à la mesure humaine sont encore cultivés à la main ; leur situation d'ailleurs, parfois en terrasses, ne permet pas l'utilisation des moyens mécaniques. Tous ces paysans exercent leur métier avec une science qui se transmet et se perfectionne de génération en génération, et ils sont également habiles au travail et au loisir.

La terre elle-même a des caresses énervantes : de petits vergers d'oliviers bas, des bosquets de saules et de trembles, parfois l'élancement d'un cyprès ou d'une rangée de peupliers, des carrés de blé de vingt pas de large, des courtils le long des ruisseaux, des ruisseaux à écrevisses, et, dans les vallons flexibles, le velours des prés d'un bleu de lac.

Ainsi balancé de vallon en vallon, le long du Lauzon, du Largue et de cinquante petits ruisselets tous chargés de poissons blancs, de rainettes, de martins-pêcheurs et de roseaux frémissants, on monte vers Lure insensiblement jusqu'aux lisières de la montagne.

Sans rien perdre de leur art de vivre, les gens de ces régions perdent peu à peu dans l'altitude leurs oliviers, leurs peupliers, leurs blés, leurs jardins et leurs eaux. Ils finissent par être installés dans des solitudes semblables à celles de Canjuers, dans un dramatique tellurique comparable à celui des monts jansénistes (bien que librement développé sous le ciel large), mais ils conservent cette âme de roi qui trouve des jardins de Babylone dans une minute parfaite.

Du haut de Lure on voit se déployer toute la Haute-Provence magique : des Alpes à la Sainte-Baume, de Sainte-Victoire au Pelvoux, des monts Aurélien aux

sommets de la Haute-Drôme, de Cavaillon à Sisteron, tout ce pays de châtellenies diverses, de châ-
taigneraies, de saulaies, d'olivettes, de lavandes, de
ronceraies et de vieux usages fume, ronfle, gronde,
dort, s'aplatit dans le vent, éparpille le parfum de ses
tilleuls, de ses lavandes, de ses bourgeoisies cloîtrées
dans les vieux hôtels XVIIIe de la montagne, de ses
petites fourmilières de paysans sagaces et muets, de
ses troupeaux, de ses déserts.

25 avril 1961

3

« *Quand on vient du Nord et qu'on a dépassé Valence* [1]... »

Quand on vient du Nord et qu'on a dépassé Valence, on voit dans l'horizon du Sud un ciel vert, qui est justement la réverbération du soleil sur la Provence. On a, à sa gauche, des montagnes dont les principales sont le mont Ventoux et les Dentelles de Montmirail qu'on aperçoit encore un peu dans le sud et desquelles on s'approche à mesure qu'on marche, et, à la droite, on a le Rhône et les montagnes de l'Ardèche et les grandes Cévennes.

À mesure qu'on descend la vallée du Rhône, on voit une espèce de petit golfe s'ouvrir sur votre gauche, c'est le Nyonsais qui, lorsqu'on le continue, va vers le Ventoux et la montagne de Lure, c'est-à-dire un accès à la partie montagneuse du pays. Toute la Basse-Provence est installée le long du Rhône, descend jusqu'à la Camargue, va vers Marseille, puis tourne vers Aix, suit le long de la côte d'Azur jusqu'à la limite du Var ; tout ça, c'est la Basse-Provence, qui est délimitée dans cette région-là par la Nationale 7 qui divise très exactement : d'un côté, à sa droite, la Basse-Provence, et à sa gauche la Haute-Provence. La Haute-Provence est en réalité tout le pays haut constitué par l'éboulement des Alpes, l'endroit où

1. Transcription d'un texte radiodiffusé. *(N.d.É.)*

les Alpes, s'abaissant peu à peu, graduellement, viennent se joindre à la plaine du Comtat Venaissin, et aux deux vallées, celle du Rhône et celle de la Durance, qui se rejoignent à Avignon. C'est un pays méditerranéen de haute montagne. Il y a plusieurs chemins d'accès. Le chemin du Nyonsais est plus particulièrement pittoresque, car il traverse d'abord un pays qui ressemble beaucoup à la campagne romaine, puis il approche de montagnes assez hautes puisque le Ventoux a 2 000 mètres et les Dentelles de Montmirail ont environ 1 000 mètres, et on pénètre à travers le Ventoux par des gorges très étroites, qui s'appellent les gorges de la Nesque, qui montent tout doucement, et on débouche dans un pays déjà très haut, et qui a tout à fait l'aspect des hauts plateaux alpestres – c'est l'arrière du Ventoux –, et en continuant cette route, on accède alors au grand plateau d'Albion qui se trouve à côté de la montagne de Lure et qui est un des hauts lieux de la Haute-Provence.

Quand on est sur les hauteurs de la montagne de Lure, voilà à peu près tout ce que l'on voit : du côté est, on voit le mont Viso, et par conséquent l'Italie, ainsi que toute la chaîne des Alpes depuis le mont Viso jusqu'à la chaîne du Pelvoux, du mont Pelvoux. Or, très haut alors dans le ciel, on voit la pointe de la cime extrême du mont Blanc. À mesure qu'on se tourne du mont Blanc, qui se trouve au nord, vers l'ouest d'où l'on est venu, on aperçoit alors des vallonnements et des moutonnements de montagnes plus basses qui sont les Cévennes et le mont Gerbier-de-Jonc, très reconnaissable par sa forme ronde, qui est la source de la Loire. En jetant le regard plus bas, c'est-à-dire en regardant toujours vers l'ouest, on voit tout le cours du Rhône jusque vers Valence du côté d'en haut, et du côté d'en bas, on le voit presque jusqu'à Avignon, où il est seulement masqué par le grand dos du mont Ventoux qui empêche de le voir,

de voir son cours tout entier. Plus loin on le voit
encore en descendant vers le sud, miroiter jusqu'aux
environs de la Camargue, on le voit très nettement
bifurquer en deux, un de ses bras se perd dans une
sorte de brouillard lumineux, et ce Rhône s'en va
tout doucement jusque vers la Méditerranée. Nous
regardons maintenant le sud en ayant suivi le cours
du Rhône, et nous sommes à peu près dans la direction de Marseille. Nous avons alors une montagne
très caractéristique, qui est la Sainte-Victoire, au
pied de laquelle se trouve Aix-en-Provence ; si on est
par un temps très clair, on voit une petite échancrure
bleue qui est une partie de la baie de Cassis. Du haut
de la montagne de Lure, nous avons délimité tout le
tour de ce pays.

Nous redescendons donc de cette montagne par
Saint-Étienne-les-Orgues, nous arrivons dans le pays
de Forcalquier, Forcalquier qui était l'ancienne capitale de la Provence, la capitale d'été du roi René. Le
roi René habitait l'hiver à Aix-en Provence et l'été à
Forcalquier. À Forcalquier se trouve une ferme très
spéciale qui est au bord d'un chemin vicinal, et qui
présente une porte moyenâgeuse. C'était en effet un
château fort, et c'est l'endroit où sont nées quatre
reines — on l'appelle d'ailleurs la « ferme des quatre
reines » –, les quatre reines étaient les quatre filles de
Raimond Béranger. Raimond Béranger avait un Premier ministre qui s'appelait Romée de Villeneuve, le
Romée de Villeneuve dont on parle dans *La Divine
Comédie*, dans « Le Paradis ». Ce Romée de Villeneuve, qui était un ministre extrêmement adroit et
très intelligent, pour affirmer la suzeraineté de son
seigneur, avait décidé de faire marier ses quatre filles
à quatre seigneurs très importants, et ils furent en
effet très importants puisqu'une des filles se maria
avec Saint Louis et fut reine de France, une autre se
maria avec Henri III et fut reine d'Angleterre, une

autre se maria avec le duc d'Anjou et fut reine de
Sicile, et une autre fut reine d'Aragon. Par
conséquent, les quatre reines furent quatre sœurs
qui sont nées dans cette petite ferme qui se trouve à
côté de Forcalquier. Forcalquier garde encore d'ailleurs une sorte d'allure de vieille et d'ancienne capitale, mais de capitale de campagne, de capitale de
paysans, de capitale du Moyen Âge. Et plus bas, on
suit alors le cours d'un torrent et on arrive dans la
vallée de la Durance.

La vallée de la Durance est une sorte d'épine dorsale qui traverse toute la Haute-Provence, car c'est
une simple oasis. Les bords de la Durance, qui
constituent la partie la plus riche du pays, sont simplement des terres qui ont au maximum 4 km de
large sur naturellement toute la longueur du fleuve,
mais tout autour et de chaque côté, aussi bien au
nord comme au sud, sont établis de grands déserts.
Le reste du pays est constitué par des terres relative-
ment pauvres, et en tout cas mal ou pas irriguées du
tout ; elles seront peut-être irriguées un jour, avec les
modifications qu'on a apportées au cours de la
Durance, je ne sais pas quel avenir on peut envisager
pour ces terres qui manifestement, au premier
aspect, sont très pauvres. Elles ne produisent que des
lavandes ou des herbes maigres et elles ne servaient
jusqu'à maintenant qu'à l'entretien et à la nourriture
des troupeaux. En réalité, le paysan bas-alpin a vécu
jusqu'ici d'une petite économie fermée dans laquelle
il cultivait pour avoir à peu près tout ce qu'il lui fallait pour lui-même, c'est-à-dire presque 300 à
400 kilos de blé qu'il donnait au boulanger pour
avoir l'équivalent en pain ; il avait également ses
pommes de terre à lui, il n'en vendait pas ou très peu,
peut-être un peu aux alentours de sa ferme ou dans
les bourgs avoisinants, mais c'était très peu de chose
et ça ne comptait pas dans l'économie nationale, il

vendait un peu de ses légumes, il vendait un peu de
ses volailles et il avait surtout des troupeaux qu'il
gardait autour de sa ferme pendant l'hiver et qu'il faisait transhumer d'une petite transhumance régionale dès que l'hiver arrivait.

J'étais en train de penser que j'avais négligé l'olive,
mais je l'avais laissée de côté pour en parler d'une
façon un peu plus abondante : la Haute-Provence,
dans sa partie méridionale, c'est-à-dire dans celle qui
va jusqu'à 800 mètres d'altitude, était couverte, je dis
bien « était couverte », de vergers d'oliviers ; c'était
un petit olivier court qu'on taillait d'ailleurs bas, de
façon qu'il reste à la portée de la main, et ça avait son
importance, car la civilisation de l'huile dans la
Haute-Provence n'était pas la civilisation de l'huile
telle qu'elle est en Tunisie, telle qu'elle est en Grèce,
ou même telle qu'elle est sur la côte d'Azur. Sur la
côte d'Azur, en Grèce et en Tunisie, on a l'habitude
de voir les oliviers très hauts, de très grands arbres
qu'on laisse pousser en longueur, qui atteignent parfois 9, 10 mètres et même 15 mètres de hauteur. Des
oliviers de cette sorte exigent absolument la gaule,
on gaule les olives pour les ramasser. C'est ici que
justement se trouve une grande différence avec
l'huile que nous faisions. Ces olives doivent être gaulées au moment où les olives commencent déjà un
tout petit peu à pourrir sur l'arbre. On fait par
conséquent de l'huile avec une olive extra-mûre. Tandis que chez nous, en Haute-Provence, où les oliviers
étaient restés courts de taille, on cueillait les olives à
la main une à une. Nous avons alors des olives qui
sont moins mûres que celles qui ont été gaulées.
Nous faisons une huile qui est un peu moins forte de
goût, mais qui a une plus belle saveur, qui est d'ailleurs cette huile verte, que généralement les amateurs d'huile d'olive recherchent.

Nous avons parlé, jusqu'à maintenant, des terres

qui descendaient de la montagne de Lure, il nous reste encore à parler d'une partie de la Haute-Provence très caractéristique et très sauvage qui se trouve dans les vallées perdues des premiers contreforts des Alpes. Les premiers contreforts des Alpes font partie de la Haute-Provence. La Haute-Provence, en principe, monte jusqu'à Barcelonnette, c'est-à-dire jusqu'à la frontière italienne. Elle s'arrête généralement à Sisteron, parce qu'à Sisteron se trouve une porte naturelle de la Durance au-delà de laquelle est le Dauphiné, mais du côté des Alpes elle va jusqu'à la frontière italienne ; elle comprend par conséquent de très hauts sommets, jusqu'à 3 000, même 3 600 mètres. Naturellement, dans ces montagnes très hautes, la végétation et l'habitat se situent sur les pentes basses et ne dépassent pas 1 500 mètres d'altitude. Au-delà, c'est la haute montagne avec ses mélèzes, ses sapins, avec ses pâturages d'été pour les moutons et avec ses neiges l'hiver. Plus bas, nous commençons à entrer dans une série de petits villages extraordinairement pauvres et très rébarbatifs, car construits en pierre noire, en schiste noir, couverts, en guise de toiture, de pierres plates qu'on appelle des lauzes, qui sont également noires. On entre ainsi dans des villages qui ont l'aspect de forges remplies de suie et extraordinairement sinistres. Les vallées qui les abritent étant généralement très étroites, le soleil, l'été, n'y pénètre que pendant quelques heures, et l'hiver, n'y pénètre pas du tout. Lorsqu'on fait une promenade dans ces pays, on est d'abord très désagréablement surpris par l'aspect sauvage et noir du pays, mais si on insiste, et si on finit par prendre contact, non seulement avec les gens qui habitent ces pays, mais aussi avec le pays lui-même, on s'aperçoit alors qu'il est d'une très grande beauté. Une beauté peut-être plus difficile à percevoir que la beauté qui se trouve plus aimablement à votre portée dans les pays de la Basse-Provence, mais une beauté beaucoup plus prenante et qui occupe votre cœur pendant beaucoup plus longtemps.

Du côté, par exemple, de Barrême, du côté de Senez, où se trouvent encore d'ailleurs les derniers jansénistes de l'époque moderne, ont été pendant longtemps des vallons ayant abrité, non seulement des jansénistes, mais presque tous les protestants – je veux dire presque tous ceux qui ont protesté contre quelque chose : d'abord les protestants véritables, les protestants protestant, les protestants contre les situations politiques, les protestants contre les situations philosophiques, enfin tous ceux qui protestaient à quelque époque que ce soit : ils se sont réfugiés et ont trouvé leur vie dans ces vallons éloignés, dans ces vallons retirés, dans ces vallons au-dessus de Digne, dans les montagnes de Castellane, dans les montagnes de Senez et vers Thorame-Basse, vers le col d'Allos, vers Seyne-les-Alpes, vers les montagnes du côté de Barcelonnette. Ce mélange de hors-la- loi qui se sont, de cette façon-là, succédé dans les familles a créé une race de gens solides, presque muets, peu communicatifs, mais qui, une fois gagnés par les sentiments de sympathie qu'on peut leur inspirer, deviennent des personnages extraordinaires et qu'on aime d'une façon définitive et pour toujours. Là, se trouvent encore, même maintenant, des traditions patriarcales semblables à celles qu'on peut encore admirer dans Virgile ou dans les grandes légendes ; nous avons encore dans les familles l'autorité incontestée et incontestable du père ; l'autorité en second, légèrement au-dessous du père, est détenue par la mère qui se tient toujours dans une modestie non dénuée malgré tout de puissance, et les enfants obéissent d'une façon très parfaite à l'organisation patriarcale. On entre dans une famille qui vit presque séparée du monde moderne, sans presque prêter le flanc aux besoins que la société moderne nous a donnés à presque tous. On y trouve évidemment des postes de radio, des postes de télévision, des téléphones, même des électrophones, des bibliothèques, mais tout ça est examiné avec un grand esprit critique et on n'ajoute pas une très grande foi à ce qui est proclamé sur les ondes comme à ce qui est proclamé par les journaux qui pénètrent également dans le pays.

Du côté du sud, plus bas, ce qui sépare la Haute-Provence de la Basse, c'est la route Nationale n° 7. Pour aller jusqu'à la Nationale n° 7, du plateau de Valensole, on tombe dans une série de petites vallées, de petits plateaux qui se suivent les uns les autres, sur lesquels sont plantés des chênes truffiers. Sous Napoléon Ier, toute cette partie du pays, extraordinairement sauvage, a été pendant cinq ou six ans le lieu de rendez-vous d'énormes bandes de brigands qui vivaient là comme on voit vivre les brigands dans les westerns de cinéma, à peu près pareil, ils attaquaient les diligences, ils ne se battaient pas avec les Indiens parce qu'il n'y avait pas d'Indiens, mais ils se battaient avec les gens du pays et ils avaient en tout cas une vie semblable à celle que l'on voit dans les westerns américains.

Le Bas-Alpin est quand même un homme qu'on reconnaît quand il est ailleurs, en dehors de son pays. Il m'arrive assez souvent, quand je suis à Paris, quand je suis ailleurs, de reconnaître, de voir un visage qui me semble être un visage bas-alpin, il y a bien des chances qu'à ce moment-là je ne me trompe pas ; ce sont généralement des gens qui ont une grosse tête, d'abord ils sont renommés pour leur obstination, ce sont des gens têtus et obstinés ; obstinés à la fois dans leur travail, obstinés dans leurs idées, obstinés dans leurs décisions ; ils ont des yeux généralement marron, ils ont des fronts assez bas, quoique très intelligents – le grand front n'est pas par conséquent une preuve d'intelligence –, il n'y a qu'à voir la façon dont ils se débrouillent contre les intempéries, contre les duretés du climat dans lequel ils vivent la plupart du temps, ils s'organisent d'une façon parfaite et ils sont intelligents pour ce qui les concerne. Je dois dire que chaque fois que je suis allé dans un musée romain, et je pense plus particulièrement au musée des Thermes où se trouvent pas mal de bustes romains, je reconnais des paysans bas-alpins dans certains de ces bustes ; ils ont été très certainement romanisés ; certains savants, ceux d'ailleurs qui ont fait des études sur la toponymie, ont pensé que la race originale était étrusque, mais, très vraisemblablement, elle a été très modifiée par la suite, et moi je crois, je pencherais pour la voir latine, étant donné que tout le bord de la Riviera a été parcouru pendant des quantités d'années par les légions romaines et que l'intérieur du pays lui-même devait avoir des postes de garde pour assurer les liaisons ; d'ailleurs, la via Emilia passait du côté de Céreste et la voie Aurelia passait sur le bord de la mer, à Antibes, par conséquent il y a bien des chances pour qu'entre ces deux voies romaines se soient trouvés des établissements militaires, et qui dit établissements militaires devait dire établissements de colons également, par conséquent mélange de races.

Je ne suis pas très inquiet quant à moi des modifications que l'industrie moderne apporte dans les Basses-Alpes. Les Basses-Alpes sont une sorte de Chine qui dévore les corps étrangers. Les industries qu'on transplantera dans les Basses-Alpes deviendront bas-alpines tout simplement ; au bout d'un certain temps, elles se transformeront, et ce n'est pas elles qui transformeront les Basses-Alpes, ce sont les

Basses-Alpes qui transformeront l'industrie. Ça j'en suis bien persuadé, le pays mettra le temps qu'il faut, mais le pays a le temps ; les industries sont certainement beaucoup plus fragiles au point de vue du temps qu'un pays comme la Haute-Provence qui dure depuis si longtemps. Par conséquent, là, je ne suis pas inquiet.

Je suis inquiet pour moi-même, pour moi-même et d'une façon égoïste. C'est que, bien entendu, nous avons un temps limité à vivre, et notamment moi qui commence à avoir un certain âge, et je ne peux pas envisager de vivre encore de très longues années, par conséquent j'aurais bien aimé que le paysage que j'ai eu tout le temps sous les yeux et les grands pays dont je connais la splendeur et la qualité n'aient pas de grandes modifications.

Maintenant, vous savez, les industries se sont installées dans les endroits faciles. La seule chose qui est peut-être curieuse à voir, c'est que, dans ce pays, qui jusqu'à présent gardait des paysans à âme virgilienne et antique, va s'établir ce qu'on appelle d'un mot que je déteste, qui est laid, le prolétariat, va s'établir une sorte de prolétariat. Alors, est-ce qu'ils vont résister à la détresse qui est provoquée par les temps modernes dans des gens qui sont obligés de travailler en usine, est-ce qu'ils vont résister, est-ce qu'ils vont, eux aussi, être les vainqueurs de cette prolétarisation, ça je ne sais pas ; je ne sais pas ce que deviendront les Bas-Alpins.

Quant à la Haute-Provence, la Haute-Provence va rester très exactement ce qu'elle est. Un pays pauvre qui restera pauvre avec les qualités des pauvres. Je ne crois pas que ce pays puisse jamais devenir riche, jamais. La terre ne convient pas, le caractère des gens n'est pas communicatif, je ne crois pas que les industries amènent beaucoup de gens à leur moulin. Ils auront peut-être pour eux quelques jeunes gens qui font leur compte ensuite et retourneront je crois. Car déjà ça s'est produit, une sorte d'exode s'est produit à un moment donné, des Bas-Alpins vers les villes, pour aller justement aux industries. Mais peu à peu, ça a provoqué le mouvement inverse. Dès que ces transfuges atteignaient un âge de quarante, quarante-cinq ans, même avant la retraite, ils quittaient leur occupation industrielle et leur état de prolétaire pour redevenir des paysans dans l'ancienne ferme de leurs pères et recommencer à vivre comme ils vivaient avant. Ça s'est produit et ça se reproduira peut-être encore.

C'est un pays qui résiste à la civilisation de l'argent parce que, je crois, une longue habitude de la pauvreté leur a donné la certitude que leurs joies étaient gratuites.

[1961]

4.

Le printemps en Haute-Provence

Le printemps réserve ses gloires pour les pays du Nord : les arbres à feuilles caduques sont prêts à s'enflammer à la première tiédeur ; avril couvre de crème les vergers et les haies. Dans le Sud, c'est une saison furtive : les pins, les oliviers, les yeuses, les cystes, les térébinthes, les arbousiers restent impassibles. Parfois, un amandier précoce fleurit. C'est une tragédie. Il souffle sa petite écume blanche au milieu des feuillages persistants, noirs de pluie. Au-dessus de lui, le ciel roule ses orages, le froid l'écrase toutes les nuits. Peu à peu il s'éteint. Un autre s'allume un peu plus loin, pour s'éteindre aussi. Le ciel de plus en plus sombre gronde ; le vent le déchire. La lumière vole en éclats. On assiste au conflit des passions, le cœur serré. « Il pleut, il pleut bergère, rentre tes blancs moutons. » C'est un vrai printemps, c'est une révolution. Tout se détruit pour se reconstruire.

Plus tard, marchant le long des crêtes des collines, on voit dans les vallons suinter un sang vermeil. Ce sont les saules qui ont déjà développé leurs branches neuves dont l'écorce est rouge. Aussi loin que le regard se porte, on n'aperçoit pas la plus petite tache de vert. L'olivier, l'yeuse ont des feuillages bleus ; les aiguilles de pins, à la fin de l'hiver, sont noires ; on ne distingue pas le thym fleuri des plaques de grêle.

C'est l'instant où, enfin, en Haute-Provence, le printemps s'annonce par un spectacle qui, partout ailleurs, serait celui du gros de l'hiver. Jusqu'à présent, les bois-taillis de chênes qui couvrent le pays avaient gardé leur toison de feuilles mortes. La feuille du chêne ne tombe que poussée par le bourgeon de la feuille nouvelle. Brusquement, les bois ont été dépouillés de cette laine roussie. Des vols de feuilles épais comme des nuages, et portant de l'ombre comme eux, ont été soulevés par le vent et jetés dans la mer par-dessus les montagnes du Var ; les bois sont nus maintenant, on en voit toute l'architecture.

J'ai longtemps essayé d'assister à la feuillaison des chênes. Je n'y suis jamais parvenu. Cependant, ma fenêtre donnait sur le large du plateau recouvert jusqu'à l'horizon par sa frondaison rousse. Mes visiteurs étrangers ou mal renseignés croyaient que ces bois avaient été roussis par un incendie. J'avais beau leur assurer qu'il s'agissait seulement de leur parure d'automne que les chênes conservent jusqu'au printemps, ils ne se rendaient à mes raisons qu'après avoir constaté qu'il s'agissait seulement de feuilles sèches, mais toujours fortement attachées à leur tige. C'est au bas de cette tige, à l'endroit où elle s'insère dans la branche, que se trouve le petit œil qui va s'ouvrir sur le printemps.

L'entreprise semblait cependant facile. Il suffisait de guetter les vents de mars. Dès qu'ils commençaient à rugir, je regardais cette grande étendue de bois-taillis. Je savais depuis longtemps qu'une seule bourrasque ne suffisait pas, qu'il fallait aussi le concours des lourdes pluies et des coups de chaleur qui crèvent les nuées d'orage et font passer du feu dans la glace. Au long des nuits, je surveillais le bruissement de toutes ces feuilles sèches semblable au bruit que fait l'huile en train de frire dans la poêle.

Un matin, je n'entendais plus ce bruit caractéristique ; les feuilles étaient parties.

Je savais où elles étaient allées. J'en avais rencontré des sargasses sur la mer, non pas au hasard, mais dans des quartiers bien délimités qui sont ceux où le vent, après avoir sauté les montagnes du Var, se pose : à vingt milles au large, à l'est de Saint-Jean-Cap-Ferrat ; puis, plus près de nous, entre l'île Saint-Honorat et l'île Sainte-Marguerite ; enfin, droit au sud devant Giens, sous le vent de Porquerolles et de Port-Cros. Une variété régionale de petits poissons qu'on appelle des « muges sournois » à cause de leur nez camard dépose son frai dans ces amas de feuilles mortes qui noircissent la vague.

Donc, très intéressé par l'arrivée des nouvelles feuilles sur les chênes, sachant que j'allais ainsi assister à la manifestation la plus émouvante du printemps, dès le premier jour du dépouillement des bois, je les parcourais en long et en large, du haut en bas, poussant l'indiscrétion jusqu'à regarder attentivement, parfois à la loupe, la petite tache brune qui marquait la branche d'où la feuille s'était détachée. Ce n'était certes pas un bon système, mais j'aurais tant voulu voir pointer le bourgeon. Rien. Par contre, ce sous-bois de taillis fait jaillir en deux jours la longue hampe des asphodèles.

J'ai beaucoup appris, et notamment que, même dans un printemps dont l'éclosion passe inaperçue, il est vain de vouloir guetter la naissance d'une feuille, comme il est vain de vouloir suivre du regard le reflet d'une vague dans la houle irisée, tant il se passe de choses à la fois, qui toutes s'emparent de la curiosité, l'emportent, l'éblouissent de spectacles divers. Du bourgeon de chêne qui n'apparaissait même pas à l'asphodèle déjà fleurie, de l'asphodèle aux saules qui, débarrassés de leur écorce rouge, se doraient de jour en jour, du saule au peuplier tremble avec son miroir à alouettes tout neuf, du tremble à l'aulne, de l'aulne au cognassier, du cognassier aux narcisses, des narcisses à la sarriette, pour revenir aux chênes, toujours rébarbatifs et noirs, mes pas me portaient jusqu'à une très douce colline, du haut de laquelle je pouvais apercevoir le cours sinueux de trois ou quatre vallons qui allaient s'embrancher finalement là-bas dans la vallée de la Durance.

La Durance dévalise les Alpes depuis des siècles au profit de sa vallée. Elle a semé sur ses bords tous les arbres souples arrachés aux montagnes. Elle s'est fait une escorte et une haie d'honneur, des peupliers de toutes sortes, des bouleaux de toutes les couleurs, des osiers depuis le plus blanc jusqu'au plus noir. Elle a gonflé de son eau fraîche tous ces bois spongieux, et la chaleur de la Méditerranée en fait bouillir les feuillages exubérants où le vert, le gris et le bleu, délavés, s'unissent dans un iris que la moindre lumière démesure.

Du creux des vallons émerge la frondaison d'arabesque des bosquets de sycomores et sa petite écume vert-de-gris ; le creux lui-même charrie l'épais ruisseau des végétations véhémentes : les tilleuls qui sont encore loin de leur fleur, mais distillent déjà une sueur sucrée, les érables que le moindre vent fait clapoter comme de l'eau, les hêtres pourpres, les clématites échevelées, les obiers boules-de-neige, les amélanchiers à feuillage fantôme, les vergnes dont l'or éblouit, les charmes de Virginie, les alisiers des oiseaux, les ormeaux, les noisetiers, les sureaux, et enfin, le roi des gueux : l'acacia, dont le fruit est appelé « cœur de saint Thomas » et dont la fleur a le parfum des péchés capitaux.

Le ciel roule toujours des nuages épais, mais la lumière les transperce, de longs rayons de soleil descendent mélanger les couleurs et fouler les parfums.

Sur les terrasses des collines, les oliviers bleuissent, un vert d'opale s'agite à la crête des yeuses, les pins semblent vernis.

Les merles bleus, les roitelets, les pouillots siffleurs, les fauvettes, les mésanges, les rousserolles, les rossignols, les gros-becs, les verdiers, les linottes, les sizerins, les bergeronnettes, les bouvreuils et les pinsons pillent les feuillages neufs. Ils ne chantent pas encore ; ils ne font que pousser de petits cris de ravissement et de rage, se jetant d'arbre en arbre, de buisson en buisson, se roulant en pelotes dans les prés, jaillissant comme des fusées, balançant dans les vents déchaînés de hautes vapeurs crépitantes de battements d'ailes. Sur la plaine, le vert des blés se noircit de corbeaux.

Ces rayons, ces rumeurs et ces ramages rouent comme la queue d'un paon. Les tombereaux des orages déchargent des rochers derrière les horizons. Des éclairs traversent le ciel, dont on ne sait s'ils sont la foudre, ou le renversement de l'aile de milliers d'étourneaux, ou le reflet des prairies sur lesquelles vient de frapper le soleil. Les aubépines répandent une odeur amère. Les averses courent comme des perdues de droite et de gauche, foulant les herbes, exprimant le suc des thyms fleuris, des muguets, des violettes, l'anis des armoises et l'amertume de la *ruta*, la rue, qui en cette saison pousse dans les ombres et a la tige tendre comme la rosée.

De jour en jour, d'heure en heure, le bruit des feuillages se fait plus épais. Enfin, un beau matin, je m'aperçois que la forêt de chênes taillis est recouverte uniformément d'une écume couleur d'absinthe. J'ai encore raté l'arrivée des feuilles nouvelles. Elles sont là, déjà dentelées. Alors, en une semaine, les dés sont jetés : les orages s'éloignent, les vents se calment, le ciel se découvre, le soleil s'installe, les joies cherchent lentement ceux qui sont destinés à jouir d'elles, et les trouvent. Le printemps est arrivé.

24 avril 1964

5.

Lettre
sur les paysages provençaux

... endormi par cette autoroute, comme une poule hypnotisée par un trait de craie, finalement, par un sursaut encore humain j'ai pris la tangente, une dérivation quelconque.

Je ne vous donnerai pas le numéro des routes autant étroites que sinueuses, départementales, voire communales, vicinales et même de terre dans lesquelles je me suis engagé. Je tairai aussi le nom de ces localités traversées, frôlées ou aperçues. Je ne parlerai que de l'enchantement et si j'y mets une très grande, très volontaire imprécision, c'est que je veux protéger ces jardins d'Armide. Non, non, je vous dirai simplement que c'est quelque part dans une sorte de Sud-Est.

Il ne s'agissait plus, chère amie, de faire des moyennes, vous l'entendez bien, d'autant que je cessais peu à peu d'être automatique, que je reprenais l'initiative (les commandes, comme on dit) de moi-même ; que je commençais vaguement à solliciter des environnements, à vrai dire voluptueux bien qu'aristocratiques.

Nous avons souvent imaginé, sans y atteindre, la jouissance continue du philosophe chinois : « La flèche ne vit que dans son trajet. »

Eh bien, actuellement je vis. Je traverse – c'est le cas de le dire – des rochers, des pins, des yeuses, des genêts, des pierrailles, des ciels (il y en a cent à l'instant même où je vous écris), des moissons, des collines, des ravins, des vallons, des trembles, des argiles, des villages, des ruines, des châteaux, des lavanderaies, des oliviers, des amandiers, des solitudes, des déserts, des perspectives à couper le souffle, et toujours avec l'élégante simplicité d'Horace.

Ah ! Comme il faudrait se battre les flancs ! Mais mes pauvres flancs en ont tellement vu que je préfère vous déballer en vrac un catalogue de clichés idoines :

... les portiques aériens, les solitudes lactées, les ténèbres diaphanes, les sommets cendrés, la sérieuse beauté, les immenses lignes, la monotone grandeur, les rocs vifs, les abrupts ravins, l'insolente lumière, la vapeur des lointains (violette ou purpurine, au choix), les ombres lourdes, les nuages comme des chars légers, la magie des couchants, le soleil enflammé, les amphithéâtres d'herbes sèches, les arcades des ruines, cendre et poussière (Job, heureusement. Cette fameuse jouissance continue du philosophe chinois finissait par m'embêter un peu. Vive Job et son fumier !), les hauts (bien sûr) cyprès, les vieux (bien sûr) oliviers, les ocres attiédis, l'argent fané des pierres, les petites (bien sûr) terrasses, les nids d'aigles (évidemment : qui imaginerait un nid de coucou ?), les rochers caverneux, les « viridissimis agris » et jusqu'à la célèbre « cime indéterminée des forêts », qui, tout bien considéré, n'est pas plus bête que le reste.

Vous ne verrez rien, tant mieux, vous sublimerez. Et c'est là que je vous attends.

Comptez que vous n'aurez jamais de serviteur, d'ami, d'admirateur et de mari plus zélé que moi.

De N...

Jean Giono

[1969]

II

DE PAN À SHAKESPEARE

6.

« *Je ne connais pas la Provence...* »
(1936)

Je ne connais pas la Provence. Quand j'entends
parler de ce pays, je me promets bien de ne jamais y
mettre les pieds. D'après ce qu'on m'en dit, il est
fabriqué en carton blanc, en décor collé à la colle de
pâte, des ténors et des barytons y roucoulent en pro-
menant leur ventre enroulé de ceintures rouges ; des
poètes officiels armés de tambourins et de flûtes
« bardent » périodiquement en manifestations
lyriques qui tiennent moins de la poésie que d'une
sorte de flux cholériforme.

J'aime la noblesse et la grâce, et cette gravité
muette des pays de grande valeur. Non, je n'irai
jamais dans cette Provence qu'on me décrit.

Pourtant j'habite les pentes d'une colline couverte
d'oliviers et, devant ma terrasse, Manosque et ses
trois clochers s'arrondit comme une ville orientale.

La Durance qui coule au fond de notre petite vallée sent déjà s'approcher les grandes plaines du
Comtat. Pendant les crues de cet hiver, les hautes
barres d'eau qui traversaient notre vallée mettaient à
peine sept heures pour aller à Avignon.

Et la montagne de Lure nous abrite ; or elle
bouche le mont Ventoux, et ce pays-ci je ne le quitte-
rai jamais ; il m'a donné, il me donne encore chaque
jour, tout ce que j'aime.

On est d'abord touché par un silence qui repose sur toute l'étendue du pays. Sur les vastes plateaux couverts d'amandiers à l'époque où les arbres sont en fleur, on entend à peine le bruit des abeilles. On peut marcher des journées entières seul avec soi-même, dans une joie, un ordre, un équilibre, une paix incomparables. Peu à peu la terre monte et les arbres vous abandonnent. Non pas tous à la fois, mais un à un, vous laissant toujours un ami végétal et fleuri qui vous accompagne un peu plus loin puis vous laisse, vous ayant confié à un autre, et ainsi la terre peu à peu monte et vous fait pénétrer dans le ciel à mesure que vous passez des bras de l'amandier aux mains des tilleuls, puis des châtaigniers, puis des trembles et alors l'ondulation des terres vierges toutes nues se compose devant vous avec les lentes harmonies d'une ivresse divine.

Il faut alors quelques pas – et ils ont l'air de parcourir une distance magique – pour apercevoir la toiture du monde ; les immenses montagnes avec leurs pentes glacées. Il a suffi d'un jour pour que ce pays vous ait fait comprendre l'organisation la plus noble de la terre. Sa simplicité pleine de sagesse vous a obligé à la plus paisible, à la plus durable des joies. Il vous a entouré d'une logique si éblouissante que vous êtes désormais habité par un dieu de lumière et de pureté.

Mais il prépare votre retour par des chemins noués à des ruisseaux. Rien ne troublera plus votre sérénité. Le mariage de votre âme et de ce pays ne se défera plus. Pour retrouver les hommes, vous n'avez plus besoin de descendre. Vous les trouverez à cette hauteur : silencieux et sévères comme la terre, travaillant dans des champs qui entourent des temples, labourant les vergers d'oliviers au milieu de l'ordre des collines, reposant leurs regards par le spectacle de leurs villages agglomérés comme des nids de guêpes au milieu de la blanche odyssée des nuages.

Vous aurez le désir d'être comme eux ; vous entre-
rez sous la couverture de tuiles du village gris. On
vous verra peut-être encore une fois au détour du
chemin et puis vous pénétrerez sous la toiture du village et on ne vous verra plus : comme ces ruisseaux
d'eau pure que personne ne voit, qui vivent sous la
toiture des montagnes, dans la splendeur des roches
profondes ; comme tous ceux qui ont disparu ici
dont on n'entend jamais plus parler, et puis, un jour,
à la croisée d'un chemin, on rencontre un homme,
on se dit :

« Mais je le connais. »

Puis on se dit :

« Mais non, voyons, il n'était pas si vert. »

Ne l'ayant pas reconnu tel que la joie et la paix quo-
tidiennes l'ont changé.

Il paraît qu'il existe une Provence en félibres.

Je ne la connais pas.

7.

« Ce que je veux écrire
sur la Provence... »
(1939)

Ce que je veux écrire sur la Provence pourrait également s'intituler : « Petit traité de la connaissance des choses. » On ne peut pas connaître un pays par la simple science géographique. On ne peut, je crois, rien connaître par la science ; c'est un instrument trop exact et trop dur. Le monde a mille tendresses dans lesquelles il faut se plier pour les comprendre avant de savoir ce que représente leur somme. La certitude géographique est semblable à la certitude anatomique. Vous savez exactement d'où le fleuve part et où il arrive et dans quel sens il coule ; comme vous savez d'où s'oriente le sang à partir d'un cœur, où il passe et ce qu'il arrose. Mais, la vraie puissance du fleuve, ce qu'il représente exactement dans le monde, sa mission par rapport à nous, sa lumière intérieure, son charroi de reflets, sa charge sentimentale de souvenirs, ce lit magique qu'il se creuse instantanément dans notre âme et ce delta par lequel il avance, ses impondérables limons dans les océans intérieurs de la conscience des hommes, la géographie ne vous l'apprend pas plus que l'anatomie n'apprend au chirurgien le mystère des passions. Une autopsie n'éclaire pas sur la noblesse de ce cœur cependant étalé sans mystère, semble-t-il, sur cette table farouchement illuminée à côté des durs instruments explorateurs de la science. Comme les hommes, les pays ont une noblesse qu'on ne peut connaître que par l'approche et par la fréquentation amicale. Et il n'y a pas de plus puissant outil d'approche et de fréquentation que la marche à pied. [... [1]]

Par rapport à moi, le talus qui borde ma route est plus riche que l'Océanie. Comment pourrais-je me décider à m'en aller un mètre plus loin, quand je n'ai même pas pu dénombrer les joies de cet endroit où je suis arrêté ? J'ai seulement compris qu'elles étaient innombrables. Mais, une unique raison sensuelle peut courber les cyprès de Valence à Carry. Si un champ de blé vert commence à se balancer dans la plaine de Nyons, il se met à se balancer de la même façon dans la vallée de Brignoles.

L'imperceptible tache violette qui a d'abord touché une olive n'importe où mûrit à la fois et du même gonflement les olives de tous les oliviers, depuis les Baronnies jusqu'à Grasse. La terre a une façon de se plier en colline du côté de Dieulefit et on s'aperçoit que c'est une habitude qu'elle prend, et elle accompagne l'Ouvèze, la Durance, le Rhône, le Caramy, l'Asse, la Bléone, le Var, avec ce même plissement qui lui est ici bien commode jusque vers Nice, où elle se plie de la même façon, s'abaisse une dernière fois avec ses arbres et entre dans la mer. L'odeur du blé encore vert, quand il est déjà en épi mais languissant et mou comme une chenille poilue, si elle est chauffée par un soleil de juin assez pesant, elle rejoint l'odeur des châtaigniers fleuris sur les plateaux, avec ces voies lactées de fleurs dans les-

---

1. Nous omettons ici un passage du texte qui traite de l'opposition entre connaissance intellectuelle et connaissance sensuelle sans relation directe avec la Provence (voir *Rondeur des jours*, coll. L'Imaginaire, p. 173-176, et *Œuvres romanesques complètes*, Bibl. de la Pléiade, t. III, p. 205-207). *(N.d.É.)*

quelles le vent découvre des profondeurs de feuilles
comme la nuit, barbelées et de couleurs sombres.
S'il ne me faut, pour me décider à partir, que le sup-
port constant de ma joie, j'entends déjà que la terre
me le garantit qui passe, dans ce talus, des petites
mains de l'euphorbe aux légères griffes de la sarriette et du thym, du poing du pavot au bout des
doigts fins de l'avoine, puis dans les bras du chêne, et
de chêne en chêne, à travers les chênaies sauvages
des hautes terres, puis, déposée entre les bras
tendres des premiers vergers d'amandiers, et, de là,
transmise à tous les bras de tous les arbres et de
toutes les herbes, je vois la terre s'en aller de vallée
en collines, jusque dans les lointains extrêmement
bleus où elle est tellement mélangée à ce qui la transmet et à ce qu'elle porte qu'elle entre dans le ciel
déjà semblable à lui. Mais il y a dans le déroulement
même de cette unité une lenteur dont il ne faut pas
que je me sépare. Il me faut employer dans mon
déplacement cette lenteur qui met un temps infini et
combien de délicatesse pour passer du plateau por-
teur de chênaies aux alluvions lointaines des ruisseaux et des fleuves couvertes de champs où s'épais-
sissent les herbes bleues. Je n'apprendrais rien si je
devais me heurter violemment aux harmonies que
cette terre compose avec patience et certitude.
Quand il me faut à moi-même un temps déjà énorme
pour comprendre les sombres vergers de châtaigniers et pour jouir paisiblement de tout ce qu'ils
sont, il ne m'est plus possible de comprendre mon
déplacement – mon savoureux et mon égoïste déplacement – s'il ne met d'accord sa vitesse avec la
vitesse de transmission harmonique qui compose la
vaste unité du pays. Qu'est-ce qu'il me faut, pour
dévaler cette route en automobile et atteindre le
bord de l'horizon à l'endroit même où il semble qu'il
surplombe les larges chemins sur lesquels circulent

les étoiles et le soleil ? Il ne me faut que quelques
heures à travers les vergers d'oliviers, les amandiers,
les fleuves de roseaux, les déserts de pierres, les
cyprières et les tristes collines monacales couvertes
de pins gris qui font un bruit léger déjà pareil au flottement des flammes. Je ne verrai ni mon départ d'où
je m'arrache, ni ce lieu d'arrivée où, sans école, je
suis brusquement obligé de résoudre tous les problèmes des feuilles nouvelles, des herbes étrangères,
des subtilités des odeurs, de la viscosité et de la
sécheresse des chaleurs et des froids, que mes sens
ne connaissent pas et qu'il me faudrait connaître
pour que j'en jouisse. Alors, j'aime mieux ne pas
jouir, c'est trop difficile, et repartir le lendemain ou
sur l'instant même, pour n'importe où, pour partir
parce qu'à la fin, mon corps, qui de toute façon a
besoin de jouissance, se contentera de la jouissance
de partir. Grossièreté des soi-disant victoires de la
technique moderne. Ils me font rigoler quand ils
disent que je suis un poète. Triste défaite de corps qui
ont perdu le goût de vivre parce qu'ils ont perdu la
façon. C'est vrai que c'est presque toujours péjoratif,
mais ils en seraient eux-mêmes, des poètes, c'est-à-
dire de vrais hommes, s'ils avaient encore la vieille
façon amoureuse, la naturelle façon amoureuse de
faire la connaissance des choses. Je vais à pied. Du
temps que je fais un pas la sève monte de trois pouces
dans le tronc du chêne, le saxifrage du matin s'est
relevé de deux lignes, le buis a changé mille fois le
scintillement de toutes ses feuilles ; l'alouette m'a vu
et a eu le temps de se demander qu'est-ce que je suis,
puis qui je suis ; le vent m'a dépassé, est revenu
autour de moi, est reparti. Du temps que je fais
l'autre pas, la sève continue à monter, et le saxifrage
à se relever, et le buis à frémir, et l'alouette sait qui je
suis et se le répète à tue-tête dans le cisaillement
métallique de son bec dur ; et ainsi, de pas en pas,

pendant que la vie est la vie et que le pays est un vrai pays, et que la route ne va pas à quelque endroit mais est quelque chose.

Elle est en ce moment même déroulée devant moi dans l'étendue. Elle s'appuie d'abord sur des débris sauvages de collines, dans des genêts et des éboulements de grès parfois saignants comme du foie arraché au ventre d'un agneau. La terre la laisse retomber dans un vallon où elle disparaît derrière le jet de quatre trembles. Elle reparaît plus loin au moment où les monts Reillannais la soulèvent et l'étendent à travers les forêts d'yeuses sombres, houleuses et immobiles comme de la boue. Là-haut, au sommet du large soulèvement, plus rien tout d'un coup ne la soutient et elle tombe dans la profonde vallée de l'Encrême d'où plus rien n'émerge, sauf un petit nuage de vent tout strié d'étranges arêtes acérées comme les ossements d'un grand poisson séché par des milliers de soleils. C'est elle, là-bas, mince comme un fil dans la montagne noire ? Non, c'est une autre route. C'est elle, là-bas, qui sort des profondes tranchées vertes du blé dur et passe dans les sainfoins en fleur ? Non, c'est une autre route. C'est elle qu'on aperçoit à travers la légère salive brillante des oliveraies ? Non, c'est la route qui va à Sainte-Jalle. C'est elle qui se plie contre une grande ferme sans couleur, dans des arbres sans couleur, avec seulement un trait vert d'ortie contre le mur du nord ? Non, c'est la route de la Commanderie. C'est elle alors dans cet endroit où il semble qu'il n'y a pas de route mais seulement le mur impénétrable d'une barrière de cyprès, puis dans une ouverture on voit luire comme des écailles de sel ? Non, c'est la route qui va dans la Drôme. C'est elle alors qui est là-bas dans les prairies sucrées de jonquilles et que j'avais prise pour un ruisseau immobile ? Non, c'est un ruisseau immobile avec rien que des pierres brûlées et pas d'eau. Alors cette fois c'est elle qui fait cette grande lumière blanche sous les chênes ? Non, c'est le passage habituel des troupeaux vers les fontaines. Alors, attends, j'écoute et j'entendrai le charroi et je vais me guider sur les bruits pour la reconnaître. Mais ils ne font pas de bruit les paysans qui vont sur leurs sandales de cordes ; la charrette qui marche au pas fait sonner le fer de ses roues, puis s'étouffe dans la poussière, et même le son du fer ; il suffit de l'écho d'un arbre pour le renvoyer comme la paume dans un endroit où tu ne pourras pas la rattraper ; le maquignon qui fait trotter sa harde de cavales brutes avec des crinières et des queues vierges fait sonner des esclapades de sabots de fer qui montent si droit dans le ciel qu'ils ne viennent plus sur toi dans une direction précise mais retombent du haut de la pureté comme la pluie qui vient de partout. De quoi veux-tu guetter le bruit puisque tout a l'air mort et désert sous le soleil jusqu'au moment où tu rencontres brusquement l'homme maigre au visage rouge avec sa moustache de vanille et ses yeux de clous, ou brusquement cette charrette qui sort devant ta poitrine comme qui dirait hors du vide avec ces deux fillettes endimanchées sur le siège et qui rient d'un rire immobile sur leurs lèvres silencieuses depuis des kilomètres solitaires ? De quoi veux-tu guetter le bruit puisque tout le charroi se fait en silence et paisible suivant des lois de voyage comme en ont les moines et les bêtes sauvages dans les paradis ? Quand tout se charrie sans arrêt et dans la paix sans que rien ne touche ni ton oreille ni ton œil ? Alors je vais guetter la poussière. Le vent la soulève dans les endroits où il ne passe personne. La voilà ! C'est celle-là, là-bas qui se cachait dans le vallon. C'est peut-être celle-là, c'en est peut-être une autre. Ne la cherche pas, va ; va devant toi marche, tout ça c'est la route. C'est l'arbre de toutes les routes ; dans ses embranchements il tient la peau du monde debout, comme l'arbre du sang tient ta peau écartée et sonore dans le vent, ô homme ! Va là-dessus avec ta charge et ton temps.

La route de l'ouest sort du village du Revest-du-Bion. Elle frappe tout d'un coup sur une telle splendeur qu'elle s'abaisse toute humiliée et éblouie et coule dans le pli d'une terre où elle cherche la cachette de la plus petite herbe. Le déroulement de la montagne et de l'espace est là devant. Il y a des montagnes qui habitent le pays des montagnes et elles sont si bien chez elles qu'elles ne sont même plus obligées à la grandeur et à la noblesse ; des fois elles en ont, d'autres fois elles font voir leur grosseur et voilà tout, et qui n'est pas content n'a qu'à s'en aller. Ici la montagne habite un pays qui n'est pas exactement le sien. On la garde, on lui donne le droit de rester, tout le monde a le droit de rester ; ici on a une très vieille sagesse, alors tout le monde a le droit de vivre librement et à sa fantaisie, mais précisément à cause de cette vieille liberté tout le monde ici a un sacré sens critique : la plus petite fleur qui n'a l'air de rien avec un rouge un peu bizarre, l'herbe la plus humble avec un gris dans lequel elle a mis toute la science de sa longue méditation solitaire, tout : la plus petite aiguille d'un pin. Il ne peut pas être question de débraillé colonial. On peut se mettre à son aise, on doit même se mettre à son aise ; qui ne l'est pas perd la face mais il y a la mesure et nul ici ne peut s'en passer sans tout perdre. La grosseur ne dispense pas de l'esprit et la montagne s'élargit là-devant dans l'espace. Elle est restée montagne ; l'hiver elle a des neiges dans lesquelles les hommes se perdent ; l'été elle fait pendre du haut de sa hauteur ses abîmes bleus bordés de sapins, les blessures de la pluie et des orages. Quand le vent se calme on entend chanter ses sauvages échos ; son silence est d'une éloquence

divine ; des eaux de glace frappent sourdement ses
assises dans le galop de mille chevaux verdâtres dont
la glauque encolure se secoue au-dessus de la plaine
avant de se cacher sous les jaunes forêts de saules.
Mais rien ne se sépare brusquement, rien ne se juxta-
pose avec violence, tout s'ordonne : cette plaine est à
mille mètres de hauteur dans le ciel et tout le dit, lon-
guement, et avec insistance pour qu'on le sache
bien : le bruit du pas sur la route, la pureté de l'air
glacial, les juillets sur le blé vert, la netteté du plus
petit détail, précis, à travers vingt kilomètres d'été.
Dans la même journée, le blé vert qui vous vient ici
au milieu de la jambe toucherait votre genou si vous
pouviez vous mesurer avec celui qui est dans un
champ à cinquante kilomètres d'ici ; il serait déjà un
peu plus jaune et votre pas marcherait sur une route
plus sourde, déjà la chaleur sécherait votre nez et la
brume vous cacherait l'horizon ; à cent kilomètres le
blé vous touche la hanche et il est déjà mûr ; à cent
vingt kilomètres d'ici le blé est déjà coupé et la viscosité des juillets de la vraie plaine brouille dans le
sirop de l'air au-dessus des éteules vides les formes
les plus proches des arbres, des maisons et des
hommes. Tout s'écarte d'ici avec justice. Et le paysan
du fond des plaines basses, s'il regarde cette montagne comme je la regarde, moi, d'ici, il la trouvera
logique par rapport à l'endroit où il est comme je la
trouve logique par rapport à l'endroit où je suis. Les
larges assises qui contiennent sa plaine permettent
au divin sommet de ne pas l'écraser d'une puissance
trop farouche et pour moi, elles m'ont haussé dans
des quartiers du ciel où la présence de la montagne
est une amicale compagnie. L'espace autour d'elle
est tout libre ; il y a de la place pour elle et pour moi
et la splendeur secrète contre laquelle est venue
s'éblouir ma route est qu'il y a de la place pour tout
et qu'une matière divine accueille tout, et même moi

qui arrive, sans qu'il y ait le moindre retard dans
l'affection tout de suite accordée de ses vastes
épaules légères dans le ciel clair.

À un moment, je tourne la tête : le village du
Revest-du-Bion a disparu derrière moi. La route
maintenant émerge lentement d'entre des sainfoins
en fleur. Une ferme déjà très basse dans ses murs
s'aplatit de plus en plus à mesure que je m'éloigne
d'elle et se cache derrière des châtaigniers. Devant
moi, la route entre dans un bosquet de bouleaux. Ils
sont très vieux ; ils ont connu tous les temps depuis
longtemps ; ils sont couverts de cicatrices. Les plus
vieux sont alignés le long de la route comme des
piliers magiques, avec leurs écorces satinées et tout
cet alphabet mystérieux des blessures séchées. Le
bruit des feuilles est très léger mais la lumière des
feuilles est éblouissante, elle palpite, elle souffre, elle
halète comme un énorme entassement de braises
vertes. Il n'y a pas de vent. Le tremblement des
feuilles ne cesse pas, il se transmet d'un arbre à
l'autre. C'est le frisson à l'arbre même et, dans une
petite clairière, sur un tronc tout adolescent, les
feuilles tremblent plus vite avec une sorte de prime-
saut qui a l'air d'étonner beaucoup les gros arbres
d'autour car, au contraire, eux, en voyant ça, ils
s'arrêtent, immobiles, les feuilles pendantes, semblables alors à tous les peupliers.

Sur ce plateau ondulé comme la mer, tout disparaît dans des creux de vagues. On a à peine le temps
de se retourner : la ferme, le village, l'arbre se sont
enfoncés et d'autres choses émergent, justement à
travers les bouleaux, la route se soulève, et au fond
de l'avenue des arbres la montagne bleue apparaît.
Je m'en approche. Cette route est solitaire. Cette
terre est déserte. Rien ne s'émeut autour du bruit de
mon pas. Les oiseaux s'occupent d'eux-mêmes tran-
quillement. Un renard aboie en plein jour. Un nuage

de rossignols se bat avec une chouette. Les corbeaux
se soulèvent et retombent à la même place. Trois
personnes sont passées là avant moi aujourd'hui.
Une fillette : elle devait avoir sept, huit ans, elle avait
des sandales avec des semelles de caoutchouc qua-
drillé comme des gaufres ; on avait dû les acheter à la
foire. Elle traînait une branche d'arbre et à des
endroits, la trace a effacé l'empreinte de ses pas. Elle
allait d'un côté de la route à l'autre. Elle se dirigeait
vers le Revest. Je ne l'ai pas rencontrée ; elle a dû
passer de bonne heure. Un homme qui avait de gros
souliers avec des clous, celui-là s'en va dans la même
direction que moi. Et un cheval ou un mulet ; sans
doute un mulet. Mais à mon avis, il n'a aucun rapport
avec l'homme : il va dans la même direction mais il
marchait d'un côté de la route et l'homme de l'autre.
Ils ont dû passer là séparément : l'homme seul et,
avant ou après, le mulet seul. Ils ne se connaissent
pas ; il n'y a pas d'accord entre les endroits où a marché l'homme et les endroits où a marché le mulet.
Là, par exemple, la bête a dû piétiner et danser (c'est
ce qui me fait dire que c'est un mulet ; il a dû avoir
peur de ce sapin tout noir qui sort brusquement
d'entre les bouleaux argentés) et l'homme s'en est
allé tout tranquille au même endroit. Si l'homme et
la bête s'étaient connus, l'homme se serait arrêté
pour lui crier quelques solides raisons calmantes
mêlées à de légères allusions sur la qualité véritable
du dieu créateur de cet animal. Non. Il y a dans ce
piétinement et cette danse marqués là dans la poussière plus que le simple écart de la bête surprise ; il y
a la liberté du jeu. Elle a d'abord eu peur, puis elle a
joué la peur, et, librement, elle a dansé devant l'arbre
noir.
  Je vois d'abord la lande à travers les troncs écartés
du bosquet, puis les arbres se retirent derrière moi et
brusquement la terre ouvre à perte de vue deux

vastes ailes de soufre. Il n'y a plus de couleur. Il n'y a
même plus d'étendue ; plus rien ne la creuse, la mar-
quant de subtiles différences. Le ciel et la terre sont
devenus comme de la cendre. La montagne, malgré
sa présence, n'existe plus. L'énormité du silence
sonne comme une cloche sombre. Le bosquet de
bouleaux a disparu. Il s'est enfoncé dans une vague
de la terre. Seules, quelques feuilles de leurs
extrêmes rameaux surnagent encore, puis aussi
l'engloutissent. Et je suis seul avec la menace d'un
naufrage semblable ; non pas que je craigne de som-
brer dans une vague de la terre moi aussi car cela
m'arrive à tout moment sur ma route ondulée et
chaque fois j'en émerge, mais brusquement d'être
obligé d'exister dans un monde sans moyens de
comparaison. Il n'y a plus que du gris, du même gris
pour tout. C'est le plateau. Je ne sais plus dire si ce
myosotis sauvage est ici minuscule à mes pieds ou
s'il est un arbre gigantesque au fond de l'horizon. J'ai
besoin de retrouver dans la poussière la trace de ce
pied d'homme. La trace de la fillette ne m'aide pas,
au contraire ; on ne peut pas attendre de secours de
l'idée qu'une petite fille a fait ce matin paisiblement
amitié avec ces dimensions anéantissantes. Mais le
pas de l'homme est là, bien marqué avec des souliers
qu'il a fait arranger de frais peut-être hier et dont la
moitié des clous de la semelle sont neufs. Et ces pas
vont en avant, quand il semble qu'on est déjà trop en
avant et que tout l'espoir est en arrière : ces bouleaux
naufragés dans les fonds de la terre et qui étaient
cependant sur l'instant juste passé des gloires de
volupté pour l'œil et pour l'oreille. Il ne reste plus
que du gris uniforme sur le grand élancement des
ailes de la terre, sur le ploiement des vastes ailes de la
terre qui s'est haussée jusqu'ici. Marcher est sans
signification. Il semble qu'on est arrivé, mais là où
on est il n'y a rien. Le pas n'a pas l'air de déplacer, il

parcourt l'immobilité. Il n'est plus un élément de ma puissance ; il est une preuve de ma faiblesse. Mais l'homme qui m'a précédé s'est constamment dépassé au milieu de ces territoires sans avenir. Il n'a sans doute jamais été touché par la peur qui habite ici et maintenant il est au-delà

Je me demande si ce que je vois là-bas est une ferme à forme de colline ou une colline à forme de ferme. La sauvagerie est contre elle et sur elle. Ce volume – gris comme tout le reste du gris et je ne peux pas savoir s'il est loin et énorme ou s'il est devant moi à cent mètres – a des lignes qui ont la logique des érosions cosmiques. Je suis obligé de voir que la terre ne peut pas tourner sans qu'elle pense constamment à cette chose-là. Et c'est une ferme. Je me suis approché. Il n'y a plus de doute. Je vois une petite fenêtre étroite comme celles qu'on perce pour qu'elles servent à tirer du fusil. Elle n'a pas de volet ; elle est ouverte tout brutalement dans un mur sans crépi ; elle est pleine d'une ombre impénétrable. Il n'y a pas de culture là autour. La terre tannée de vent et de soleil touche ras les murs avec son herbe grise, ses pierres grises, ses fleurs grises. Il n'y a pas trace d'homme ; dehors il n'y a que ce mur défensif construit en pierres brutes, sans ciment ni mortier, avec juste un léger scellement de boue grise. C'est un bastion imprenable. Il n'a pas été bâti pour résister aux bêtes ou aux batailles entre hommes, ou même à l'assaut du mystère, non, c'est une citadelle armée contre le plus grand ennemi de l'homme. Ici dans ce désert, il n'y avait pas moyen de se tromper, il n'y avait pas dix adversaires, il n'y en avait qu'un : la condition humaine. Avec ces pierres crues, juste jointées d'un peu de boue sèche que le vent effrite, il fallait du premier coup s'établir le mitoyen de dieu. C'est la pauvreté invincible. Je longe ce mur qui sent le bouc et le mouton. Il n'est pas hermétique comme un crépi ; il est hermétique comme une croûte de pain.

Ma route tourne un peu vers l'ouest. Je passe devant le porche. La pierre sans artifice qui a été employée a obligé les mains à construire une arche ronde de grande portée, très haute comme s'il fallait faire passer dessous les grosses charrettes chargées de foin. Aussi loin que le regard peut aller il n'y a rien que l'herbe grise plus dure que du jonc. Il n'y a pas de bruit et les portes de la maison, au fond de la cour, sont fermées, comme il semble qu'elles doivent toujours l'être, montrant leurs dos brûlés de soleil où le bois et les gros clous sont devenus blancs et luisants comme du sel. Je m'arrête. Je vois fumer le silence dans la tremblante réverbération sirupeuse des murs brûlants. J'entends un pas très sec. Du fond de la cour s'avance un paon qui traîne sa queue. Il est presque venu jusque sous le vaste arceau buveur de vide. Il me regarde. Sa poitrine est d'un bleu si farouche qu'en un clin d'œil je vois disparaître tous les murs qui sont autour d'elle. Quel immense chargement de fourrage magique peut entrer désormais dans cette place ! La porte qui me paraissait trop grande, elle est maintenant à la taille du monde. L'oiseau a fermé ses yeux. Je ne sais pas s'il a frémi ; je crois plutôt qu'il est resté immobile et que, ce que j'ai vu, n'était que l'approfondissement des splendeurs de la pauvreté. Il a ouvert ses ailes. Il n'y avait personne, moi je ne comptais pas. L'oiseau aux paupières fermées était encore plus hermétique que l'armure de pierres crues. Ou bien c'était une de ces féroces et suaves leçons dont le monde instruit les hommes libres.

Je m'étais trompé : le mulet et l'homme aux souliers cloutés se connaissent. Je les ai rejoints. Ils s'étaient arrêtés, côte à côte, dans un endroit où il n'y avait rien que de la poussière. Je les ai vus de loin parce que le mulet se vautrait et faisait fumer la terre. L'homme venait de le débarrasser de deux grosses couffes de toile. Comme j'arrivais près de lui il était en train de les ouvrir et de vider à côté un tas d'orge. Il y avait dans cet endroit une odeur extra-ordinaire très particulière. Le mulet s'était arrêté de se rouler par terre ; il était resté un moment immo-bile, les quatre fers en l'air, il avait éternué puis il s'était dressé et, tout blanchi d'un plâtre sauvage, il s'en allait lentement tête baissée contre le grand ciel. Le ciel était entièrement rond, non pas seulement par sa forme mais par la forme immatérielle de la montagne et du plateau qui à eux deux se joignaient en une coupe de très large évasement. L'odeur qui étonnait était familière mais on n'arrivait pas tout de suite à la nommer. Elle avait elle aussi de trop grandes dimensions. Tout d'un coup, je la nommais en moi-même : c'était l'odeur du blé mort. Je regar-dais autour de moi. Tout était vide, sauf ce tas d'orge. Je dis blé mort car ce n'était pas l'odeur du champ de blé, du blé sur pied qui quoique mûr, même au-delà de la maturité reste attaché à la terre et porte la saveur vivante d'un grain destiné à la reproduction logique de la plante. C'était le goût poussiéreux d'un charnier de céréales, l'endroit où la chair du grain a subi les préparations humaines qui transporte ses fins vers la reproduction de l'homme. L'odeur du champ est une odeur purement matérielle (je veux dire qu'elle est d'un esprit inhumain). L'odeur qui reste sur les aires est une odeur spirituelle ; il s'y est ajouté l'esprit de l'homme. C'est la plus ancienne transformation de matière de l'histoire. C'est la pre-mière ; et c'est resté la première ; toutes les autres lui sont encore sujettes et le seront toujours. Cette odeur était ici à l'état pur et elle avait de telles dimen-sions éclairant sans équivoque possible cette pre-mière manifestation de l'esprit qu'elle composait à

ces lieux une âme préhistorique absolument éternelle. L'homme aux souliers cloutés était plus
récent ; il avait aussi domestiqué le mulet, si on peut
appeler domestiquer ces claquements de langue
avec lesquels il essayait de le retenir tout en versant
son tas d'orge, pendant que l'autre continuait
d'appuyer pas à pas son front baissé contre le disque
rond du ciel gris, dans un jeu profondément intérieur et dont la jouissance le secouait tout d'un coup
comme un jet, des fers à l'oreille, puis il retombait
sur ses quatre pattes et se remettait à marcher lentement. Les hommes de la Provence haute parlent
peu ; ils mènent eux-mêmes un jeu entièrement intérieur. L'odeur si extraordinaire ne pouvait pas venir
de ces petits tas d'orge ; elle était partout, pendant
que je regardais, autour de moi, cet endroit anormalement plat, sans une bosse ni une pierre sauf
quatre ou cinq rouleaux de marbre, un ici l'autre là,
blancs comme de vieux osselets, dans tout ce vaste.
Je dis que je venais du Revest ; l'homme répondit
qu'il fallait que je me sois levé matin. Je demandai :
et alors, qu'est-ce qu'on va faire ? Il souleva la toile
de sa couffe et de dessous il tira un van : voilà, dit-il.
Je fis exprès de renifler fort en me tournant de tous
les côtés. Ça sent le blé. Ce sont les aires. Il désigna
tout le vaste avec sa main courte et il empoigna le
van. C'est du grain de l'année dernière. C'était
évident puisqu'on était en juin. Il ne répondit pas
mais restant accroupi il claqua de la langue pour le
mulet qui en avait besoin, s'étant arrêté en pleine terreur devant un chardon comme devant les armes
d'Achille.

Dans un roman tout s'explique, même le plus mystérieux ; surtout le plus mystérieux, non seulement
toujours il s'éclaire mais il éclaire tout le reste. Dans
la vie de la route, le plus simple reste mystère. Quand
vous arrivez sur un point quelconque du territoire

les gestes du minéral, du végétal, de l'animal ou de la
chose humaine ont commencé bien avant votre arrivée et se continueront bien après votre départ. Là
encore vous ne voyez ni source ni aboutissant. Et, je
ne parle pas au point de vue historique, mais je parle
de l'exercice quotidien de la vie qui est la véritable
histoire. Quand en passant vous voyez cette pomme
au bout de la branche, pour vous elle est là, mais
vous êtes à peine au détour de la route qu'elle tombe
sans bruit dans l'herbe et continue par rapport à vous
une sorte de vie souterraine, quand vous croyez
qu'elle est toujours là. Et même, si elle était d'un
rouge violent, bien au bout de la branche appuyée
contre un ciel extrêmement bleu, presque noir de
bleu à cause précisément de ce rouge féroce qu'elle
y appuyait, maintenant elle a disparu et toute l'harmonie est changée ; elle est en train d'en composer
d'autres qui sont tout aussi importantes pour le
visage du pays mais que vous ne connaîtrez pas. Et si
je dis une pomme il y a aussi les fleurs du châtaignier
qui, suivant l'heure ou le vent, pendent comme de
petits gants d'enfants en laine jaune ou éclatent
comme des étoiles drues ; il y a le paysan qui entre au
village et qui avant de disparaître vous regarde avec
des yeux d'un feu étrange. Il y a les deux ou trois
paroles qu'on vous dira mais l'essentiel est ailleurs et
une autre fois on vous dira brusquement l'essentiel
mais le vrai ton du pays c'est aussi deux ou trois
paroles sans importance. Un homme porte un sac. Il
s'est ajouté à toutes les impressions de vos sens avec
son sac et son pas ralenti. Il faut savoir que tout en
vous-même était fonction de lui-même, pour si peu
que ce soit, mais totalement : la lointaine barre des
collines, le déplacement des colonnes visqueuses de
la chaleur, le chant des mouches, la route tout
entière. Quand il vous aura dit au revoir, prenant un
chemin de terre qui va à sa ferme, il se débarrassera

du sac et cet homme neuf ira couper des roseaux, ira faucher le pré, restera immobile debout dans les champs, parlera à son cheval, tout, autour de lui, prenant aussitôt un nouvel ordre. Mais il n'y a pas que lui et il n'y a pas que les hommes et les villages, il y a tout le reste aussi : oiseaux, bêtes de par terre et bêtes d'air, et même les bruits et les couleurs et le mouvement des choses insensibles : l'eau, le vent, l'ombre des nuages, la pluie, le sourcillement soudain des horizons montagneux sous des orages et la descente de l'ombrageuse sévérité sur les plaines où riaient les reflets des feuilles de la vigne, et il y a votre déplacement sur la route qui traverse ces perpétuelles transformations. Rien ne supporte un drame, tout est le drame. Il n'est pas nécessaire de savoir ce que faisait le bûcheron marchant, la hache à l'épaule, dans le sentier qui montait à travers les yeuses, ni d'où venait le colporteur de fil et aiguilles qui pliait sous la bricole de sa boîte de bois, ni pourquoi cette femme maigre attendait au bord de la route avec ce visage extraordinairement passionné, mais plus lent d'expression que la pierre. C'est aussi pourquoi il n'est pas nécessaire de savoir de quand date le porche de l'église ou cet arc de triomphe sous lequel écume l'onde enracinée du champ d'avoine. Il n'y a pas d'histoire. Rien ne s'explique. Le temps ne passe que dans les rouages des montres.

Je ne sais pas pourquoi cet homme est venu vider ces deux tas de vieil orge sur la terre plate. Il est de petite taille mais râblé. Il a des pantalons de velours brun et un gilet pareil tout déboutonné. Il a retroussé jusqu'à mi-bras les manches de sa chemise. Son visage est couleur d'argile. Son poil est plus que blond : il est couleur soleil, c'est-à-dire plus lumière que couleur et ses moustaches éclairent violemment sa bouche qui est alors dure, serrée, sans lèvres, rayonnante de minces rides. Ses sourcils sont à peine

un peu plus foncés ou peut-être le paraissent-ils à
cause des yeux clairs comme rien et cependant
graves. Et ils fixent bien. Le coup d'œil passe justement dur comme un coup et il n'y a rien à ajouter.
Sous son chapeau de feutre noir il doit avoir une tête
ronde comme une boule. Il parle comme une tête
ronde, avec un mot qu'il tire péniblement du fond
d'un énorme jeu intérieur et qui d'un seul coup dit
tout ce qu'on peut vouloir dire. Il agit comme une
tête ronde avec de grosses mains mafflues qui
s'abattent sur la chose, serrent, trafiquent obs-
curément, se relèvent, et le travail est fait.

Je suis ici sur les plus hautes aires de la Provence,
la plus haute terre du pays sur laquelle on ait jamais
foulé du grain, le plus haut endroit où on ait jamais
humanisé de la céréale. Cette aire a été inventée et
construite (car c'est construire que d'aplanir avec la
danse des chevaux) par dix familles. Et les dix
familles s'en servent encore, dix familles où depuis
l'invention de l'aire tout s'est modifié à travers peut-
être vingt grands-pères, pendant que un à un se
séchaient les ventres des grand-mères et que
l'humide fécondité mouillait peu à peu le cœur des
filles ; où plus rien n'est pareil depuis le jour où les
hommes qui devaient avoir aussi des poils de soleil
se sont réunis sur la terre la plus haute du territoire
pour y aplanir l'aire. Mais les familles sont demeu-
rées. Les fermes sont toutes autour d'ici sur toutes
les pentes descendantes de la terre, orientées dans
tous les sens du vent, semblables à la grange muette
de tout à l'heure avec ce paon qui s'est endormi sous
le porche, ayant, elles aussi, des basses-cours de
paons dont il semble qu'ils tirent plus de joie à les
regarder marcher gravement, puis soudain à
s'éblouir de leurs éclatements silencieux à l'heure
où le soir a lâché son vent aiguisé, ou, plus que la
fatigue, la pureté sombre du ciel ne supporte plus le

travail, où il faut rester immobile et cependant continuer à être habité. Façon de résoudre le problème
qui est bien dans la manière des têtes rondes, faire
entrer l'oiseau princier dans leur vie franciscaine. Je
ne connais aucune basse-cour de paons dans le pays
ailleurs qu'ici. Il n'y en a pas dans les fermes riches
installées dans les alluvions potagères. Ce serait
pourtant d'un aussi bon rapport que les poules.
L'oiseau est énorme et succulent ; l'odeur de sa
graisse donne appétit à des kilomètres à la ronde et
sur l'entrelacs des routes plates les camionnettes
pourraient en porter des cargaisons vers les villes. Il
n'y en a pas. Et c'est pour une raison spirituelle. Ici il
y en a. Il y en a parfois des troupeaux de quinze à
vingt dans ces fermes éloignées de tout trafic, où il
est impossible de rien vendre, où vivent pauvrement
des hommes secs aux yeux bleus. Ils regardent vivre
à côté d'eux les oiseaux magiques ; quelquefois ils en
mangent mais alors ils brûlent les plumes, et ce
sacrifice désespéré est aussi dans la manière des
têtes rondes.

Les hautes terres déroutent. La violence de cet
endroit de Provence en a écarté les voisins et les
caravanes. Il a gardé sa pureté préhistorique et c'est
elle qui brusquement vous pousse sur de nouveaux
chemins. On n'est jamais venu regarder la Provence
d'ici. C'est pourquoi d'ici qu'elle coule tout autour à
partir de cet émergement nu. Plus bas que moi, dans
le sud, je vois les falaises bleues de la Sainte-Baume
et le vaisseau de Sainte-Victoire chargé de toile
grise ; dans l'est, près de moi, le Ventoux toujours
immatériel mais qui fait gicler des jets de vent avec la
pesanteur de son ombre, au nord les rochers de
Saint-Julien, ces montagnes paysannes des Baronnies et du Nyonsais, à l'est les frégates toutes neuves
des Alpes de Provence, avec leurs voiles d'une glace
éblouissante qu'un vent éternel empèse. Dans le

silence et la pureté d'ici où rien ne se mêle on entend
le grondement de la véritable histoire. Sur le plus
haut enrochement central de ce pays demeurent les
saintes qualités d'une pauvreté sereine. Rien n'était
facile et tout a été fait. Depuis le jour où dix hommes
de dix familles ont traîné ici leur blé prisonnier, l'ont
foulé sous les pieds des chevaux, l'ont apuré dans le
van du vent, ont broyé les graines entre les pierres
plates et sonores, ont changé le sens de la plante, ont
fait de sa chair une nourriture pour leur chair, reste
ici l'odeur spirituelle du plus haut et du plus pur
charnier. De ce jour-là tout était découvert ; et ils
n'ont rien ajouté. Ils ne sont pas de ceux qui descendent après avoir monté. Ils restent sur la hauteur.
Ce dépouillement qu'elle exige ils en ont fait facilement leur habitude et leur aise. Ils ont compris qu'ils
ne pourraient rien ajouter ; qu'ils possédaient
l'essentiel. Leur gloire d'homme était assurée. Il ne
restait plus qu'à vivre avec elle dans des jours que la
paix allongeait dangereusement. Ils n'ont peut-être
jamais eu de tentations. Le racinage des hommes
n'aime pas les sols tendres, mais dans la roche la plus
dure il assure des assises éternelles.

L'homme vannait l'orge. Il s'était tourné pour
m'éviter le vol des balles ; un léger vent s'était levé
qui les emportait dans les mille reflets du soleil. Il
avait des gestes lourds. Virgile était un poète ultra-
moderne ; Homère était mort hier ; seul peut-être
Noé à sa première sortie de l'arche avait dû vanner
son orge avec la pesanteur puissante de cet homme.
Il aima mon silence. À plusieurs reprises, au moment
où il rechargeait son van, il me regarda et je vis bouger sa lèvre comme s'il allait me parler. Mais il se
remettait au travail. Cependant il était en train de
faire son compte. Je l'entendais écouter les choses
qui pour d'autres n'ont pas de voix. Son âme était un
bestiaire de saint. L'alouette y parlait, et le geai, et les

lourds corbeaux que le vent renversait dans de profonds naufrages célestes dont ils se relevaient avec
de violents coups d'ailes et un cri. Il avait l'habitude
de voir arriver la belette avec son cou tout huileux
sur lequel la tête ne peut pas rester immobile. Il avait
précisément quelque chose à lui expliquer, à propos
de ses oiseaux personnels à lui et qu'il entendait garder vivants. Pour sa joie personnelle. Indiscutable.
Le péché est surtout un empêchement. Sur toutes les
pierres brûlantes de son cœur se chauffaient des
lézards aux gorges fragiles et des serpents cachaient
sous le feuillage de son sang leur petite tête aux yeux
dont la cruauté n'est que suprême intelligence. Sa
glorieuse pauvreté l'autorisait à tout sermonner. Il
me parla enfin. En attendant il me demanda des nouvelles de ma route et de toutes les routes et il parla à
cause d'elles du ciel et du soleil pur, nécessaire,
attendant que tout son bestiaire pût enfin m'offrir le
don royal des animaux. Le vent levé, froid et de belle
allure avait donné à la pureté et à la solitude environ-
nante un éclat d'arme aiguisée. Il avait soulevé des
rumeurs qui venaient de lointaines vallées. Une
odeur de suave humanité s'était ajoutée à l'odeur du
blé mort. Elle venait des montagnes paysannes où
habite une vie patriarcale. Le parfum que j'aime le
mieux, m'a dit enfin l'homme, c'est l'odeur de la
vigne.

À partir d'ici la route descend ; elle se casse deux
fois d'abord dans le col des Aires puis dans le col de
Fontaube et brusquement elle se met à bouillonner
de tous ses anneaux pliés et repliés dans les effondrements poussiéreux suspendus au-dessus de la vallée
de l'Ouvèze. Elle y arrive et frappe contre un torrent
gris, froid et en plein silence ; de temps en temps il
regarde un peu de côté avec un œil qui semble soudain vert et peut-être aimable mais tout de suite il
cache sa tête grise et pousse le long de son lit de

schiste sous des roseaux brûlants, des saules et
d'admirables peupliers trembles qui font jaillir en
eux toute la grâce de l'eau. De chaque côté de la vallée s'étagent de petites propriétés d'oliviers. Elles
sont soutenues les unes au-dessus des autres par de
petites murailles de vieilles pierres. D'orgueilleux
orchis militaires sortent des trous des murs et
montent tout raides avec leurs grappes de fleurs couleur de vin. Les oliviers sont petits et comme tout
usés de soleil avec très peu de feuilles et toute leur
trame est apparente. Ils ne font pas d'ombre. Ils sont
comme des sortes de bulles de salive divine. Ils sont
soignés et propres. Ils ne font aucun bruit. On entend
chanter la bêche parfois très haut dans la hauteur,
sur chaque terrasse qui est une « propriété ». Il n'y a
pas plus de dix de ces arbres immatériels et ils sont
l'apaisement du désir de toute la vie d'un homme ;
un de ces hommes qu'on rencontre parfois sur les
petites routes, là alentour ou sur les grandes routes
qui croisent de partout à chaque embranchement de
vallées pendant que des ruisseaux venant de droite et
de gauche se joignent à l'Ouvèze, avec juste deux ou
trois grosses paroles d'eau, puis, ensemble et silencieux ils continuent à parcourir la vallée sous le fré-
missement aquatique des peupliers. Un de ces paysans qui descendent des petites vallées adjacentes
venant de ces villages qu'on voit là-bas au fond au
milieu de déchirements de terre où se découvre un
ocre entièrement pur, bordé des vertes prairies et de
parfois un pin ou deux penchés sur le jaune chaud de
la terre. Tout à fait le village qu'il faut à ceux qui se
contentent de peu et par conséquent ont le droit de
tout avoir. Les routes de tous les côtés claquent
comme des longes de fouet à travers les vastes pâturages brunis de carex. De chaque côté elles
s'échappent ondulant comme des dos de chevaux
pour gagner de la hauteur, soit de l'autre côté de

l'Ouvèze, vers la gauche, pour s'en aller vers les villages à travers les forêts de chênes, soit vers la droite
pour sauter en étalant chaque fois son dos, de gradin
en gradin, vers des ermitages ou des chapelles
votives, sur le portail desquelles on a gratté la trace
du bouclier de Pallas et redessiné le geste des bras
pour déposer dans leur courbe un enfant auréolé
que la sagesse garde ainsi drôlement avec un insolite
regard de méditerranéenne cruelle ; ou vers des villages postés très haut dans de grands découverts
bleus. La route qui suit l'Ouvèze commence à s'apla-
tir entre d'épaisses moissons. Elle croise déjà
d'autres routes dont l'embranchement sent la poussière torride et le désert. Mais elle se recourbe contre
le ventre des montagnes paysannes et elle remonte
franchement au nord dans un pays où des villages
nobles, portant de vieilles ferronneries, des porches
à blasons et des couronnes de château fort viennent
s'agenouiller à côté d'elle dans le crépitement des
ceps de vignes. Des hommes coiffés du chapeau de
feutre noir à larges ailes marchent à pas lents dans de
la bonne terre bien labourée et toute propre. La
route est devenue comme une reine. Tout le long du
nord-ouest un allongement des collines paysannes la
suit avec maintenant des roches décharnées, des
reins échinés par la pluie portant encore parfois un
tout petit verger d'oliviers transparent, ou bien un
champ de blé pendu sur la pente et dont le carré vert
bien délimité gonfle la couleur sauvage du reste de la
colline. Tout le bon de la terre a été râpé par les eaux
et charrié dans ces parages que la route traverse. Les
vergers y sont épais. Les oliviers composent
d'immenses temples silencieux et sombres ; la vigne
avec ses bras noirs tout tordus envahit les champs les
uns après les autres ; les terres les plus solitaires
portent des forêts d'amandiers brûlants dans des
feutres d'herbes dures, de chardons et de thym qui

mélangent sous l'ombre claire les somptueuses couleurs de leurs fleurs bleu-jaune et rouges franchement. Les villages arrivent les uns après les autres
près de la route. Ils en ont besoin, ils la soignent ; ils
vivent près d'elle ; ils dorment près d'elle ; ils ne la
quittent pas. Ils l'accompagnent pendant quelque
temps avec des maisons et quand elle s'en va plus
loin à travers les champs, des fois encore une ferme
s'approche, écarte ses arbres avec son muffle de
porte ronde à marque seigneuriale et souffle sur le
bord de la route sa caressante respiration pastorale.
La route elle-même a pris une allure plus raide. Cette
adoration ne lui laisse plus guère de temps. Il semble
qu'elle veuille en remerciement s'occuper de la
chose publique. Elle va droit d'un endroit à l'autre
avec des gestes un peu cassants mais malgré tout
utiles. Elle ne va plus fréquenter toutes ces gorges
sauvages, ces déchirures des collines qui de temps à
autre, par-delà un léger rideau d'oliviers encore très
maigres, laissent entrevoir le long ruban soyeux
d'une chute d'eau ou le guet désespéré d'une tour
crénelée. Mais elle porte de longs groupes de paysannes noires toutes chargées de paquets noirs posés
en équilibre sur la tête et qui vont comme ça à la file
indienne, ondulant toutes de la même ondulation de
ventres dans leurs grosses jupes rondes. Des
hommes partent pour longtemps avec des carnas-
sières de cuir gonflées de fromages secs, de pain dur
et de miel. Des bogheys emmènent des maîtresses de
fermes habillées du dimanche, étalées et pesantes,
avec des seins comme pour huit et des colliers de
mentons, à côté du petit valet maigre ; ou bien parfois elles conduisent elles-mêmes avec des mains
rondes où une grosse bague ou deux sont enfoncées
dans la graisse. Des maîtres dépassent tout le monde
sur des tilburys craquants et déhanchés mais traînés
par de longs chevaux fins qui galopent avec toutes

leurs pattes repliées sous le ventre. De petits bergers crient et moulinent des bras près de vingt moutons endormis qui se réveillent brusquement et font tout le contraire de ce qu'ils veulent ; alors ils courent de partout et ils dansent avec leurs chiens bruyants. Des hommes verdis de sulfate quittent les vignes, montent sur la route, frappent du soulier pour se délivrer de la grosse empreinte de boue. Des groupes d'ouvriers des champs s'en vont les mains dans les poches, faisant sauter sur leurs dos de toutes petites musettes mais un très gros accordéon. Le tonnerre gronde dans les collines ; son écho ébranle de grands pans d'air plat. Les arbres se taisent. L'ombre de la pluie dévale des monts, avale les champs sur la pente puis les champs bas. Le vent frappe les arbres puis, tout d'un coup, l'orage raide et blanc. La terre fume. Les femmes se sont arrêtées sous les platanes. Les ouvriers courent ; l'accordéon crie ; le tilbury galope dans des gerbes d'eau. Le boghey tourne en boitant dans un chemin de terre et se met à l'abri sous le porche d'une ferme. La voix des ruisseaux soutient une longue note de plus en plus ronde, de plus en plus pleine, de plus en plus sombre. Mais l'ombre peu à peu se retire, la lumière monte ; le vent tombe ; une grosse goutte claque sur une feuille ; les ruisseaux parlent aux petites herbes près d'eux ; l'orage écrase son épaisse fumée et ses reflets dans le fond le plus lointain de la plaine. Les paysannes se remettent en file indienne et l'ondulation de ventre reprend pas à pas. L'ouvrier essuie l'accordéon qui grogne comme un petit porc. Le boghey sort de son abri, boite deux pas dans le chemin de terre, monte sur la route et dépasse tout le monde au petit trot pendant que la maîtresse de ferme essuie de ses mains grasses le satin de son immense gorgerin. Ici la route partage la vie d'une humanité abondante. Mais il reste encore beaucoup de sauvagerie de tous les côtés. La

nuit, le sanglier vient jusque sur la route renifler des
réseaux de traces ; le renard y cache la sienne en se
vautrant dans le crottin frais des chevaux. Au plein
des midis, les aigles de la montagne descendent sans
un geste jusqu'au-dessus de la grande trace blanche
et y restent suspendus là, suivant lentement tout de
son long, comme emportés par une sorte de magné-
tisme. Souvent dans ces quartiers, les maisons, les
villages, les fermes reculent et tout d'un coup la
route se tord entre de rocheux habitats de buis
sévère. Sur les pierres plates les vipères se chauffent ;
les énormes lézards verts traversent la route avec de
petits sauts fébriles mais sans hâte. Il y a soudain un
silence brûlant qui efface tous les bruits humains et
seul contre la branche d'un platane bourdonne le
bivouac de quelque essaim d'abeilles sauvages
échappées des hauteurs. Mais chaque fois la route se
plie sournoisement vers un sud où dans les meil-
leures journées dort une brume jaune au travers de
laquelle luisent, comme étouffés, de longs alignements de peupliers argentés. Chaque fois que le
brouillard se soulève, il découvre des étendues
vertes sans bornes qu'il cache tout de suite sous sa
retombée. La vie d'immenses jardins sombres halète
sous le rideau de la chaleur. Il ne semble pas que la
route s'éloigne des villages couronnés des vieilles
couronnes seigneuriales. Ils sont toujours là dans
leur aristocratie un peu délabrée, mais les montagnes paysannes se sont abaissées derrière eux. Les
aigles ne viennent plus. Des armées d'alouettes
débouchent de tous les bosquets. Les chardons ont
des fleurs énormes et des feuilles un peu plus molles.
Toutes les nuits, une loutre sortant du ruisseau vient
se plaindre et gémir au bord de cette route qui s'en
va, qui se hausse maintenant le long d'une longue
montée régulière comme un tremplin. Et puis du
haut, alors, d'un seul coup elle coule. Le pays où elle

a sauté ouvre devant elle une emphase royale de feuillages. Une caravane de peupliers s'avance en agitant des feuilles d'argent. Des alignements de cyprès sortent de la brume. Des ormeaux épais découvrent les chemins de maisons aux larges façades. De lourdes yeuses s'agenouillent sous le poids de miel de leurs fleurs. De monstrueux lacs d'avoine dorment dans des barrières de bouleaux. Des platanes accouplés, aux larges poitrines et dont les bras jamais taillés dressent jusque dans les hauteurs du ciel des toisons miraculeuses d'ombres, apportent des fontaines ruisselantes de mousses et de perles et des bassins où, dans un goudron transparent, se déroule la chevelure blanche des nymphées, pendant qu'au fond des reflets de poix chante le chant d'amour des crapauds. Des acacias écrasent des grappes de parfums sous le pas des hommes. Des ruisseaux tordent des eaux d'huile sous des entassements de sureaux ; et sur les bords même où Ophélie s'est enfin amarrée de lourdes populations de soldanelles agitent leurs couronnes bleues et les carex à flocons déroulent l'hermine légère de leurs fleurs de neige. A mesure que se soulève le brouillard de la chaleur et le plomb des orages des perspectives d'arbres s'enfoncent dans des lontains de plus en plus démesurés. Un océan illimité de pâturages couvert de tous les jaunes et de tous les bleus, jetant contre les troncs des écumes de myosotis, emporte jusque dans l'extrême large des bosquets de tilleuls, des haies de sorbiers, des allées de marronniers, des talus de roseaux, des rondes d'érables, le compagnonnage deux à deux des chênes héroïques de la forêt ancestrale et les longues files noires des processions entrecroisées des cyprès aux capuchons plus sombres que le ciel, cependant sombre et que le soleil n'éclaire pas mais couvre ; dans l'extrême fond de l'air épais qui ne se soulève jamais, des fantômes d'arbres gris, tremblants comme des bouquets de laine emportent et continuent dans des au-delà invisibles les débordements de cette royauté végétale. Des villes plates, mortes comme des médailles dépassent juste les avoines de leur exergue tuyautée de génoises. Des nœuds de routes serrent la route ; des routes grouillent sous les herbes. De tous les côtés, des chemins où il faut fouler des graminées sauvages contournent de mystérieux bosquets, mènent à de paisibles maisons aux grandes joues, aux larges fronts, avec de nobles chevelures de rosiers fleuris dans lesquelles chante un rossignol. Des perrons de briques descellées jointés d'herbes aiguës conduisent à des parloirs où peu à peu, au fond de l'ombre, commence à luire le double mortier écarlate d'un portrait de magistrat ou la sabre-tache cloutée d'or d'un hussard. Une douceur où tout compte emplit les vastes corridors et les cages d'escaliers qui accompagnent vers la verrière une énorme plante grimpante en fer forgé. Chaque degré hausse vers la sagesse au-devant de l'odeur de cuir des vieux livres. Pendant qu'on peut entendre le ver qui ronge le bois des lambris ; dans des salles si vastes que les murs se perdent dans la nuit ; les rideaux verts du lit à piliers et le reps grenat du fauteuil éclairé, devant la haute fenêtre à petits carreaux glauques à travers lesquels on voit dormir les arbres et la pluie marcher sur le mélange inouï de toutes les frondaisons dans une paix qui n'a plus de rivages. Là-bas la route passe avec ses piétons qui s'en vont d'avenue en avenue. Dans ces Champs-Élysées de vivants, de tous côtés des perspectives emportent le regard le long de sombres couloirs d'arbres. C'est un grand marécage de routes et de feuillages si voluptueusement entremêlés qu'ils ne peuvent plus se démêler les uns des autres. Les ruisseaux d'arrosage chantent la paix sous les échos des vergers avec leurs grosses cordes détendues qui claquent dans la terre grasse. À mesure que la route s'enfonce de plus en plus profond dans ce glauque avenir, derrière elle son passé s'efface dans les innombrables serpentements qui contournent les bosquets. Il n'y a plus que l'arbre, l'herbe, l'eau, les murs dorés des villes rondes et silencieuses, le visage large des maisons solitaires à travers les branches, les avenues qui portent, d'avenue en avenue et parfois dans la clarté laiteuse d'une clairière de prés, un cheval rouge tout nu qui galope pour son plaisir à travers les fleurs. La route marche sur un sol plat et élastique sous lequel frissonne le glissement d'alluvions vivantes. La souplesse des limons étalés sur ces territoires illimités parle d'un fleuve immense. À des moments de grand silence, quand s'arrête le craquement des branches des ormeaux, le balancement pelucheux des cyprès, le doux ressac des hauts pâturages, les oiseaux se taisent et du fond de l'horizon monte le mugissement confus d'un taureau de la terre. Mais, si loin que peut aller l'imagination, de tous côtés les formes ne lui proposent que l'étendue du royaume de l'arbre. Seule une mystérieuse logique assure que cette paix végétale ne peut finir qu'agenouillée aux bords d'extraordinaires eaux. Un orient imperceptible ordonne toutes les directions. Maintenant, à travers tous les embranchements la route aperçoit de chaque côté d'elle, au fond des issues, des arbres plus bas, ou bien l'essence sauvage de chênes dépaysés, ou bien un arbre solitaire qui parle de lointaines montagnes. Une sorte de charroi immobile amène au-devant d'elle des végétations étrangères. Haut par-dessus les poussiers charbonneux du soleil, une déchirure claire s'écarte dans le ciel purement bleu. Une énorme respiration circule. Mais dans les horizons dégagés montent les bizarres entassements de petites villes modernes toutes grinçantes de ressorts et qui perdent de la vapeur par tous les joints. Au bord de la route des moignons de peupliers abattus arrêtent chaque pas avec un parfum nostalgique de champignon. Une carcasse d'automobile brûle lentement de toutes ses rouilles dans un champ de coquelicots. Des décisions municipales interdisent aux nomades de s'arrêter. Des brasseries plantent des terrasses de parasols côtelés d'orange. Des jeux de boules tissent des toiles d'araignées dans tous les coins. Un train qui ne s'arrête pas siffle éperdument sans savoir pourquoi. Un règlement taille les platanes à hauteur d'homme. Un soleil cru colle les doigts les uns contre les autres, emmaillote les bras et les jambes, ne permet plus que le mouvement des langues dans les bouches ; comme le mouvement des serpents aveugles au fond des cavernes de la terre. Toutes les ombres sentent l'anis. Des vélocipédistes en maillots disputent des courses accompagnées d'un énorme lion de carton noir qui joue sans arrêt du cor de chasse. Des commis voyageurs débarquent de la gare avec de grands faux cols et de grandes valises. Un journal abandonné se plie et se déplie dans le vent et s'en va en frottant son ventre sur la terrasse du café. Un pharmacien fait des vers en provençal au dos des analyses d'urines. Un homme immobile, assis et les bras pendants, injurie Dieu soigneusement jusque dans les plus extrêmes ramifications de sa famille. Le cercle républicain réunit douze barbes à deux pointes pour construire l'avenir total de toute l'humanité sur le radicalisme. Un royaliste plein de sciatique essaye de marcher gaillardement devant la porte de l'usine. Des ouvriers à ventres de Lucullus discutent sous les platanes sur l'importance de l'ordre dans la fin du monde. Des affiches contradictoires affirment dans leur succession qu'à la fin du compte tout le pays est habité par des canailles. Les hirondelles réunissent

toute leur tribu sur le central télégraphique. De
temps en temps, dans le ciel clair, un énorme oiseau
rose aux longues pattes noires passe en poussant un
cri sauvage que personne n'entend. La route de Paris
s'aligne avec un orgueil de monstre, entre les piliers
rouges de ses postes d'essence et sous d'innombrables feuillages de zinc où flottent les mérites de
diverses « oil ». Mais elle a comme toutes les routes
un défaut par lequel on peut la vaincre. Elle est plus
longue que large. Dans les vingt pas de sa largeur la
route la traverse, tombe tout de suite dans de torrides sables gris, tourne à travers les roseaux, les
osiers, les vernes, les saules et les aulnes et de nouveau elle est seule et pure. Un gros cheval attelé à un
tombereau bleu dort à côté d'une pelle plantée dans
du gravier. Le mugissement sourd du taureau
compose le silence. Sur la route même le sable gris
se creuse à chaque pas d'empreintes noires où
luisent brusquement puis s'éteignent de minuscules
salives d'eau. Le vent souffle du nord et, sans qu'on
puisse encore comprendre l'inclinaison générale
des terres, on sait qu'il descend. Des flaques troubles
comme des perles se cachent maintenant sous les
buissons d'épines. Les gestes d'un immense vivant
invisible creusent dans la chaleur des trous d'humidité toute fraîche. Quelqu'un bouge tout près d'ici
dont les mouvements entraînent le ciel. L'air sent le
poisson sauvage comme si on secouait des filets de
pêcheurs. La route n'a plus de berges ; elle se perd de
chaque côté dans des sables gris. Une extrême
variété de plantes et d'arbres habite sans ordre de
tous les côtés. De petits sapins touchent d'énormes
platanes, des herbes de la montagne sont mélangées
à des herbes de la plaine, de petites gentianes
presque sans couleur et des céréales de toutes les
qualités. Cette terre parle d'une force qui charrie les
montagnes par-dessus les plaines. Tout est couvert

de poussière de sable ; le vent la soulève en draps
flottants, la fait battre dans tous les feuillages, la
couche sur de larges pièces d'eau dormante où elle
pleut en mille piquetages comme la pluie, cassant
brusquement en éclairs la danse d'innombrables
petits poissons argentés. Le sol est plus mou. Le ciel
est clair ; une respiration joyeuse l'ouvre jusque dans
des profondeurs où des routes aériennes s'élancent.
Une joie luxuriante éclaire toute la nudité des
espaces. Le mugissement appelle tout près d'ici et
gronde dans toutes les directions. Un martin-
pêcheur immobile écoute entre deux touffes de
thym. Un vanneau vert mène ses quatre poussins de
laine rousse sur un chemin qui contourne à travers
des pieds de genévriers. Un pluvier doré épuce la
marqueterie noire et or de ses plumes. Une sarcelle
se baigne dans le sable chaud. Un héron invisible
crie. Un râle au plastron gris marche en regardant
derrière lui l'empreinte de ses pattes ; le jabot gonflé ; un fil imperceptible d'œil près de son long bec.
Une échasse arrive sur ses longues jambes d'or, elle
ouvre ses ailes bleues, s'asseyant légèrement sur le
ressort de ses genoux et s'élance ; elle vole vers un
appel plus sonore des grandes eaux roulantes. Une
épave de poutre équarrie émerge de la boue sèche.
Des rideaux de vernes, d'osiers, d'aulnes et de buissons multipliant leurs plis et des serpentements sans
issue serrent des flaques d'eau grise, des lacs d'eau
bleue, des entonnoirs de vase noire, des plaques de
boue sèche craquelées et racornies de minuscules
déserts d'un alfa d'ambre et empêchent les approfon-
dissements de l'horizon. La route ne peut voir qu'à
travers des feuillages poussiéreux. Elle tourne à
l'aveuglette faisant éclater des vols d'oiseaux et des
brasillements de papillons. Et soudain elle est enva-
hie par les menthes et les verveines ; le mugissement
éclate sur elle si proche qu'une fine salive d'eau

étoile le sable, elle a juste le temps de retenir ses deux ornières ; le fleuve est là. Il est là, on le voit à travers un grillage de roseaux et sa largeur est au-dessus des roseaux, dressée comme un mur, portant des îles et un terrible mélange de muscles d'argent. De l'autre côté des roseaux il est seul dans la magique et formidable trouée qu'il a déchirée à travers le ciel, la terre ; loin par-delà sa rive opposée, il a reculé de minuscules collines d'enfant. Ses bras nus sont couchés dans des verveines plus épaisses que la laine des moutons. Ses mains écrasent des écumes qui jaillissent en s'éclairant d'arcs de couleurs. Des papillons boivent sur sa peau. Une adoration éper-due d'oiseau le caresse sans arrêt d'un vol courbe qui appuie sur lui tous les ventres de plumes. Des compa-gnies de canards sauvages se couchent dans les poils vierges de sa poitrine, pendant qu'il la gonfle et l'abaisse, les naufrageant au fond de lui ou les haus-sant soudain si haut qu'ils ouvrent leurs ailes et s'envolent. Mais ils retombent sur le sein sauvage en éteignant la brusque lumière de leurs ailes vertes et bleues. Des troupes de brèmes claires sortant des sombres veines profondes viennent dans les bords de l'eau dévirer le battement de leurs ailerons roses et frapper l'huile des remous de leur ventre d'argent. Elles emportent au fond de l'ombre un petit soleil prisonnier. Un troupeau sans fin de cavales fait fumer dans le large du fleuve un envolement de cri-nières d'embruns mêlés d'engoulevents éperdus, d'énormes macreuses, de merles d'eau, de marouettes, de tourbillons de poules, de foulques rouges, de nuages de mouches d'or, de bécasseaux, de perdrix de mer et du vol brusque des barges rousses dont le vol éclate comme la cocarde d'un pétard. D'énormes chevaines émergent du flanc des vagues, mordent et glissent de vague en vague. Des tanches dorées viennent mâcher de leurs lèvres rouges la boue pantelante des bords. Des esturgeons sautent lentement tout entiers dans le soleil et retombent dans des giclements de fer. Des saumons font claquer les eaux plates. Les flétans charrient de l'ombre dans les gouffres illuminés. Dans les apla-nures d'eau mince qui bouillonne entre les galets des fourmilières de vairons se battent à travers l'écume avec des vols orageux de courlis. Des nuages de papillons de lin brûlent d'une flamme d'azur immo-bile au-dessus des tourbillons ; le saut de la loche les mord ; l'aile des macreuses les bat, les coupe, les fouette, sans que jamais ne s'éteigne le flamboiement des petites ailes dentelées. De longues lamproies battent d'une queue violette les bulles blanches des gouffres vert-de-gris. Le cri des hérons saute comme un palet dans les fuyants échos aquatiques. Des cygnes à moitié dressés au-dessus des vagues s'éventent de deux larges ailes dont l'éclat disperse sous les eaux des troupes de poissons. Et le fleuve va. Il se roule sur chaque bord dans des prairies aériennes de papillons : Atalantes, Pasiphaès, Sylènes, Satyres, Tabacs, Parthenies, Antiopes, Belles dames, Sylvains, et parfois le large Jasius aussi grand qu'un oiseau. Tous mélangés et étincelants comme l'écrasement du soleil dans le biseau d'un verre. C'est une grande route du monde. De farouches voyageurs de ténèbres agglomérés dans le fond de ses eaux emportent dans le flottement de leurs glauques manteaux la vie frémissante des laits de poissons. Elle dégorge au ras des plaines les sque-lettes brisés des blocs arrachés aux montagnes. Elle frappe des épaules dans les champs. Elle se fait une large place parce qu'elle est le charroi des semences ; tout doit lui céder la place. Tout s'écarte ; tout s'ouvre. Elle serre dans ses anneaux des villes bourrées de palais. Elle traverse des déserts dont elle partage l'empire avec un soleil qui dresse entre les cyprès les tréteaux d'un théâtre de mirages. Du fond du pays, d'autres villes couronnées d'arènes écoutent son mugissement d'insaisissable taureau. Nîmes, plus hautement couronnée de ces pierres qui encerclent en fleurons le drame de l'homme et de la bête, se repose, sous le soleil, dans une poussière que des forces souterraines font battre comme le vent qui frappe un étendard. C'est le lieu où les sources profondes enfouies sous les montagnes remontent. Elles ont traversé les mystères universels ; elles se sont chargées des magies et des chimies naturelles ; elles ont lentement épousé des cristaux plus purs que les glaces polaires ; elles ont dormi dans des lits silencieux où le granit le plus dur et le silex le plus lourd d'étincelles sont devenus lisses, et plus savants en voluptés que les pierres les plus précieuses. C'est l'endroit où les sources souterraines émergent. Eaux vives encore de la vie universelle ; et qui nous l'apportent. Et la route des eaux s'en va lentement s'enfoncer dans la mer.

Route qui emporte toutes les routes avec elle. Territoire des reflets et des morts. Au moment où le mélange de toutes les couleurs du monde entre dans la mer par vent du sud au large du cap Couronne. La terre est grise, la mer est grise, le ciel est gris. L'espace couché sous les nuages est plus vaste encore que l'espace des hauts plateaux. Cette fois, le monde est complètement étouffé sous les plumes grises du magique épervier. Rien ne permettra jamais plus le compte humain des distances et des formes. Pourra-t-il naviguer dans l'orage de l'inconnaissable, ce vaisseau de notre pauvreté, avec son équipage de paons ?

Il n'y a pas de Provence. Qui l'aime aime le monde ou n'aime rien.

8.

Arcadie ! Arcadie !
(1953)

Dix kilomètres à droite ou à gauche suffisent à vous dépayser. De la région romantique des châteaux, on passe sans transition, par le simple détour d'un chemin, au canton virgilien classique. Les landes noires occupent en principe les plateaux mais descendent très souvent dans les vallées ; les terres organisées en vignobles, les petites propriétés à la mesure d'une famille ou d'un seul homme sont installées dans les plaines mais montent jusque dans les hauteurs les plus solitaires. Je me délecte de cette diversité. Je vais à droite, à gauche, au nord, au sud, sans plans préconçus. C'est le contraire d'un pays à *idées fixes*. De là, une jeunesse dans les désirs qui vous étonne quand on la rencontre, comme c'est le cas, chez de vieux paysans solitaires. Partout ailleurs tout serait dit. Ici on constate qu'ils ont des projets, qu'ils désirent des quantités de choses et qu'ils s'occupent très sérieusement de leur bonheur. Ils le font sans raideur. S'ils mènent un combat ce n'est pas en armure mais nus et frottés d'huile pour glisser et ne donner prise à rien. Ce qu'on prend pour de la paresse ou de la nonchalance, c'est du sang-froid. Ils ne s'énervent pas sous les coups du sort et souvent, quand on les en croit accablés, on s'aperçoit qu'ils les ont esquivés d'un simple effacement du corps, sans même bouger les pieds de place. Ce sont des *têtes rondes*, des Romains, des cavaliers de Cromwell, mais sans Bible, sans Rome et qui *fabriquent leurs idées à la maison*. Cette qualité a son revers. Ils peuvent passer pour insolents : c'est qu'on prend assez souvent l'opinion courante pour de la courtoisie et l'opinion *commune* pour de la culture.

Les villages sont construits sur les collines, à la cime des rochers et de tous lieux escarpés d'où il est facile de faire dégringoler des pierres. En mettant ainsi d'accord son besoin de sécurité et son intention formelle d'y consacrer le moins d'efforts possible, le Provençal s'est mis à l'air pur et devant des plans cavaliers. Il y a des *vues* que les bourgeois qualifient d'*immenses* ou de *pertes de vue*. Ces découverts, encadrés dans les portes et les fenêtres, tiennent lieu dans ces murs du chromo de Romulus et Remus ou de celui du passage de la mer Rouge par les Hébreux. Ces paysages composés de neuf dixièmes de ciel et d'un petit dixième de terre, et encore de terre qu'on surplombe, font jouir l'âme de délires et de délices féodaux. Comme on voit venir les ouragans de cent kilomètres à la ronde, on épuise la peur avant d'en avoir les raisons. Les hurlements les plus lugubres, le grondement des grandes maisons pleines d'échos ne prédisposent qu'à la mélancolie la plus tendre. De certains endroits bien placés, on domine des territoires plus vastes qu'un canton et couverts de forêts de rouvres. D'en haut on aperçoit le partage de ces vastes cathédrales romantiques à travers les branches desquelles apparaît parfois la trace blanche des chemins. Sur la rive gauche de la Durance, cette forêt mêlée de chênes blancs recouvre les vallons et les collines jusqu'au massif de la Sainte-Baume : c'est-à-dire qu'au-delà est la mer. Il n'est donc pas question d'imaginer des villes, des tramways, des trottoirs où la foule circule, de brillants éclairages enfin ; quoi que ce soit de cette organisation moderne qui suffit à l'âme naïve des citadins pour détruire l'idée de désert. Même Marseille dont on peut deviner l'emplacement grâce au Pilon du Rouet ne compte guère à côté de ces étendues *sans âmes* qui s'élargissent jusqu'à la mer. Toute cette région est composée comme pour servir de décor à une page de Froissart ou tout au moins de Walter Scott. Stendhal l'avait déjà remarqué lorsqu'il montait vers Grenoble par l'actuelle route des Alpes. Encore n'avait-il fait que longer cet étrange pays plein de châteaux à la rude stature. Dès qu'il y a une dizaine de maisons collées au rocher comme un nid de guêpes, une maison plus vigoureuse les domine. En réalité, c'est l'inverse qui s'est passé. L'homme fort et qui trouvait précisément dans la solitude ses raisons de vivre a construit ses murs le premier ; les autres sont venus s'abriter à côté. Généralement celui qui venait ainsi se placer par goût ou par calcul dans les hauteurs, n'avait pas le sens *commun*. Il savait toujours exprimer sa fierté, son orgueil et même certaines subtilités farouches de son caractère dans les murs qu'il dressait. Il se satisfaisait avec leurs mesures. Il faisait son portrait avec les nuances (comme Retz et Saint-Simon). Ici on en voit un qui détestait manifestement les jours beaux et tranquilles et a ouvert toutes ses fenêtres du côté du nord et du grand vent, sur un paysage que ne dore jamais le soleil. Ailleurs, une lucarne sourcilleuse parle de vertus amères, de cœur sec et probablement (ce qui va ensemble) de poitrine faible. Certaines façades étalent au grand jour l'arrogance d'une haine puissante qui a dû être bien maniée pendant des siècles et reste encore présente au-dessus des bois. J'ai vu par contre, sur un tertre aride, un parc de buis taillés qui témoigne encore, avec ses arceaux et ses labyrinthes, du soin qu'a pris une âme sensible d'étaler ses artifices dans la solitude.

Si on n'a aucune raison pour courir à grande vitesse les routes dites nationales, on peut connaître cette nation par le menu. Il faut prendre une de ces petites routes qui font des écarts pour le moindre bosquet ou le champ de Mathieu ; même pas les départementales, mais les communales, celles qui ont le souci de la commune. Ce sont des itinéraires de rois et rois chez eux sont les hommes qui en ont discuté le tracé. Elles vont à une aventure qui est celle du travail et des soucis de toute la région.

Tout y parle d'une société, et d'une société qui compose avec les caractères de chacun. C'est un chemin qui va de la bonne humeur de celui-là au goût procédurier de celui-ci, qui fait un détour pour s'orienter vers un grand porche, passer près d'une fontaine, qui s'efforce d'avoir toujours à proximité les hangars où il est bon de pouvoir s'abriter en temps d'orage. Il suit presque toujours le tracé des anciennes pistes du temps des colporteurs, diligences, voyages à franc-étrier. J'en connais qu'on voit s'infléchir vers telle petite ferme sans importance désormais mais où vivait en 1784 une jeune femme célèbre par sa beauté et son naïf besoin de vie. D'autres s'approchaient d'un bon vin. Il y a une raison à tous les balancements, les sinuosités ne sont jamais gratuites ; les serpentements ont été décidés après mûre réflexion. Ce détour vous garde du vent, vous fait passer à l'ombre ; cette ligne droite vous emporte le plus rapidement possible hors d'un endroit où il ne fait pas bon s'attarder. D'une imperceptible porte d'usurier dans le crépi d'une façade, la route communale ne s'approche qu'avec de larges lacets dignes d'un Montgenèvre. Tout un embranchement de raccourcis herbeux s'élancent vers l'enclume d'un vieux maréchal-ferrant. Ici les gens avaient l'habitude de faire cent pas le long d'une allée de trembles. Ce n'est pas pour couper un virage que nous quittons une ancienne trace : c'est qu'au pied de cet arbre qu'on évite depuis on a tué jadis un berger. Et, malgré la côte assez rude, si on s'élance franchement vers ce village, c'est qu'il est réputé pour cent raisons : qu'il accueillait toujours avec bonhomie, malice et science les turpitudes dont il est bon d'user, les gourmandises qu'il faut satisfaire.

Ce serait une erreur de ne regarder que le paysage admirable ; les passions y ajoutent.

Les villes sont de peu d'importance : cinq à six mille habitants, au plus dix mille. Au siècle dernier elles étaient divisées en artisans et paysans. Dire d'une femme qu'elle était une artisane supposait une lingerie fine, la connaissance parfaite des quatre règles, de l'écriture moulée et des manières qu'on appelait des « singeries ». C'était, la plupart du temps, une fille de paysans qui, ayant des idées, avait quitté les landes découvertes pour les combats de l'esprit. La vente au détail du fromage de gruyère suffisait à ses ambitions. Elle devenait pilier de son église et au sommet de sa réussite bourgeoise. Toute l'artisanerie mâle (dans laquelle étaient compris, en plus des corps de métier, les notaires, les instituteurs, les pharmaciens et le receveur des postes, le médecin faisant classe à part), toute l'artisanerie mâle portait la veste noire, d'alpaga l'été, la chemise amidonnée le dimanche, le chapeau de feutre à larges bords, et, les jours de semaine, le tablier bleu. Elle se piquait de littérature et de libéralisme, connaissait par cœur des chansons de Béranger et s'abonnait aux *Veillées des chaumières*. La plus huppée mettait bien en vue sur ses guéridons l'album du *Vin Mariani* et l'*Almanach Vermot*.

Ces villes qui ressemblent à des couronnes, des miches de pain, des pièces de jeux d'échecs, ont été faites avec du besoin d'évasion, du sens de la hiérarchie, de la candeur et, si l'on peut dire, une téméraire prudence ou, si l'on préfère, toute la témérité que peuvent se permettre les prudents. Dès que l'avion s'est mis à voler au-dessus d'elles, on a construit des faubourgs, on a osé faire faillite, partir pour Marseille avec armes et bagages et même se marier dans la classe opposée. On en est maintenant à la création de *Mutuelles chirurgicales*, ce qui me paraît être tout un programme de joyeuses vies pour l'avenir.

Le vent souffle du nord-ouest, exactement comme il soufflait il y a dix mille ans. La vie est toujours accrochée aux mêmes ressources : l'huile et le vin. J'ai connu, en 1903, une catégorie de gens qu'on appelait les *fainéants*. Il y en avait cinq ou six à Manosque, deux ou trois à Corbières, un à Sainte-Tulle, quatre à Pierrevert, une vingtaine à Aix, autant à Arles, peut-être cent à Avignon, et ainsi de suite. Trois ici, deux là, quarante à Toulon, trente à Draguignan, six à Tourves, huit à Brignoles, cinq à Salernes, sept à Barjols ; à Marseille, n'en parlons pas, d'autant qu'ils n'avaient pas la qualité des autres. Ceux dont il s'agit ici étaient propriétaires de petits vergers d'oliviers : cinq ou six arbres, au plus dix. De tous âges, ils étaient arrivés à *faire néant* de façons diverses. Il y avait des veufs qui, ayant dépassé la cinquantaine, découvraient avec volupté qu'un homme seul a besoin de peu ; des jeunes qui, au retour du service militaire, considéraient l'absence de l'adjudant (sous toutes ses formes) comme un délice parfait ; de vieux célibataires. Un pantalon, une veste de velours duraient vingt ans. Le veuf trouvait dans ses coffres assez de chemises (en comptant celles de sa femme) pour aller jusqu'au Paradis. En hiver, il se taillait un tricot, même un manteau dans une couverture. Les jeunes, une fois par an, rendaient un petit service à quelqu'un : aller chercher une malle aux Messageries, rentrer du charbon, etc., et demandaient des vieux linges en échange. Ils vivaient d'olives confites et d'huile. Les olives et l'huile leur donnaient également en échange un peu de vin. Pour le pain, ils glanaient. Ce n'était donc pas très exactement *faire néant*, mais c'était incontestablement faire peu, avoir sa liberté totale, vivre ; et même vivre à son aise.

Mener des oliviers est un travail d'artiste et qui ne fait jamais suer. La taille, si importante puisque l'arbre ne porte ses fruits que sur le bois neuf, prédispose à la rêverie et satisfait à peu de frais le besoin de créer. Ajoutez qu'un arbre bien taillé donne un beau galon sur la manche, qu'il est au bord du chemin ou dans les collines où tout le monde se promène ; qu'on le voit, et, s'il est très bien taillé, qu'on va le voir comme un spectacle. Je parle évidemment ici de l'arrière-pays et non pas des oliviers qui sont à quelques kilomètres de la mer. Nous sommes encore dans des collines assez hautes. Après la taille, il n'y a plus qu'à laisser faire les choses et les événements : ce que l'homme d'ici aime par-dessus tout et ce qui est pour le fainéant la distraction, le divertissement rêvé. Surveiller le ciel, quelle ressource de passion ! Être à la merci de la pluie, du soleil et du vent donne un rythme de qualité à chaque jour. Jurer délivre jusqu'au fond de l'âme, alors que, pour se délivrer, les bourgeois ont besoin de tant de mécanique ; et même n'y arrivent guère.

Dans certains endroits, comme les cantons montagneux du Var et sur la rive droite de la Durance, la région des collines qui va jusqu'à Lure et la Drôme, les vergers d'oliviers sont assis sur de petites terrasses soutenues par des murs de pierres sèches, blancs comme de l'os. Ce sont de petits oliviers gris, guère plus hauts qu'un homme, deux mètres cinquante au plus, plantés depuis mille ans à quatre ou cinq mètres l'un de l'autre. La terre qui les porte est très colorée, parfois d'un pourpre presque pur, communément d'une ocre légère, quelquefois sous l'ardent soleil blanche comme de la neige. Sur ces terrasses, la vie est non seulement aisée mais belle. Il n'y a rien d'autre que les oliviers : je veux dire ni constructions ni cabanes, mais, qu'on vienne à ces terrasses pour bêcher autour des arbres ou pour flâner, c'est un délice. Dans l'arrière-saison, le soleil s'y attarde ; le feuillage de l'olivier ne fait pas d'ombre, à peine comme une mousseline ; on a tout le bon de la journée. On voit toujours quelques hommes qui se promènent ainsi dans les vergers. Ils sont d'aspect lourd et romain ; on les dirait faits pour être César ou pour l'assassiner. En réalité, ils sont là pour rêver de façon très allègre et légère. Ils fument une pipe ou une cigarette et font des pas. Aussi bien, quand par exemple on est contraint de vendre ce qu'on a, on ne vend l'olivette qu'en dernier et souvent même on fait des sacrifices pour ne pas la vendre. C'est à peine si, dans ces pays-là, on lit le journal et, si on le fait, c'est le soir, pour s'endormir dessus.

L'olivette représente ce que représente une bibliothèque où l'on va pour oublier la vie ou la mieux connaître. Dans certains villages du Haut-Var et la partie noire des Basses-Alpes où il n'y a pas d'autre intempérie que la solitude, les hommes, le dimanche matin, vont à l'olivette comme les femmes vont à la messe.

En 1907 il y avait, à La Verdière, un curé qui disait dans presque tous ses sermons : « Les hommes se damnent ; c'est dans les olivettes qu'ils *vont au diable*. » Et, certes, s'il voulait simplement dire qu'ils allaient loin dans tous les sens, il avait raison. C'est à l'olivette qu'on fait les projets et qu'on les caresse. Les jardins de Babylone, les granges trop grosses, les hangars trop grands, les puits trop profonds, c'est dans les vergers d'oliviers qu'on s'en donne la charge. Les orgueils, les démesures, les premiers moutardiers du pape, c'est là qu'ils se font. Les sagesses aussi.

À peu près à la même époque, à Villeneuve, sur le flanc nord de la vallée de la Durance, il y avait un autre curé, mais celui-là était d'origine italienne ; il s'appelait Lombardi. Il avait combiné de raccourcir les cérémonies pour les femmes, et, chaque dimanche, sur le coup de dix heures et demie du matin, il partait lui aussi, la pipe au bec, pour les olivettes où il avait avec Jean, Pierre et Paul, des conversations fort utiles. Il a ainsi empêché plus de cinquante ruines et bien des plaisirs.

À la Sainte-Catherine, c'est-à-dire le 25 novembre, on dit que l'huile est dans l'olive. On va faire la cueillette. Ici, il faut distinguer. Du côté de Nice et de Grasse, dans les terres qui avoisinent la mer, sur les contreforts des Alpes côtières, on étend des draps blancs sous les arbres et on gaule les fruits : d'abord parce que les oliviers sont géants et surtout parce que la douceur qui vient de la mer amollit les fruits et les âmes. Dès qu'on s'éloigne vers les solitudes, que le climat se fait plus âpre, on cueille l'olive une à une sur l'arbre même, à la main. Cela va loin. C'est une autre civilisation.

Du temps de ma jeunesse, quand je lisais Homère, Eschyle, Sophocle, dans les vergers d'oliviers, j'appelais mes « *combles du bonheur* » des dimanches à Delphes. Rien ne me semblait plus beau et plus glorieux qu'un dimanche à Delphes. Tout ce qu'on peut rêver était pour moi dimanche à Delphes. Plus tard, j'ai vu, sur des vases grecs, qu'on gaulait les oliviers en Grèce. Cela m'a changé le ton des cris de Cassandre. Maintenant que j'ai vécu, on ne m'enlèvera pas de l'idée qu'à Delphes, malgré tout, on cueille les olives à la main.

C'est le travail le plus succulent qui soit. Généralement, il fait froid et, si on prévoit une grosse récolte, il faut s'y mettre de bonne heure. Il y a parfois des brouillards et l'arbre est à la limite du réel et de l'irréel. Le soleil est à peine blond et ne chauffe pas encore. L'olive est glacée, dure comme du plomb. Pour celui qui est avare, ou a tendance à être ému par la réalité de la richesse, cette fermeté et cette lourdeur lui donnent le même plaisir tactile qu'un louis d'or. Peu à peu le soleil monte, on se débarrasse des foulards et des châles, on s'installe plus à l'aise dans la fourche des branches, on prend le temps de regarder autour de soi. On voit sa richesse noircir les feuillages à la ronde.

On domine généralement alors un pays radieux. Malgré ce que je viens de dire de l'avarice (et je l'ai dit exprès, ainsi que le louis d'or) ce pays place son bonheur ailleurs que dans la monnaie.

Il m'est arrivé, il y a cinq ou six ans, une petite histoire qui ne m'a pas pris au dépourvu ; moi aussi *je fais mon beurre* avec la simple olive mais qui illustre bien ce que je veux dire. J'ai un verger assez mal entretenu dont les frontières sont indécises. J'étais en train de cueillir les olives d'un arbre particulièrement chargé quand je fus interpellé par un petit bonhomme. Il prétendait que cet arbre était à lui, et, beaucoup plus grave encore car il intervenait ainsi dans mes promesses de bonheur, que les trois ou quatre arbres qui m'entouraient étaient également à lui. Or, c'étaient les plus beaux arbres de l'endroit ; les rameaux pliaient littéralement sous le poids d'olives grosses comme des prunes et il y avait deux jours que je me régalais en rêve à l'idée de cette récolte. Je descendis de mon arbre pour discuter le coup. J'avais acheté ce verger à une vente d'hoirie. L'héritier n'était même pas venu sur le terrain ; d'ailleurs, il était wattman de tramways à Marseille. Le notaire m'avait donné des numéros de cadastre mais, en pleine colline, c'est un violon à un manchot. Il m'avait aussi parlé d'un genévrier. Le voilà. C'est de là que j'avais tiré mes alignements. Le bonhomme m'indiqua un autre genévrier et suspecta ma bonne foi. C'était un tout petit pète-sec de quarante kilos et il s'était mis en colère. C'est mon péché mignon et je m'en méfie mais là, je lâchai la bride et je me mis à prononcer ce qu'on appelle des paroles regrettables. Mais comme j'étais manifestement le plus fort sur tous les tableaux, cela me coupa instantanément bras et jambes. J'avais aussi reconnu mon adversaire, ou, plus exactement, mon rival. C'était un ancien peintre en bâtiment qui avait eu des malheurs : ses enfants étaient morts, sa femme était paralysée ; il vivait de charité publique. Un détail donnera son caractère : depuis sa dégringolade il s'habillait très proprement, avec des oripeaux tirés à quatre épingles, chapeau melon, canne, et même gants, dépareillés et troués mais gants quand même. Mon cœur naturellement fondit. Je me mis à parler très gentiment. Je lui donnai du Monsieur Lambert et je dis qu'entre gens de bonne foi il était facile de s'entendre. Ce dont il convint. (Il avait été l'ami de mon beau-père ; enfin, j'aurais préféré me faire couper la tête plutôt que de lui faire tort d'un centime.) J'entrevoyais la possibilité de l'aider. Mon petit sac était par terre. J'y ajoutai ce que j'avais dans mon panier. Nous soupesâmes. À vue de nez, il y avait là quinze kilos d'olives. Je dis : « Mettons vingt et je vais vous les payer. » Là n'était pas la question. Je savais bien où elle était. « Non, dit-il, je vais emporter les olives. »

Mais la conversation ne s'arrêta pas là. J'étais devenu si gentil qu'il en avait déduit que j'étais dans un tort bien plus grave. Il m'accusa d'avoir également cueilli ses olives les jours précédents. Pour me disculper je lui dis de m'accompagner chez moi. On ne garde pas les olives en tas, elles fermenteraient ; on ne les entasse que l'avant-veille de les porter au moulin. Pendant la cueillette, on les répand en couches de dix centimètres au plus d'épaisseur sur le parquet de pierre d'une pièce froide. Chez moi, c'est dans la bibliothèque du rez-de-chaussée que je les mets. Mes vergers sont à l'ubac, c'est-à-dire au nord et les olives sont petites. Or, précisément et par merveille, dans ces ubacs, j'avais eu des arbres particulièrement bien disposés qui m'avaient donné la veille deux boisseaux de grosses olives. Il les vit tout de suite : « Celles-ci sont à moi », prétendit-il. J'étais disposé à lui donner de l'argent (pour sa femme paralysée et ses enfants morts) mais, là, j'aurais préféré être haché en chair à pâté plutôt que de céder.

Bref, la comédie dura trois jours. À certains moments, j'oubliais la femme paralysée, les enfants morts, l'amitié de mon beau-père, et, quand j'oublie la femme paralysée, les enfants morts et l'amitié de mon beau-père, je peux être très désagréable. Ces olives (aussi belles que les siennes) étaient incontestablement à moi et il prétendait les reprendre dans mon tas. Non. C'est, je crois, la seule chose au monde pour laquelle je suis capable de répondre non.

Finalement (j'en passe) il me vendit son verger, mais avec prise de possession *après la cueillette*. Il eut ses dix mille francs, séance tenante. Il fit sa cueillette pendant une semaine, à côté de moi qui faisais la mienne, dans les arbres dont j'étais propriétaire sans contestation possible. Je le voyais emplir ses paniers et ses sacs de ces beaux fruits lourds et suaves au toucher. Il chantait des chansons de 1900 et, en particulier : « C'est l'étoile d'amour, c'est l'étoile d'ivresse. » Est-il nécessaire d'ajouter qu'en réalité ces arbres contestés étaient parfaitement à moi comme, au printemps suivant, relevé de cadastre en main, me le prouvèrent le clerc de notaire et le garde champêtre ?

Voilà le pays radieux qu'on domine. Il est également huilé de soleil léger, et glacé. Après les brouillards vient cette luminosité d'hiver si claire où tout se dévoile. On voit pour la première fois que les vieilles touffes d'herbes ne sont pas blanches mais violettes. On aperçoit à des kilomètres le détail des fermes et des pigeonniers. On distingue le velours des paysans les plus éloignés marchant sur les chemins et, de fort loin, malgré les châles et les *pointes* de tricot, on partage les femmes et les jeunes filles en blondes et en brunes. Ce sont ces taches de couleur pure qui donnent au pays sa profondeur et font comprendre la limpidité extraordinaire de l'air. Quelquefois, on entend soudain braire un âne, hennir un cheval ou ronronner une camionnette. Jadis on entendait chanter. Un jadis qui n'est pas loin et dont je me souviens.

Ma mère ne venait jamais cueillir les olives avec nous. Mon père qui le faisait avec moi ne chantait pas mais bourdonnait. Cela ne s'entendait pas de loin. J'ai dit ailleurs combien j'étais sensible à ce bourdon qui était constamment sur les lèvres de mon père comme à la fois une plainte et un chant de victoire. Mais toutes les chansons de ma mère jaillissaient des vergers d'oliviers. C'est en réalité avec l'étoile d'amour que M. Lambert m'a eu jusqu'au trognon.

Actuellement, on ne chante plus. Ce n'est pas que les temps ne s'y prêtent pas ; on oublie les temps en cueillant l'olive. C'est que les chansons modernes ne sont pas d'accord et qu'elles ne viennent à l'idée de personne. On n'a pas envie de les chanter. Il y a deux ans, une jeune fille qui en connaissait et cueillait l'olive dans un verger proche du mien, essaya d'en chanter une. Elle en fut pour sa courte honte et, après un simple couplet, s'arrêta d'elle-même. Le silence qui suivit était très éloquent.

C'est qu'il y a une antiquité vénérable dans les gestes que nous faisons. Ils nous rapprochent d'un certain état de l'homme dans lequel ces chansons n'ont que faire.

Deux jours avant de porter les olives au moulin, on les entasse. Tout de suite, elles se mettent à fermenter. Quand en plongeant le bras nu dans le tas on sent une chaleur vive, c'est le moment de les emporter. Elles donnent alors une odeur extraordinaire à laquelle les hommes de la civilisation de l'huile sont très sensibles. Cette odeur reste ordinairement dans ma bibliothèque du rez-de-chaussée jusque vers le 10 ou le 15 février.

Je fais des sacs de cinquante kilos en les mesurant soigneusement au boisseau. Puis, mon ami Brémond vient les chercher. C'est un géant qui est, *dans le civil*, colporteur en fil et aiguilles. Il va vendre sa marchandise dans les villages, hameaux, groupes de fermes et fermes les plus isolées, avec une camionnette et un banc forain. Comme j'habite sur la colline, en dehors de la ville, cette camionnette est très utile. Cinquante kilos, pour Brémond, c'est juste le poids avec lequel il peut jouer. Fine va avec lui pour rapporter le billet du moulin sur lequel est marqué le poids total. Nous sommes, toute la famille et moi, ravis chaque fois par l'indication de ce poids total. Il nous semble, à le lire, que la vie est assurée désormais jusque dans l'éternité des siècles. Je place soigneusement ce billet dans le premier tiroir de droite de mon secrétaire.

Cependant, même avec l'espoir de les voir revenir sous forme d'huile, personne ne se sépare allègrement de ses olives. De nos jours, les moulins sont modernes, équipés de presses hydrauliques. Les villes un peu importantes mettent tout leur orgueil à avoir des moulins modernes, des coopératives construites avec un souci d'architecture de la pla-

nète Mars, des laboratoires à vasistas, des monstruo-
sités. Je connais des communes qui se sont endettées
pour cent ans à seule fin de construire une coopérative oléicole encore plus monstrueuse que celle du
voisin. Avec ce procédé, il n'est plus question de cru.
L'huile est la même pour tous et, pour qu'elle puisse
plaire à tous, on lui donne (à grands renforts de pro-
cédés chimiques) un goût commun, c'est-à-dire un
goût médiocre.

   J'ai été habitué pendant toute ma jeunesse à consi-
dérer que le travail de l'huile exigeait de la force, de
la patience et de l'art. C'était l'époque où comparer
l'huile de maison à maison était la grosse affaire de
tout le trimestre, jusqu'à mars. On mettait trois
gouttes d'huile sur une mie de pain et on dégustait.
Après, on discutait. Quand mes olives sont en sacs,
pour moi, hélas, tout est fini, mais à cette époque-là,
tout commençait.
   Nous gardions à la maison un oncle de ma mère :
l'oncle Ugène. C'était un vieux paysan. Il était sourd,
ce qui lui donnait un air ravi. Au contraire des autres
sourds, il n'était pas triste, mais tout le temps en train
de sourire très finement. Cela venait de ce qu'il
appréciait beaucoup la surdité, disait-il. En effet, le
frère avec lequel il avait habité jusque-là jouait du
violon (un seul morceau de musique : la mazurka
appelée *La Tzarine* qu'il accompagnait en tapant fortement du pied sur le plancher). L'oncle Ugène était,
chez nous, commis à l'olive et à l'huile. En réalité il
s'était « bombardé » lui-même à ces fonctions dès
son entrée dans notre maison. Il avait également
apporté en entrant chez nous, outre cette volonté
manifeste, les petits meubles de son ménage de célibataire et, en particulier, la table Henri II sur
laquelle je suis en train d'écrire maintenant.
   J'aimais beaucoup l'oncle Ugène qui était doux et

souriait, et surtout parce qu'il exerçait sa fonction d'*olivier général* comme un sacerdoce, avec tout un cérémonial et des gestes sacrés. Quand les olives étaient en sacs, l'oncle Ugène allait s'habiller. Il mettait sa grosse veste de velours et sa pèlerine, son cache-nez et ses souliers à clous. Il demandait une chaise. On lui en donnait une. Il décrochait sa musette. Il y fourrait un pain. Ma mère ajoutait du fromage, du saucisson, du chocolat, un reste d'omelette, un litre de vin. L'oncle Ugène qui avait en tout de la méthode attendait le litre de vin pour dire : « Et pour eux, qu'est-ce que tu me donnes, Pauline ? » *Pour eux*, c'était invariablement un litre d'eau-de-vie qu'on appelait de la *blanche*. Ainsi lesté, sa musette en bandoulière, l'oncle Ugène attendait les hommes du moulin. Ils arrivaient avec leur charreton à bras, chargeaient les sacs et partaient, suivis de l'oncle Ugène tout harnaché et qui portait sa chaise, car ce n'était pas pour décrocher la musette qu'il l'avait demandée mais pour aller s'asseoir à côté de nos olives, au moulin.

Il n'y était pas seul. Il y avait l'assemblée des *oliviers généraux* de toutes les familles dont on faisait l'huile ce jour-là.

Le vieux moulin dont je parle était dans une impasse de la rue Torte. C'était le moulin Alic, du nom de la maison dans le sous-sol de laquelle il était installé. On y pénétrait par un plan incliné qui s'enfonçait sous des voûtes et d'où sortait lentement une épaisse vapeur blanche. L'odeur de l'huile fruitée est si agréable au goût des gens de ma région que je ne peux guère donner une idée de l'odeur qui sortait de cet Hadès. Elle m'enchantait, à la lettre. C'était l'ambroisie des dieux. En réalité, pour tout autre que nous, c'est une odeur sauvage et qui affole les chevaux comme l'odeur des champs de bataille (ceci est une image qui me vient de mon grand-père, le zouave, le frère de l'oncle Ugène, pas le joueur de violon. Ils étaient trois frères).

Ces caves profondes où l'on broyait l'olive étaient éclairées avec des déchets d'huile. Comme il n'en manquait pas il y avait des quinquets partout. On se mettait ainsi sous terre pour ne rien perdre de la chaleur qu'il faut pour extraire l'huile du fruit. Je dois démesurer l'endroit dans mon souvenir. J'ai l'impression que ces caves étaient immenses. Au fond flambait un brasier sous un énorme cuveau. Il y avait l'odeur dont j'ai parlé tout à l'heure, sauvage et assez horrible, c'est-à-dire capable d'inspirer l'horreur (d'ailleurs plus *morale* que physique) mais ici elle était animale. À l'âge où je faisais ma pâture des tragiques grecs, je pensais chaque fois à l'odeur qui devait emplir les dernières salles du labyrinthe, juste avant d'arriver à l'étable du Minotaure. Cela provenait des chevaux qui se remplaçaient à tourner la meule et dont on n'avait pas le temps de sortir le crottin. Cette meule tournait dans une auge où l'on versait les sacs d'olives. La pierre ronde, énorme bloc de presque deux mètres de haut et large de cinquante centimètres, roulait lentement au pas du cheval, toute ruisselante de jus marron et noir.

Dans cette chaleur d'étuve, les hommes étaient nus jusqu'à la taille et même parfois jusqu'aux pieds, avec un simple caleçon de bain, sauf, bien entendu, l'assemblée des *oliviers généraux*. Ceux-là gardaient la veste. Assis en rang, la canne entre les jambes, les deux mains appuyées sur le bec-de-corbin, ils présidaient et nul ne pouvait voir leurs yeux sous leurs grands chapeaux noirs. (Cette image me vient de mon père qui, souvent, avant de m'envoyer vers l'oncle Ugène au moulin, me récitait des passages de *La Légende des siècles*.)

On remplissait à la pelle de bois les couffes de sparterie semblables à des bérets d'un mètre de diamètre

avec la pulpe ruisselante dans laquelle la meule tournait. Ces bérets étaient empilés les uns sur les autres
sous le plateau de la presse. Il y avait cinq ou six de
ces presses. Huit hommes nus armés de longues
barres de bois plantaient ces barres dans les trous du
moyeu et, tirant de toutes leurs forces, exprimaient
l'huile. Leur effort était rythmé par des chants. On
louait parfois, pour faire de la musique, un petit
ramoneur avec sa serinette. On chantait la chanson
du cœur volant ou celle du pou et de l'araignée sur
l'air de la complainte de Fualdès, mais pas à tue-tête,
à voix presque basse, comme il convient à une chanson de travail qui économise l'effort.

Déjà, l'huile était comme de l'or. Chaque fois que
l'équipe bandait ses reins, tirait sur la barre, toute la
presse s'illuminait d'huile comme si on avait allumé
une grosse lampe dans les couffes de sparterie. Elle
glissait dans des canalisations de bois jusqu'à la
grande cuve d'eau fumante que chauffait le brasier.
Là, elle s'y dépouillait, elle y perdait ses humeurs.
Quatre hommes, exactement comme des diables et
qui paraissaient même être en métal luisant tant ils
étaient barbouillés d'huile, armés de grandes
louches, *cueillaient* la « vierge » qui était montée à la
surface de l'eau.

Jusqu'ici, on ne voit pas bien l'utilité des *oliviers
généraux*. À force de presser les grands bérets rem-
plis de pulpe, ils étaient aplatis comme des galettes.
De ces résidus de noyaux, les coups de reins des huit
barreurs ne faisaient plus sortir que des gouttes.
Quand on n'était pas là pour surveiller, dès que la
galette était dure, ils s'arrêtaient. Si on était là, mais
sans malice, ils donnaient pour la galerie, trois ou
quatre coups en geignant profondément, comme
s'ils fournissaient toute la force de leur corps et ils
s'arrêtaient. Mais si on était là, comme un véritable
olivier général, alors, on sortait la bouteille de

« blanche ». On venait leur dire : « Allez-y encore un peu. Tenez, buvez un coup. » On restait là pour regarder si vraiment ils y allaient bon cœur bon argent. On leur faisait miroiter une étrenne. On leur payait encore un coup. De coup en coup, les bérets finissaient par suer un ou deux litres de plus. La grande affaire était de ne plus insister au bon moment, sinon on passait pour un avare, on faisait douter de l'étrenne promise et désormais on avait plus de comédie que d'huile. Il fallait penser aussi que le meunier avait droit aux déchets et qu'on devait se garder comme la peste de trop vouloir lui appauvrir son profit. Il ne le perdait pas de l'œil.

L'oncle Ugène était un surveillant excellent. Comme il était sourd, on ne pouvait lui faire entendre raison qu'en lui prouvant *de visu* qu'on était arrivé au bout du rouleau. Il fallait donc donner de véritables coups de reins. Il le savait et il avait dans le gousset de son gilet huit pièces de vingt sous qu'*au bon moment* il distribuait avec de petites mines de chat. Il était très apprécié.

Or, dans l'autre gousset du gilet de l'oncle Ugène, il y avait une pièce de quarante sous. Elle était là pour l'homme *qui s'occupait des enfers*. Les enfers d'un moulin d'huile sont au sous-sol de ce sous-sol. C'est un grand bassin de ciment plein d'un corps sans forme, effrayant d'odeur et couvert d'écailles d'or. Quand les cueilleurs du cuveau ont *ramassé* toute la *vierge* avec leurs louches, ils tirent une petite martelière et la *bouse*, c'est-à-dire les résidus de la pulpe, noirs et goudronneux, coulent dans les enfers. Là, ils dorment dans les ténèbres et la chaleur. Dans cette paix, des bulles d'huile vierge viennent crever à sa surface. C'est également le profit du meunier mais, par cent kilos d'olives, on a droit à un seau de cette bouse (qu'on met près du feu ensuite à la maison et d'où, cuillerée à cuillerée, on tire encore un

litre ou un litre et demi d'huile. Ma mère était très
forte à ce jeu). Pour faire ce droit, un homme habite
les enfers. Il est spécifié qu'on a droit à un seau mais
il peut être pris dans le gras ou dans le maigre. Avec
ses quarante sous (ce qui était énorme) l'oncle
Ugène avait toujours des seaux de gras.

Quand, à mon âge, je veux me souvenir d'une joie
sans mélange, j'évoque le moment où l'on apportait
l'huile à la maison. Depuis deux jours déjà les jarres
étaient propres et installées près du fourneau de la
cuisine. Sur le coup de quatre heures du soir, on
voyait déboucher de la petite rue, en face la boutique
de ma mère, trois hommes noirs qui portaient à
l'épaule les longs barils de bois. Ma mère avait un
atelier de repasseuse : il était impossible d'admettre
toute cette huilerie dans sa boutique. On allait ouvrir
la porte du couloir, les trois hommes entraient, suivis de ceux qui portaient les seaux de bouse, suivis de
l'oncle Ugène dans sa pèlerine. On débondait les
barils au-dessus des jarres. La richesse se déversait
dans la maison. Quand la deuxième jarre était pleine,
ma mère posait la question, ce que tout le monde
attendait (de ce temps, une des ouvrières de ma mère
alignait des petits verres sur la table et sortait le
bocal des cerises à l'eau-de-vie). « Combien ont-elles
rendu ? » (C'est-à-dire : combien de kilos d'huile
pour cent kilos d'olives ?) Parfois, c'était le 10 1/2, le
11, le 12, c'est-à-dire 10 kilos 1/2, 11 kilos, 12 kilos
d'huile aux cents kilos d'olives, suivant les années. À
douze kilos, ma mère ne disait pas grand-chose, sauf
peut-être un timide : « On m'avait dit treize » et tout
le monde rigolait. Pour onze kilos, on avait un discours un peu plus circonstancié dans lequel il était
question de l'extraordinaire qualité bien connue des
olives de notre maison et qu'on était en droit de
s'étonner par conséquent de ces onze kilos bien ordinaires. Les porteurs d'huile grognaient quelques

gentillesses (car ma mère était charmante), man-
geaient leurs cerises à l'eau-de-vie, s'étonnaient poli-
ment de ce sort commun en effet bien incompréhen-
sible. Mais, à dix kilos et demi, c'était l'explosion et
tout le monde en prenait pour son grade. Dans ces
cas-là, à force de parler, ma mère gagnait trois à
quatre seaux de bouse supplémentaires, d'où elle
arrivait à tirer, à force de patience, quelques nouveaux litres d'huile.

Dès que les porteurs du moulin étaient partis,
c'étaient les voisines qui arrivaient : la boulangère
qui entrouvrait notre porte : « Alors, Pauline, disait-
elle, elle est belle ? – Entre », disait fièrement ma
mère. Et c'était l'extase près des jarres, avec la boulangère, puis la bouchère, la dame du bazar, la
femme du photographe, la coiffeuse (Mme Pical ;
elle était chaque fois jalouse).

Les choses, bien entendu, ne s'arrêtaient pas là.
D'abord, le soir même, toute affaire cessante, nous
avions une salade à l'huile nouvelle. Tout le long du
repas, on appréciait : elle était meilleure ou moins
bonne que l'an passé. Le lendemain, nous avions
généralement des pois chiches en salade (c'est le
légume qui permet le mieux de goûter la finesse de
l'huile), mais ces pois chiches avaient été bouillis en
assez grande quantité pour pouvoir suffire à tout le
voisinage. Vers les onze heures, ma mère allait
ouvrir la porte des boutiques : « Noémie, donne-moi
un bol, je vais t'apporter des pois chiches. » Hor-
tense, Delphine, Marie, etc., tout le monde avait son
bol de pois chiches et l'huile nouvelle pour l'assaisonner.

Enfin, il y avait les fougasses. C'est encore maintenant pour moi le meilleur dessert du monde. Spécifiquement provençal celui-là. Mieux ; je le soup-
çonne d'être grec. Longtemps, j'ai imaginé Ulysse,
Achille et même Ménélas nourris de fougasses à

l'huile. Il n'y a qu'à Hélène que j'en refuse : elle ne
devait pas apprécier cette simplicité. Par contre, je
suis sûr qu'Œdipe en a fait ses dimanches. C'est tout
bêtement une galette de pâte à pain, longue et plate
(à peine épaisse de deux centimètres) qu'on saupoudre abondamment de sucre en poudre et qu'on
arrose (non moins abondamment) d'huile vierge
nouvelle. Le tout va au four du boulanger et en sort
bosselé et doré comme la cuirasse de Bradamante et
répandant une odeur exquise. Exquise et lyrique. Pas
petitement exquise comme l'odeur du réséda mais
exquise avec violence et excès. Une énorme présence au soleil. Si je trouve aux moules marinières
l'odeur même de l'*Odyssée*, la fougasse à l'huile sent
l'*Iliade*, ou, plus exactement, le camp des Grecs.

Nous en faisions généralement quatre : une pour
les voisins, une pour les ouvrières de ma mère, une
petite pour notre propriétaire (Mlle Delphine), une
pour nous. On sacrifiait pour les quatre (et c'était
bien un sacrifice au sens religieux) un litre d'huile
que ma mère allait en personne verser de ses propres
mains sur les galettes, dans le fournil du boulanger.
Et elle rapportait la bouteille vide qu'elle faisait
égoutter dans un bol. Elle retrouvait ainsi de quoi
assaisonner la salade du soir dans laquelle mettre du
vinaigre aurait été un crime.

Des scènes semblables se passaient dans toutes les
maisons. Nous participions aux pois chiches et aux
fougasses de la bouchère, de l'épicière, de la boulangère, etc., à tour de rôle. Il en était de même pour les
villages, aussi bien pour ceux de la vallée que pour
ceux des collines. Chose curieuse et qui confirme ce
que je disais de l'attachement sentimental à l'olive
elle-même, il n'y avait presque pas de marché
d'olives. On n'en vendait presque pas.

Nos voisins de la grand-rue n'avaient pas tous des
vergers, notamment par exemple la bouchère qui

était une grande amie de ma mère. Comme elle avait
des sous et qu'elle voulait avoir, elle aussi, son huile,
elle s'efforçait d'acheter une provision d'olives.
C'était, toutes les années, très difficile. Souvent, on
lui en promettait, puis au dernier moment, on se
dédisait. Il me semble qu'à la fin elle décida son mari
et qu'elle acheta quelques arbres.

Sur les champs de foire, on ne trouvait jamais à
s'approvisionner alors que s'alignaient les charrettes
chargées des légumes de saison, cardons, salsifis,
céleris blancs, etc., il n'y avait presque jamais
d'olives à vendre, ou très peu et, chaque fois, ven-
dues non pas par les gros richards qui en possédaient
des tonnes mais par de pauvres gens aux regards éga-
rés. Même ceux-là étaient rares.

Les temps ont changé, naturellement. Les olives
sont maintenant pressées à la presse hydraulique,
même électrique, qui broient jusqu'au noyau. Et cela
se fait dans des cathédrales de verre, au milieu d'un
fourniment nickelé qui rappelle la chambre de
chirurgie. Tout y devient anonyme. Supprimés, les
oliviers généraux ; il n'est plus nécessaire de surveiller le pressage de sa propre récolte ; toutes les
récoltes sont mélangées. Vous donnez vos olives et
vous passez instantanément à une caisse où l'on vous
délivre le bulletin qui vous donne droit à tant de
litres (que vous pouvez prendre instantanément si
vous voulez). Il n'est plus question de vouloir comparer les crus. Il n'y a plus qu'une huile et elle est de
goût moyen, ou plus exactement, commun.

Or, *commun*, qu'est-ce que ça veut dire ? Ça veut
dire au goût du plus grand nombre d'acheteurs possible. Pour avoir du goût en fait d'huile, il faut vivre
dans cette immense forêt d'oliviers que font, ajoutés
bout à bout, les vergers qui couvrent la terre de la
face nord de l'Estérel et des Maures jusqu'au Vercors. Là, et là seulement, on peut avoir des éléments

d'appréciation. Dans les villes on n'est, pour rien, habitué à l'excellence. Tout y est médiocre et la meilleure huile est celle qu'on appelle fort justement « sans goût ».

Certes, il ne faut pas croire que les coopératives oléicoles sont si puissantes qu'elles en sont arrivées à nous faire accepter une huile sans goût. Il s'en faut. Elles sont obligées (pour avoir notre clientèle) de laisser un goût ; mais il est loin de celui qu'avait notre huile en 1907. J'ai un ami (en République Argentine actuellement) qui exploitait à Marseille une excellente marque d'huile. Quand il venait déjeuner à la maison il me disait : « Donne-moi un peu de ton huile ignoble. » Il en prenait non seulement dans ses salades mais sur des tartines de pain. « Mon ingénieur deviendrait fou, disait-il. Ton huile a trop de tanin, elle a ceci, elle a cela (il citait les termes techniques), elle est invendable. Mais, ajoutait-il, donne-m'en encore un peu et laisse la burette sur la table ; je n'ai jamais rien mangé de meilleur. »

Quelques vieux moulins fonctionnent encore. On m'a dit qu'il y en avait un à Rians, un autre à Oppedette. Ce qu'il y a de sûr, c'est qu'il y en a un à Saint-Zacharie. Une de mes amies y fait son huile et m'y a mené. Avant d'y arriver, en venant de chez cette amie qui habite à trente kilomètres de là, on passe devant cinq coopératives oléicoles, la région étant riche en vergers. J'ai demandé au patron du moulin s'il faisait ses affaires. Il m'a répondu qu'il les faisait de reste. C'est un homme de quelques années plus âgé que moi et qui voit les choses comme je les vois. J'ai retrouvé chez lui les hommes nus, les presses à bras, les *oliviers généraux*, les enfers et ma jeunesse. C'est dire que je suis partial en en parlant. Il m'a fait boire de l'huile verte. Mais il a des fils et ils ne rêvent que de transformations et de modernisme. C'est un moulin qui va disparaître.

Pourtant, les vergers d'oliviers tout autour sont de bons vergers très antiques et qui étalent leurs qualités au soleil. Il n'est pas question de les prendre pour ce qu'ils ne sont pas, c'est-à-dire des terres de rapport. Ils sont pomponnés et soignés comme des enfants. Les gens du pays ne réclament pas d'autre moulin que celui qu'ils ont ; on vient même de fort loin jusqu'ici pour avoir affaire à l'ancienne mécanique. Il faudra dépenser un argent fou pour perdre cette qualité mais on perdra volontiers cette qualité et on dépensera cet argent fou pour avoir le plaisir d'une machine nickel qui marchera à l'électricité. Quand les fils du meunier iront à Marseille ou à Toulon, ils se rengorgeront sur les trottoirs en se disant : « Nous sommes les directeurs d'un moulin moderne. » En réalité oui, et en réalité aussi, en compensation, ils seront mangés de dettes et de soucis. Je ne les plains pas.

Quand on vient me rendre visite, on me demande très souvent ce qu'il y a à voir dans le pays. C'est facile, c'est marqué dans les guides. Au surplus, on n'a qu'à acheter pour deux cents francs de cartes postales et on a toute la documentation. On appelle choses à voir les choses très grosses : le mont Blanc, l'Atlantique sont des choses à voir ; les gorges du Verdon, la mer Méditerranée, la tour Eiffel. Il y a des tours Eiffel partout et c'est ce que les gens veulent voir. Mais quand il s'agit de gens qui ont une certaine lueur aux yeux, je les envoie vers les petites choses qui ne s'apprennent pas dans les guides.

Il y a une sorte de tournée des grands-ducs à faire et que je me paye quand je veux vraiment être heureux. Je connais, dispersés dans le pays, une vingtaine de collines, une dizaine de coteaux, des pentes, des petits vals plantés d'oliviers. Certains de ces vergers sont dans la solitude, d'autres s'étagent au-dessus des villages, s'arrondissent autour des fermes ou font la beauté d'une petite maison. Il y en a de sombres et de sévères comme des bosquets de l'Hadès et aussi de radieux semblables à ce qu'on imagine des champs Élysées.

Si l'on consent à ne rien voir de gros, voilà une tournée qu'on peut se payer comme moi. Il ne faut pas essayer de l'insérer dans un itinéraire déjà organisé : on risque, suivant le tempérament qu'on a, d'arriver fort tard au but qu'on s'était fixé auparavant et même de n'y jamais arriver. Au lieu d'aller voir des tours Eiffel qui, somme toute, vous laissent Gros-Jean comme devant, on va toucher et goûter la paix, le silence, le temps sans mesure, toutes choses qui, goûtées dans leur excellence, vous transforment en un être vivant que vous étiez loin de supposer. J'ai connu des moussaillons qui, au cours de tels voyages, se sont découverts capitaines et des capitaines qui sont rentrés dans le rang.

Remarquez qu'on prend tout de suite un rythme qui n'a plus aucun rapport avec celui qu'on avait dans la ville, plus aucun rapport avec celui qu'on avait à descendre la route n° 7 avec de bonnes moyennes. Il ne s'agit plus ici de vitesse : il s'agit de faire son bonheur. Du premier coup d'œil, d'ailleurs, on sait comment. L'ordonnance des choses est si logique et si claire qu'on ne court pas le risque de passer à côté de l'essentiel. Les qualités de ce pays sont des qualités de lumière. À mesure que les heures de votre voyage se déroulent, vous quittez un village rose pour trouver un village blanc et vous quittez le blanc pour le bleu. Les petites routes sont très familières et vous frottent le dos à toutes les haies. S'arrêter, marcher à pied pour monter à un coteau, devient tout naturel dès qu'on a éprouvé les premières richesses.

J'avoue qu'à part quelques amis très intimes et

dont je connais la capacité de bonheur, je n'ai pas incité beaucoup de gens à parcourir mes itinéraires. Mais j'ai remarqué que les étrangers sont plus sensibles que les Français à des routes sur lesquelles on peut tout trouver sauf des possibilités de vitesse. Les Français me demandent : « J'arriverai à quelle heure ? » Et quand je réponds très naïvement : « Vous n'arriverez peut-être même pas... », les femmes elles-mêmes refusent d'accéder à ce romantisme. Par contre, les Anglais, les Espagnols, les Sud-Américains et même les Américains du Nord sont immédiatement joyeux et décidés comme les enfants.

Bien entendu, quand je dis : « Peut-être n'arriverez-vous pas », j'exagère ; jusqu'à ce jour, tout le monde, ou presque, est arrivé, sauf un Italien qui était d'ailleurs évêque *in partibus* de je ne sais quelle ville de Syrie. Ce Monseigneur m'avait enthousiasmé ; au surplus, il cherchait un bel endroit pour être tranquille. Je lui avais indiqué un lieu de délices idéal, une sorte de Paradis terrestre. Parti à quatre heures de l'après-midi un jour d'été, il était entendu qu'il devait me signaler dès le lendemain sa bonne arrivée et me dire ses impressions. Il ne le fit pas, et pendant un certain temps je crus qu'il était tout simplement retourné en Italie après avoir jugé mon Paradis inacceptable. Il revint me voir un mois ou deux après. Il jubilait. Comme je l'interrogeais sur les délices de l'endroit, il eut l'air un peu gêné. « Je ne suis pas allé jusque-là, me dit-il, j'ai été arrêté avant. » Il avait trouvé tout seul un endroit admirable que je ne connaissais pas, pour être passé cependant cent fois à un kilomètre de là.

On n'imagine pas les découvertes qu'on peut faire. Ce pays est d'une malice inouïe. Il y a par exemple de petites vallées comme la vallée de l'Asse (c'est un affluent de la rive gauche de la Durance) et qui apporte les eaux drainées dans les hauts massifs des environs de Castellane. Large ouverte d'abord, elle porte dans ses bras d'admirables vergers d'amandiers. Il faut les voir au couchant. C'est l'image même d'un de ces désespoirs lyriques (et cependant sans emphase) comme il s'en trouve dans les âmes grecques aux prises avec le malheur. La terre est couleur de vieil or vert. Les amandiers n'ont un peu de frondaison qu'au printemps. Dès les chaleurs la feuille jaunit et s'enroule, l'arbre est presque aussi nu qu'en hiver, avec cette différence qu'il a l'air hérissé d'épines. Dans le contre-jour du couchant qui exalte le sol, les arbres ne sont que des formes noires, tordues de vent. Le vent n'a pas besoin de souffler. Même par des journées fort calmes, il est présent dans ces troncs qui ont été comme essorés par une poigne de fer et qui ne peuvent plus se détortiller. De même, Cassandre, immobile au seuil d'Agamemnon, avant qu'elle ne se mette à crier ; ou Œdipe qui peine dans les chemins de Colone.

On entre donc dans un pays sévère et les quelques villages qu'on rencontre se cachent sous des yeuses et ne font pas de bruit. Je n'ai jamais entendu sonner les cloches dans ce pays-là. Si on était dupe de ces malices, on passerait à toute vitesse. On aurait tort. Dès qu'on le prend par la douceur, ce pays ne résiste pas. Il suffit de faire cent mètres en dehors de la route. On tombe sur des Tahiti de gens éblouis qui se demandent comment vous avez fait pour les trouver et que vous surprenez en train de jouir de la vie. On rêve d'avoir là une pièce blanchie à la chaux et de ne plus partir.

Ces petites fermes sont organisées avec une sagesse étonnante. Tout y est à la mesure humaine. On n'y a pas besoin de machines. Le travail se fait avec aisance à la main ; on s'aide d'un cheval. Le troupeau est au plus de vingt brebis et de six chèvres ; une vieille femme le garde, ou un enfant.

On a généralement capté avec soin une veine d'eau. Elle est si rare qu'on s'ingénie à la faire couler dans une belle fontaine. Le surplus du bassin arrose le jardin à légumes.

Ce ne sont pas, comme on le voit, des organisations pour gagner de l'argent. Aussi, il n'y a trace d'avarice nulle part et l'hospitalité la plus généreuse est une joie. Si vous voulez boire et manger, tout est à vous. On fait là un peu plus de blé que ce qu'il en faut pour assurer le pain toute l'année. Si on en vend cinq à six mille kilos par an, c'est le bout du monde. On a un petit vignoble pour le vin. Le travail n'est excessif pour personne. On n'a pas besoin de domestiques. La patronne s'occupe de la basse-cour ; la provision de bouche pour les dimanches et fêtes carillonnées se promène en belles plumes autour de la ferme. En plus de ces travaux, le patron va en jardinière attelée de son cheval aux foires voisines. Il y achète et vend cochons, brebis, agneaux, chevreaux, œufs et vieilles poules. C'est à peu près le seul contact qu'il a avec le monde dit civilisé. Cela lui conserve le bon sens et l'appétit de vivre. Il fume la pipe, ne lit pas, voit les choses comme elles sont et a le temps pour regarder autour de lui. Ses nerfs ne sont jamais irrités. Il est habitué au silence et à la lenteur. Son appareil passionnel est simple. Il a peu de désirs insatisfaits. Quel est le milliardaire qui pourrait en dire autant ?

J'ai choisi cette vallée d'Asse parce qu'elle est sévère et que, pour tout dire, elle passe pour être pauvre. Elle s'enfonce en effet dans les montagnes où le climat est rude et la terre pleine de cailloux roulés.

Si on avait la faculté de voir le pays de haut comme on le voit peut-être d'avion ou comme le voit Dieu le Père, on serait intéressé par une couleur tendre qui peint l'alentour de ces maisons humaines et qui, à mesure qu'on descend vers le sud, élargit et finit par prendre une très grande importance. À l'automne cette couleur vire au rouge et même au rouge sang. Ce sont les champs de vignes qui, en allant vers le soleil et les terres riches, s'agrandissent.

Après l'huile, j'ai dit qu'il y avait le vin. La civilisation du vin est moins sage que la civilisation de l'huile. Les vergers d'oliviers ne débordent jamais. Il faut vingt ans pour qu'un olivier rapporte, et peu. À la troisième feuille, la vigne commence à *donner*. Et, dans ce mot, on n'entend pas le vin pur mais aussi et surtout l'argent. On fait de l'huile avec des quantités de choses : arachides, tournesols, même avec ce chardon irritant qu'on appelle cartame. (Si on y ajoute les *miracles* de la chimie, on fait de l'huile avec des pierres ; on en ferait avec du silex.) Mais on ne fait du vin qu'avec de la vigne. De là une sorte d'orgueil qui s'accroît quand, avec du vin, on fait de l'argent.

Dans tous les creux de cette terre houleuse qui s'étend des Alpes à la mer se sont reposés des limons très anciens. La vigne y est à l'aise, elle y prospère et prolifie. Il y a déjà dans l'alignement rectiligne des vignobles un ordre qui satisfait le besoin de dominer. La vigne est un arbuste plus docile que l'olivier. Elle ne domine jamais. On la regarde de haut. Les vignerons sont autoritaires. C'est une séduction à laquelle les hommes les plus sages et les plus comblés ne résistent pas, quand au surplus, on y trouve son compte. Du vin familial on passe facilement au vin commercial. À mesure qu'on descend vers le sud, les villages s'installent sur des tapis de vignes, se font cossus, se bardent de giletières de villas modernes, achètent des pianos.

Avant d'entreprendre ce voyage sur les routes à travers les vignobles, je pense qu'il serait peut-être bon de parler un peu des mystères du vin. Un coup de l'étrier, somme toute.

Pour qu'on ne sache pas seulement de quoi il s'agit, mais aussi (et peut-être surtout) de quoi il ne s'agit pas. Une façon comme une autre de s'enivrer, pour qu'en chemin les plaines et les coteaux, les vallons et les collines, les fleuves, les ruisseaux, les bosquets et les prés rouent autour de nous, non plus comme géographie mais comme plumage de paon. Nous occuper un peu de ce personnage Vin d'une façon nouvelle, voir plus loin son anatomie, siroter un bon coup de magie organique, tâcher de savoir ce qu'il y a derrière sa matière et atteindre, s'il se peut (comme pour un homme, et il en est un), son appareil passionnel. Le vin est un personnage avec lequel il faut constamment compter ; à chaque instant il intervient dans nos affaires, il s'occupe de nos bonheurs et de nos malheurs, de nos amours, et de nos haines, de notre égoïsme, de notre espoir et désespoir, il faudrait bien, à mon avis, finalement savoir ce qu'il a, lui, dans le ventre. Partir pour aller le voir chez lui, d'accord, mais partons avec un cheval arabe, et qu'il joue des quatre fers pour illuminer le départ.

Chaque fois qu'on s'inquiète de connaître le cœur d'un personnage important qui a barre sur toutes nos entreprises, on se sert instinctivement des plus petites découvertes que le hasard nous permet de faire. Pour moi, il s'est d'abord passé quelque chose d'assez curieux et qui m'a mis la puce à l'oreille. Un soir, je cherche un livre et j'entre dans une de ces pièces du bas qui, chez moi, servent à la fois de bibliothèque et de serre. Comme il n'y a pas d'électricité, j'ai à la main une bougie que la porte ouverte souffle. Il est assez tard dans la nuit, c'est l'heure où la fraîcheur distille de la rosée aux joints des fenêtres. Avant de trouver des allumettes dans ma poche, je suis touché par la présence d'une délicieuse odeur. C'est ici que l'ombre me servit : je ne

pouvais penser que par mon odorat et mon imagination. Je ne pense pas du tout à une fleur quelconque.
La seule idée qui me vient à l'esprit est celle de
cuveaux de vin. C'est tellement précis que j'imagine
voir la belle surface goudronnée de pourpre d'un vin
paisible, le fleurissement d'une légère écume rose.
L'odeur est si exquise que je garde à la main sans
l'ouvrir la boîte d'allumettes. Par quel procédé
magique des cuves de vin sont-elles venues là ? Il n'y
a aucune raison. Et cependant c'est bien l'odeur précise du vin. Il n'est pas possible de se tromper ; mon
odorat ne raisonne pas, c'est lui qui a mis en alerte
mon appareil de connaissance, celui-ci a décidé que
c'était du vin, cela doit en être. Plus je laisse cet appareil de connaissance jouer son rôle dans l'obscurité,
plus je vois la cuve et le pourpre et l'écume, et
l'odeur est si forte et si précise que tout à l'heure, si
m'obstine, elle va me saouler. Or, je sais qu'à part
quelques bouteilles cachetées que je garde à la cave,
loin de la pièce où je vis, il n'y a, hélas, pas d'autre vin
dans la maison. Alors, j'allume, je regarde autour de
moi, je ne vois rien que des rayons de livres et je reste
un temps infini avant de faire le point. L'odeur per-
siste, toujours la même, toujours si précise et si exi-
geante dans les images qu'elle commande que je
continue à voir des cuveaux de vin se superposer à
l'image réelle de mes livres jusqu'au moment où,
enfin, je comprends que c'est tout simplement (mais
quel admirable enchevêtrement de richesses dans
cette simplicité !) tout simplement l'odeur de trois
jacinthes fleuries.

Ne tirons pas de conclusion, mais laissons-la émerger toute seule de tous les faits juxtaposés. Nous ne
devons ici rien trancher. Ce qu'il nous faut savoir, ce
n'est pas la solution d'un problème de géométrie
mais le miroitement de l'âme d'un prince.

Autre chose, donc. Regardons un vigneron. Ne le

regardons pas seulement dans sa vigne ou dans ses vendanges (c'est-à-dire dans son triomphe), mais, le reste du temps, dans sa vie. Moi, ce qui m'épate, dès l'abord, maintenant qu'il est devant moi, ce sont ses joues.

Je n'ai jamais rien vu de plus royalement sanguin ; à un point que ce n'est plus de la chair humaine : c'est on ne sait quelle tapisserie extraordinaire avec laquelle on s'est fait un masque. Le sang qui est là, « généreux et ayant le temps, enfin, de fleurir », est comme la sève dans deux belles feuilles rouges ; on le voit circuler paisiblement dans d'adorables petites ramures corail ou violettes ; il dessine des ferronneries et des arbres persans. J'admire la sécurité de cœur et d'âme d'un homme qui peut vivre dans notre société moderne, masqué d'un masque d'une semblable richesse. Car, c'est ainsi que le vigneron vit sa vie ordinaire. Imaginons-le, assis en face de sa famille, sa femme et ses enfants, à la table de ses repas. Alors que nous, nous le faisons à visage nu (et Dieu sait si cela complique la chose), lui s'y place masqué, derrière ce masque de pontife. Le vin dont il est le serviteur et le prêtre lui a dessiné sur le visage l'ornement derrière lequel il est tenu par ordre divin de dissimuler sa faiblesse humaine. C'est le tatouage du grand prêtre d'un dieu naturel ; c'est ainsi caché qu'il compose ses colères, ses tendresses, ses jalousies, générosités, haines ; c'est d'un endroit mystérieux et retranché des regards du monde qu'il lance sa foudre et ses passions. Ce que peut faire un homme ordinaire : aimer, haïr, il le peut, mais ceux à qui sa haine ou son amour s'adressent ne peuvent rien supputer, rien préparer en défense. Ce qu'on lit sur son visage à ce moment-là est sans commune mesure avec ce qu'on lit sur un visage nu. Le masque qui nous affronte porte la marque du dieu avec lequel il faut compter. Quelle étonnante supériorité dans la controverse !

Aussi bien, ce n'est pas tout ; si le vigneron n'était le prêtre que d'une imposture, son masque, pour superbe et surprenant qu'il soit, n'imposerait pas longtemps une supériorité qui ne reposerait que sur l'étonnement. Si la jacinthe et le masque n'étaient que les jeux gratuits de l'ombre et du sang, il n'y aurait pas à y attacher tant d'importance. Ils n'en ont que s'ils sont les façons délicieuses et magnifiques de se faire pressentir qu'emploie un être fantastique.

Or, voici de très grandes puissances d'envoûtement : ce sont les arts. À un point que, dès les premiers âges de l'humanité, on a appelé le poète : *celui qui sait*, que dès ces mêmes premiers âges, avant de poursuivre la bête sauvage, l'auroch ou le tigre à dents de sabre, on le dessinait sur la paroi des cavernes et, pour être plus sûr de le vaincre, on demandait à l'artiste de le percer de flèches dessinées plus décisives que les flèches réelles. À partir de ce moment-là, on l'avait dans la poche. Il était envoûté, promis à la défaite, subjugué sous des forces bien supérieures à celles des muscles. Et il est absolument certain aussi que ces premiers hommes chantaient : chantaient les passions, les désirs et les terreurs de leurs cœurs. C'était, somme toute, l'expression du monde qui était reconnue comme supérieure au monde lui-même et avait le pas sur lui. Depuis cette lointaine époque jusqu'à nos jours, cette supériorité de l'expression du monde sur le monde réel n'a pas cessé d'enchanter l'âme des hommes. Homère, Mozart, Giotto expriment. Mais, le vigneron aussi exprime (si l'on me permet cette facile acrobatie). Et le résultat de son travail d'expression est une matière qui contient la force d'envoûtement de tous les arts. Matière ? Que non pas : Personnage ! Prince dont le corps pourpre surgit de l'ombre au simple appel d'un parfum de jacinthe, qui distribue à ses sujets des masques de corail et de violettes derrière lesquels le pouvoir de l'homme s'amplifie de mystères, nous savons maintenant qu'il ne s'agit pas d'imposture. Le personnage a bien, dans la paume de sa main, tous les jardins des Hespérides, et dans la paume de son autre main toutes les mers enchevêtrées autour d'Ulysse (et toujours prêtes à s'enchevêtrer autour de tous les Ulysses de tous les temps), la grotte de Calypso, l'île de Circé, la côte basse des Lotophages et les cieux éclatants d'Étéocle et Polynice. Il m'épate bien plus que ne faisait le vigneron tout à l'heure. Malgré toute la puissance que je supposais à celui qui pouvait surgir d'un parfum de jacinthe dans le noir, et qui distribuait généreusement de tels masques, maintenant qu'il est devant moi, j'en suis bouche bée ! Rien qu'à le regarder il m'enivre. Si j'étais parti tout à l'heure pour aller le voir chez lui sans ma petite prudence et cet essai préalable pour tâcher de savoir à l'avance qui il était, je courais le risque de tomber sur un fameux bec de gaz. Et combien de chances d'impair où je risquais de perdre la face. Ce n'est pas un personnage tout d'une pièce ; il est fait de mille pièces et de mille morceaux. Il est à la fois la forêt des Ardennes, et Rosalinde, et Orlando. Il est à la fois Othello et Desdémone ; Hamlet, le fantôme, et le roi assassin ; il est la brume qui enveloppe les donjons d'Elseneur et le bourdonnement des flèches de la bataille d'Azincourt. Il est le roi Richard, et Lear et la lande. Il est tous les rois et tous les temps et, s'il existe cent mille landes désertes, battues d'orages et parcourues de sorcières, il est les cent mille landes à la fois. Des rois, des princes, des amoureux, des jaloux, des avares, des prodigues, des mégères, des agneaux, des lions, des serpents, et les mancenilliers géants qui dispensent le sommeil à mille tribus, composent corps à corps ses bras, ses jambes, son torse, sa tête. Le vent, la pluie, la foudre et la fanfare goguenarde, qui à la fin de la pièce accompagnent l'enlèvement des cadavres, tonnent et flûtent, et crient dans sa cervelle. Il est sur mer, il est la mer, il est le voilier et la voile. Il glisse, il tangue, il roule, il se soulève, se cabre, fait front, se penche, embarque, sombre, disparaît, s'engloutit jusqu'à la pomme des mâts, puis surgit, émerge, reprend sa course, si véloce que le voilà, arraché des sommets de la houle, qui s'envole, tel un goéland et fonce, battant furieusement des ailes vers le cœur de feu des cyclones. Il est le marchand qui perd sa cargaison et l'assassin caché dans l'embrasure des portes ; celui qui tombe dans l'abîme pendant l'éternité, et celui qui brise contre les murs toutes les coupes du banquet. Il étrangle pendant des heures celle qui l'a trompé : elle meurt des milliards de fois, terriblement, dans ses mains qui jouissent des milliards de fois, et, en même temps, il est celui qui fouille délicatement dans l'ordure et sait y recueillir des trésors incomparables de hontes, de lâchetés et de remords. Il connaît le truc pour créer des Dulcinées avec des souillons ou même avec la « poupée » qui enveloppe son doigt malade. Il est composé de Dulcinées plus magnifiques les unes que les autres. Il en est bourré ; il en éclate ; il en est vermillonné des pieds à la tête. On voit leurs visages ou leurs fesses, ou leurs cuisses, hanches, seins et beaux yeux limpides pleins de *pureté candide et de lin blanc* apparaître à chaque instant dans l'enchevêtrement des drames, fantômes, brumes et autres chevauchées de la mort. Il s'en goberge, il les caresse ; il les possède mille fois mieux que ne permettent les possessions en usage depuis le commencement du monde. Il jouit du sang et du vent. Bref, il est l'ivresse.

Certes, voilà de quoi faire réfléchir ! Réflexion, non pas pour faire dételer les chevaux, au contraire. Pressons, pressons. Arrachez les freins de mes roues.

Partons mors aux dents, au triple galop, à *tombeau ouvert*, volons jusque dans les embrasements de ce géant de misères et de royaumes. Sortons enfin de notre triste vie de berné.

Or, maintenant, regardons le pays ! Ce sont plaines et coteaux, prés et vignes, et blés et vignes, et champs et vignes et fleuves dans des palissades de vignes, et collines couvertes de vignes jusqu'au sommet ; et routes circulant dans le crépitement des ceps, et villages cernés de vignes et fermes submergées de vignes. À peine si le blé fait ici ou là une mare d'or : toute la terre est couverte de vert épais ; à peine si le feuillage boueux des yeuses en émerge, ou, parfois, le toit rouge d'une maison, la génoise vermeille d'une grande bâtisse carrée, le trou noir d'une fenêtre dans un mur de craie : tout est recouvert du vert épais des vignes taché de ce bleu métallique des *bouillies*. Le long des chemins, les raies de vignes s'ouvrent comme les tranches d'un éventail, découvrant cette terre d'ocre blonde sur laquelle les ceps ont pleuré et de laquelle monte la sève chaude et gaillarde. De loin en loin, un saule qu'on a conservé soigneusement pour faire des corbeilles avec ses branches, ou le fronton de la Coopérative contre laquelle rebondit l'écho des voix qui font reculer les charrettes vers le mur des cuves ; ou bien, c'est un clocher fin et luisant comme une aiguille. Et le ciel lisse et pur appuie sa joue contre la joue des vignobles, et, tout le long jour paisible sous le soleil, ils se caressent tendrement l'un l'autre, comme deux animaux magiques qui n'en peuvent plus de tendresse. Et, sans fin, les vignes aux vignes s'ajoutent et se rapiècent ; ouvrent et ferment et rouvrent les éventails de leurs raies, couvrent les plaines, entrent dans les vallées, emplissent vallées et vallons, suintent jusqu'au plus étroit des combes, escaladent des collines, se déversent par-dessus les cimes, coulent de l'autre côté, s'étalent en océan immobile, avec des houles et des rouleaux, des ressacs, des marées, des hautes mers portant villages en voiliers d'or et galères, barques de tuiles, caboteurs de chaux éclatante, sans fin jusqu'au cercle de l'horizon, flottille de pêcheurs de joie, flottille de prêtres masqués, marsouins vêtus de salopettes bleues, jouant dans l'écume de l'océan des vignes.

Et la route s'ajoute à la route sans que jamais la vigne puisse le céder à quoi que ce soit. De fin qu'il était, comme une aiguille, le clocher est devenu carré et trapu, puis il s'est orné de fenêtres arabes ou il s'est revêtu de sobriété montagnarde, ou il s'est élancé comme un qui prévoit les horizons illimités de l'océan. Les visages rasés ont succédé aux visages à moustaches, puis les barbes sont venues. Les langages ont cessé de chanter pour rouler des pierres, les femmes ont passé du blond au brun, du lourd au léger, du râblé au fluide, du rêve au nerf, de la marche à la danse, du cotillon clair à la jupe rouge, du bonnet au fichu, de la socque au soulier, de la chanson légère au rauque appel des femmes sauvages aux passions pourpres. Lilliput sur l'énorme Gulliver du vin. Et la vigne est partout, et partout la vigne s'ajoute aux vignes, partout la vigne emploie la moindre parcelle de terre ; à peine si on lui en prend le rectangle nécessaire à la construction des caves. L'ivresse et le rêve sont les seuls instruments du bonheur.

On comprend bien qu'un pays de ce genre ne s'arrête pas à la mer, mais se prolonge jusqu'au grand large. C'est sur cette mer qu'un certain jour on a entendu voler les paroles mystérieuses disant que le grand Pan était mort. Sur tous les océans du monde, les sarcophages des saints ont flotté et navigué ; mais c'est la seule mer qui ait été effleurée par des mots aussi puissants. Il y a un point non indiqué sur les cartes où l'Égypte, la Judée, l'Afrique et la Provence se rencontrent et se mélangent. Il doit y avoir là un léger tourbillon, un nœud gordien, une sorte de cœur.

Comme tout le monde, je connais ce qu'on appelle bêtement la Côte d'Azur. Quel est le *chef de rayon* qui a inventé cette appellation ? Si on le connaît qu'on le décore : il avait le génie de la médiocrité. Notre pays est en toute saison traversé par le fleuve de Parisiens, de Belges, d'Anglais et d'Esquimaux qui va se jeter en Méditerranée. C'est un Mississippi qui déborde en une Louisiane de marais, de crocodiles et de crapauds-buffles. Sur la côte, on débite l'azur comme un thon. Pas une dactylo d'Anvers, de Roubaix ou de Glasgow qui ne rêve de faire sa cocotte et sa grande coquette en en bouffant une tranche. On arrive et on se fout à poil.

Rien de commun avec le vrai pays. Certains jours d'été, c'est pire que les abattoirs de Chicago. Sur quarante kilomètres de longueur, que dis-je : sur cent kilomètres et plus de longueur, on a mis à sécher de la viande humaine. C'est une extraordinaire usine de pemmicans. On se demande quel monde de trappeurs et d'anthropophages elle fournit. Il y a de la jeune femme, de la vieille, de l'athlète, du comptable, de l'ouvrier, du lord et de la grandeur ; des seins, des fesses, du rond-de-cuir, de la lombe et du cinq à sept. On peut choisir si on aime ça. Quelle nourriture ! Somme toute ce sont des abats.

Mais il y a un dieu pour les pays comme pour les ivrognes. Tous ces gens-là s'imaginent être en bonne santé parce qu'à force de s'exposer au soleil ils ont la peau couleur de pain brûlé. Heureusement, il n'en est rien. Ils viennent ici choper cancer, goutte militaire, tuberculose et nostalgie purulente (qui ne pardonne pas).

Les paysans ne sont pas si bêtes. À part les demi-sels qui font leur beurre avec ces vaches à lait, je n'en connais pas de bronzés. S'ils vont travailler au soleil (et la plupart du temps ils s'en gardent) ils mettent de grands chapeaux et ils conservent leur chemise. Ils en retroussent à peine les manches pour avoir le geste plus libre mais la poitrine et le ventre, ils les tiennent soigneusement à l'abri. Ils savent que ce ne sont pas des choses avec quoi on peut rigoler.

Il y a, entre Grasse et Draguignan, des collines splendides. Je m'y suis payé, l'an dernier, une bosse de rire. C'est mieux qu'une bosse : c'est une glande de civette ; elle parfume encore mes jours. Nous avons vu une femme qui se baladait à poil ; on ne pouvait pas prendre pour un cache n'importe quoi quelconque les quelques tresses de raphia qu'elle s'était passées dans la raie des fesses. C'était une transfuge des plages et qui croyait dur comme fer à la Côte d'Azur. Le spectacle était si vulgaire qu'on était poussé à rire par une sorte de self-défense et même à sangloter de rire. Cette bonne femme se baladait dans les champs. Elle avait laissé sa voiture et son mari, en tout cas un homme, à l'ombre au bord de la route. L'homme était également à poil, bien bâti, et, étendu sur les coussins, il ronflait ; la voiture de super-luxe semblait modeste par comparaison.

Remarquez que ces femmes-là, si on leur met quelque chose sur le dos, elles ne sont pas mal. Il y en a même de fort jolies. Le plus drôle est que cette nudité va à l'encontre de ce qu'elles désirent.

Il ne faut pas oublier que cette mode est récente (je parle de venir se rôtir sur la Côte d'Azur ; l'autre est très ancienne mais a moins d'importance que ce qu'on croit). Il y a seulement cinquante ans, parler de Nice c'était parler de l'hiver au chaud et on y por-tait boas de plumes et ombrelles. Beaucoup de petits trous qui sont maintenant des endroits sélects étaient des villages de pêcheurs, et de pêcheurs qui pêchaient avec beaucoup de prudence. Dans les cimetières il y avait peu d'inscriptions « péris en mer » et, si les femmes s'habillent de noir, c'est que telle était la coutume du pays.

Un petit port méditerranéen, c'était un bistrot et quelques *balais à rôtir*. Trois, quatre barques avec de petites voiles ; de quoi, par bon vent et après s'être assuré que le beau était fixe, aller jusqu'à un kilomètre en mer. Le principe était de ne jamais perdre la terre de vue. Qui n'a jamais assisté à une tempête, à un typhon ou à un cyclone peut en demander le récit à un marin de Méditerranée qui n'en a jamais vu non plus mais les a très bien imaginés.

On ne pêchait pas beaucoup de poissons mais on pêchait des poissons *rares*, et surtout *beaux* : girelles, rascasses. Pour les manger, il fallait les écraser et les passer au tamis : de là, la soupe. Certes j'ai vu (au cinéma puis sur l'océan) les pêcheurs des mers cimmériennes relevant le chalut et déversant sur le pont des tonnes de poissons blancs et le spectacle est admirable. Mais j'ai vu un autre spectacle non moins admirable et qui, à mon avis, place l'homme plus haut : c'est celui d'un pêcheur solitaire dans une petite barque, du côté des calanques de Cassis par exemple, et qui tire l'une après l'autre les girelles de la mer. Chaque fois qu'il en prend une il la met dans sa main et il la regarde comme si c'était le Pérou. Et c'est le Pérou en personne.

C'est dans de semblables escales qu'Ulysse a passé son temps (perdu son temps, dirait Pénélope). En effet, il y a là de quoi tout oublier. Un marin de nos côtes ne chaloupe pas en marchant. À terre, vous ne le distinguez pas d'un paysan. Si vous lui parlez du cap Horn, il s'esclaffe. Il ne comprend pas le mot bourlinguer. Vous voulez qu'il parte pour aller où ? Chercher quoi ? Mais il comprend très bien le mot vivre. Si vous lui parlez des îles, il entendra l'île du Levant, Sainte-Marguerite ou Saint-Honorat. Si vous l'interrogez sur les terres lointaines, il vous répondra : « Oui, la Corse, j'y suis allé. » Mais il y est allé par le paquebot qui part de Marseille ou de Nice et il était habillé du dimanche. Thulé, pour lui, c'est l'Italie. Le *bord mystérieux du monde occidental* et *l'azur phosphorescent de la mer des Tropiques*, il s'en fout comme de sa première chemise. Quand chez moi (qui suis dans la montagne) il fait du vent, je sais que la poissonnerie est fermée. Et si je rencontre le poissonnier (qui se paie un petit tour de balade avec sa bourgeoise) et que, par acquit de conscience, je l'interroge, il me répond : « Vous ne voudriez pas, avec ce temps ! »

Le pays est renommé pour son ciel clair, sa température égale. Il y a cependant plus de deux cents jours par an où les pêcheurs ne sortent pas. C'est qu'à leur avis il *va faire* mauvais. S'ils se trompent c'est simplement que l'erreur est humaine. « Je ne sais pas très bien nager, me disait un Breton qui allait régulièrement en Islande ; je patauge, je me tiens un peu sur l'eau. » Ici, ils savent les nages savantes : et je te passe les bras par-dessus la tête, et je te croise les jambes en ciseaux ; depuis qu'il y a foule de femmes nues, certains même font la statue vivante au sommet des plongeoirs.

Le Président De Brosses raconte un voyage en mer dans ces régions. Il s'embarque à Antibes sur une felouque pour aller à Gênes. Dépassé Nice, il a le mal de mer. Comme on est à cent mètres de la côte, il dit : « Débarque-moi, je vais prendre un cheval. » Au bout d'une poste ou deux, il est guéri. Il attend la felouque qui est juste un peu derrière ; il la hèle ; on le rembarque. Plus loin, comme il est de nouveau malade, il débarque. Et ainsi de suite jusqu'aux faubourgs de Gênes où le patron de la barcasse lui dit : « Tiens, moi aussi je vais tâter du cheval. » Ils débarquent tous les deux et font une entrée triomphale dans la ville. « Je n'ai jamais vu de marin plus ravi », dit le Président.

Il faut toujours avoir cette histoire présente à l'esprit quand on parle à un marin provençal. C'est une mer fermée. Alors, à quoi bon ? Les hommes ne sont jamais volontairement bêtes.

Pour bien comprendre cette attitude philosophique, il faudrait retrouver l'atmosphère des petits ports comme Saint-Tropez, Cassis, etc., avant l'arrivée des civilisés. Évidemment, aujourd'hui c'est difficile, on n'a plus, sur toute l'étendue de cette côte, un seul point de comparaison. Tout est devenu théâtre et théâtre d'opération, ayant la jouissance pour but. Le pauvre andouille qui fait figure d'Apollon en carte en haut du plongeoir – au lieu d'aller perdre ses mains dans les saumures d'Islande – n'attire pas la sympathie. Ce qu'il faut bien comprendre, c'est qu'il a été colonisé ; ce qu'il exhibe, ce sont les vices de ses colonisateurs.

Ce sont en réalité de braves gens, pas compliqués du tout, aimant les joies comme tous les Latins, prêts à faire n'importe quoi pour être heureux (ce qui, à mon avis, est naturel et respectable) ; pas tellement attachés à l'argent et, seulement dans la mesure où l'argent leur donne des jouissances faciles. C'est, à tout prendre, aussi sympathique que la pêche à la morue dans les mers glacées.

Il est très facile d'industrialiser les marins de l'océan. C'est fait. Ils sont devenus des esclaves de l'industrie au même titre que les ouvriers à la chaîne. Il y a des usines pour mettre les sardines en boîtes, les morues en barils, le thon dans l'huile. Il y a des machines créées et mises au monde pour découper le gras de calmar et la chair de requin en forme de queues de langoustes. Un chalut coûte des millions. Pour aller à la pêche, il faut un capital considérable.

Qu'on en soit propriétaire ou qu'on soit débiteur d'un bailleur de fonds, on est dans la combinaison des finances modernes, ce qui exclut de façon totale et absolue le droit à la sieste. Tout compte fait, cette façon de vivre avec de l'argent n'est pas belle, n'est pas adroite, n'est même pas logique. Je préfère celui qui, dès qu'il a cent francs *de trop*, va boire un coup.

Ceux-là, impossible de les faire entrer dans le rang. Ils avouent que le travail leur fait peur. Pour se procurer un instant de bonheur ils sont capables du travail le plus forcené ; question de Caisse d'Épargne ou de Banque de France, ils ne lèveront pas le petit doigt.

À partir de ces caractères, on peut comprendre ce qu'étaient les petits ports de la côte quand les gens du pays y vivaient entre eux. D'abord, les bois de pins sans villas, sans propriétés particulières, sans camping, sans garages, sans papiers gras et dans lesquels on pouvait se promener à l'infini. Pas d'autos sur les routes ; d'ailleurs, les routes n'étaient pas goudronnées. Pas de bruit ; le silence ; les trois grondements souples et mariés : la mer, le vent et le silence.

On trouve encore à Cassis, à Bandol, La Ciotat, Saint-Tropez de vieilles maisons, de vieux porches, de vieilles portes, un clocher élégant, un fer forgé, une imposte, une clef de voûte historiée, un souci d'élégance et d'une élégance très sûre. Il faut l'imaginer présidant, que dis-je, trônant sur toutes les maisons. Il n'était pas question d'architectes, d'écoles d'architecture, ni même d'Art dans le sens qu'on lui donne aujourd'hui. Qu'on n'oublie pas à quels jouisseurs nous avons affaire. On devient vite très fin à chercher constamment son plaisir. Habiter une maison aux mesures exactes en est un et qu'ils étaient loin de négliger. Mesures exactes et raisons logiques : de toutes petites fenêtres *où le soleil n'entre pas*. Le goût du bonheur avait fait comprendre que *le soleil est l'ennemi.* Des pièces fraîches, des ténèbres tendres à l'intérieur ; à l'extérieur, des murs crépis de chaux irisée pour rejeter ce soleil loin de soi. Mais, comme on est les fils d'une civilisation très ancienne qui a inventé tous les dieux, toutes les vertus et tous les péchés mortels, on prenait soin de faire graver dans la pierre des portes des couronnes de laurier et de faire forger les barreaux des fenêtres en forme de feuille d'acanthe.

Ce qu'il faut imaginer aussi, c'est le temps, le temps immobile des gens qui ont le temps. Même après Vaucanson, on se servait toujours du cadran solaire, cet instrument délicieusement sujet à caution, à interprétation, à discussion, à démission, parfaitement muet au surplus et qui ne parle que si on l'interroge.

Le port lui-même était généralement peu profond, très abrité. L'abri des ports de pêche méditerranéens tient du miracle. On y sent une raison qui a fait compte de tout. C'est qu'elle veut s'épargner le moindre souci. C'est à un point qu'ils sont protégés du vent de traverse qui, dans ces régions, souffle une fois tous les cinq ans. Le front de mer était généralement pavé de petits galets ronds, posés sur champ, fort désagréables au pied mais qui, lavés de pluie et huilés de soleil, prenaient le ton de la nacre. Les syndics qui se voulaient populaires, ou les municipalités en mal de démagogie faisaient poser sous un mûrier, sous un platane ou sous un tilleul, un gros parallélépipède de pierre tendre qui servait de banc. Le banc est l'instrument le plus précieux de la civilisation provençale. Ce banc, ou ces bancs – suivant l'importance de la population – étaient au port méditerranéen ce que le club est à Londres.

Les maisons donnant sur le port avaient parfois des balcons fort commodes pour regarder le temps qu'il fait ou pour assister aux fêtes. Ces dernières étaient toujours de la plus grande simplicité mais très nombreuses et chacune durait au moins trois jours : un jour pour se préparer, un jour pour rire, un autre pour se reposer. L'art des transitions était respecté jusque dans ses plus fines subtilités. Le reste du temps, les balcons servaient à faire sécher la lessive.

La vie quotidienne était faite par moitié de contemplation et par moitié de conversation. Quelquefois, en rognant un peu de part et d'autre sur chaque moitié, on s'occupait de passion. Certains jours particulièrement virils et à la suite de défis, intérieurs ou extérieurs, à quoi n'échappent jamais les pauvres natures humaines : contemplation, conversation et passion étaient sacrifiées en grande pompe au travail.

Pendant tout un grand jour, parfois deux, ils se confiaient à la fortune de la mer. Toutes les collines environnantes, tous les sommets, tous les bois sacrés étaient plantés d'oratoires, de croix géantes, de statues de la Bonne-Mère. Les regards anxieux de tout le monde à terre et en mer se tournaient vers ces sauvegardes. Les équipages étaient composés de copains ou de familles qui rentraient le soir avec quelques poissons et beaucoup d'histoires. Tous les monstres de la Méditerranée sont sortis de ces histoires. C'est pourquoi il y a des sirènes et des chevaux marins dans cette mer.

On pêchait avec de petits filets ou avec des lignes. Le filet ou la ligne qui s'accrochait quelque part s'accrochait toujours à un monstre. Les barques étaient petites. Ils étaient là-dessus au maximum trois. On ne se rassure pas beaucoup l'esprit à trois, au contraire. Être cinq ou six heures en contact avec le mystère, même (surtout) si on ne voit rien, excite les facultés créatrices. Ces hommes pouvaient difficilement s'imaginer qu'ils s'imposaient ces souffrances morales (véritables tortures à qui est doué pour le plaisir facile) à seule fin de ramener quelques kilos de soupe à poisson. Ramener un monstre était plus logique ; le ramener en paroles et en récits était plus commode que de le ramener en chair et en os. C'est pourquoi le folklore marin provençal est plus riche que l'étal des poissonneries.

Si on s'en moque on a tort. Si on croit que cette pêche au monstre était vaine, on ne comprend pas la vie ; et surtout la joie qu'il y a à vivre. Malgré les contemplations, les conversations, les passions, les fêtes et le travail, les journées ont vingt-quatre heures, et vingt-quatre heures de temps immobile c'est long. Au surplus, il est agréable d'être héros. C'est un sel. À quoi servirait de se priver de ce sel, ou de l'acheter trop cher quand on peut l'avoir gratuitement ?

Le ciel immuablement limpide, l'ombre du mûrier, le banc, le temps immobile, un peu de vent brûlant qui vient d'Afrique, un souffle d'air frais qui descend des Alpes : et le récit, à terre, de la pêche au monstre en mer devient une bénédiction. Tous les muscles de ces hommes robustes, tout le sang rouge qu'ils se font avec de l'excellente nourriture bien saine doivent travailler. Quel plaisir de faire jouer et ces muscles et ce sang dans un récit bien composé ! Les femmes étaient belles et n'allaient jamais en mer. Épouvanter une femme est une possession qui ne fatigue pas. Ils vieillissaient donc en restant verts comme des lauriers. Les maisons, les bois, la mer, les collines, le ciel usés de soleil avaient pris la couleur de la perle. Rien n'était plus subtil que le gris de ces pays faussement renommés, sur des relations d'aveugles, pour la violence de leurs couleurs. Rien n'était plus subtil que le gris de ces hommes de Méditerranée. C'est vite fait de parler de mensonge et de paresse. C'est de ce mensonge et de cette paresse qu'est illuminé le reste de l'univers.

La première fois qu'un nuage du ciel a pris forme, c'est ici que dans le langage des hommes on a donné un nom à cette forme. C'est à partir d'ici qu'on a pu se transmettre le mot qui transportait cette forme.

Bien avant la guerre de 39, quand le Graaf-Zeppelin fit le tour du monde, il rapporta de son voyage d'admirables photographies des toundras impénétrables qui bordent le fleuve Léna. On peut les voir dans le *Geographic Magazine* de l'époque. On est épouvanté par la solitude à perte de vue, par l'hostilité monstrueuse de la terre. On a brusquement la sensation nette que vivre, simplement vivre n'est pas une rigolade, n'est pas à la portée de tout le monde. On aperçoit de chaque côté du fleuve, au bord de la forêt dans laquelle on ne peut faire un pas, des berges limoneuses qui luisent sous la pluie glacée. C'est dans ces boues qu'est installé un petit village de bois. Vivre dans ce petit village de bois est héroïque, apparente l'homme à une sorte de Dieu fouisseur et roule-pelote, comme le scarabée sacré.

Il y a également au nord des Orcades des îles battues de vents si impétueux qu'il faut, pour avoir des pommes de terre, les planter au fond de puisards de deux mètres de profondeur ; à la surface du sol, le vent raboterait le germe dès qu'il pointerait. Le volume 389 des *Instructions nautiques* dit de la Géorgie du Sud qu' « elle est exposée aux vents violents qui arrivent d'une mer couverte de glaces flottantes. Elle a de ce fait un climat inhumain. Les nuages épais, lourds et bas occupent le ciel toute l'année sans un seul jour d'exception. L'humidité y est constante depuis des siècles ». On ajoute trois pages plus loin qu'au port de King Edward Cove, on trouve un certain nombre d'habitations et de magasins, un hôpital et une petite église *blanche*. On peut se procurer à cet endroit-là, assure-t-on, un magistrat, de l'huile et des provisions en petite quantité. Les *Ins-*

tructions nautiques ajoutent : « La résidence du magistrat se trouve entre Hope et King Edwards Point ; un pavillon est hissé sur cet édifice. »

Voilà de quoi faire prendre les hommes au sérieux. Et c'est quand on prend les hommes au sérieux que les bêtises commencent.

Manosque, janvier 1953

9.

« *J'ai beau être né dans ce pays...* »
(1954)

J'ai beau être né dans ce pays et l'avoir habité sans interruption pendant près de soixante ans : je ne le connais pas. Je l'ai parcouru dans tous les sens : à pied, à cheval, en voiture, sans jamais pouvoir dresser le catalogue complet de ses vertus et de ses vices. Mon premier voyage eut lieu en 1911. Ma mère m'envoya au pèlerinage de l'*aube* à Moustiers-Sainte-Marie. Jusque-là, je n'avais vu que les vergers d'oliviers autour de Manosque. Il s'agissait cette fois de traverser la Durance, de monter sur le plateau de Valensole et d'aller chercher de l'autre côté, dans des montagnes bleues, une petite chapelle perchée. On partit à six heures du soir, en septembre. Une heure après, le postillon fit descendre tous les voyageurs de voiture pour soulager les chevaux qui abordaient au pas la rampe montant sur le plateau. J'entendis le bruit des forêts d'yeuses. J'étais à ce moment-là nourri d'Homère et des tragiques grecs. Ce froissement de cuirasses m'exalta.

J'ai revu le plateau en pleine nuit, vingt ans après, à la suite d'une panne d'auto qui nous immobilisa, un ami et moi, dans ces étranges parages. Il ne fallait pas compter sur nos connaissances en mécanique et il ne fallait pas compter sur une aide quelconque venant d'autrui. Dès la nuit, tout le monde se barri-

cade ici, même dans les petits bourgs. On peut toujours tambouriner à la porte des garages. Plus on
frappe fort, plus l'habitant fait le mort. Il aurait d'ailleurs fallu marcher pendant plus d'une quinzaine de
kilomètres avant de pouvoir frapper à une de ces
portes qui ne s'ouvrent pas. Nous avions du tabac, il
faisait beau, c'était l'été. Les étoiles donnaient assez
de clarté pour qu'on puisse distinguer à l'horizon le
hérissement noir des Alpes. Peu à peu nos yeux
s'habituèrent à l'obscurité jusqu'à voir, pas très loin
de nous dans les vergers d'amandiers, la masse d'une
grosse ferme fortifiée au milieu des éteules. Ce plateau aime le mystère : la nuit lui convient.

Nous étions du pays, mon ami et moi, nous savions
que, dans ces cas-là, il faut parler à voix haute. C'est
ce que nous faisions. Les chiens n'aboyaient pas.
D'ailleurs, on ne les laisse jamais dans la cour. On les
fait entrer et on se barricade avec eux. Ce sont de
bonnes bêtes, mais qui, même en plein jour, font passer la fidélité au maître avant la bonté. Ils attendent
que leur patron soit couché et ils s'allongent au pied
de son lit. Leurs yeux sont couverts de poils, ils
peuvent aisément feindre le sommeil, tout en guet-
tant à travers leurs épais sourcils. Ils ressemblent au
chien qui suivait saint Benoît Labre. Ce sont des griffons hauts sur pattes et râblés, bâtards bien entendu
et qui s'abâtardissent à chaque printemps, mais sans
jamais perdre cette fidélité totale ; au contraire, plus
ces griffons sont laids, plus ils sont héroïques. Accouplés souvent à des hommes lourds et sournois, à des
familles rendues sauvages par des siècles de peur, à
des troupeaux malades qui ne peuvent leur donner
aucun plaisir, ils gardent leurs vertus. Ils ont l'air
même de se jeter à corps perdu dans une sorte de
sainteté.

Il faut avoir vécu, et de la vie courante, dans une de
ces fermes solitaires pour comprendre la situation

morale et la peur de ces familles perdues. Pas plus
que nous nous n'espérions de secours quelconque
pour arranger notre machine, ils ne peuvent espérer
d'aide de personne. Il n'y a pas de voisins. Cela peut
paraître étrange à l'époque de la voiture et de l'avion.
Un de mes amis, retour d'Amérique du Sud où il est
fixé dans l'élevage du bétail, me disait cet été que, là-
bas, on voisinait à cent kilomètres et même à quatre
cents avec les moyens de locomotion modernes. Ici,
ce sont des Latins sans culture. Ils sont sensibles
aux mystères et sans armes pour les dominer. Ils se
connaissent trop bien pour avoir confiance dans
l'homme. À quoi bon faire dix kilomètres pour se
voir comme dans un miroir ? Ce ne sont pas les
moyens de voisiner qui manquent, c'est l'envie.

Ce pèlerinage de l'aube qui se faisait en 1911 partait du village de Moustiers à nuit noire. Notre dili-
gence arriva vers les trois heures du matin. On nous
donna à chacun une torche de résine. J'allai l'allumer comme tout le monde à un grand feu de Saint-
Jean et je pris rang dans la foule qui montait lentement les escaliers taillés dans le rocher.

Deux heures avant, nous avions fait halte à Riez,
dans une auberge. La salle était pleine de paysans qui
venaient du plateau. Ils buvaient du vin chaud en
fumant leurs pipes et ne parlaient pas. Des femmes
habillées de noir, également muettes, les accompa-
gnaient, immobiles, sans un regard pour les « voisines », les « voisins », et même l'alentour. Pas
d'enfants : on les avait laissés à la garde de la ferme
fortifiée. L'aîné devait être assis dans la pièce du rez-
de-chaussée, le fusil de chasse couché sur les
genoux, le chien à ses pieds, les frères et les sœurs
cachés au premier étage dans leurs lits, sous les cou-
vertures.

J'ai, à différentes reprises au cours de ma vie,

habité ces fermes solitaires pendant des mois. Il y a les mêmes sur le plateau d'Albion, près du Ventoux. Quand on descend la route n° 7 et qu'on dépasse Orange, on voit sur la gauche, à côté des contreforts de Malaucène, une longue ligne bleue qui va rejoindre les Alpes au fond de l'est. C'est le plateau d'Albion. Il est couvert de forêts de chênes blancs. Sur les pentes qui font face (de très loin) à la vallée du Rhône est le village de Sault. Au-delà de ce plateau coule la Durance, entre Sisteron et Mirabeau. Sur les pentes qui font face à la vallée de la Durance est le village de Banon. Entre les deux, la solitude ; plus de cinquante kilomètres avec un seul village de huit cents habitants : Le Revest ; quelques hameaux / Ferrassieres, Saint-Christol. Le seul aspect de ce village et de ces hameaux renseigne sur les mœurs. Il n'y a pas de communauté. On se cache derrière des murs ; on pénètre dans les maisons par des chicanes. Une ferme de ce plateau s'appelle *Silence*.

Quand je partais de *Silence* pour aller me promener dans les bois, on s'étonnait de ne pas me voir emporter de fusil. Non pas pour les dangers, il n'y en a pas quand on sait se comporter, et je sais (et on savait que je savais), mais « pour la contenance ». Si quelqu'un vous rencontre avec un fusil, il se dit : « Cet homme chasse. » Tout est dit. Si vous vous promenez les mains dans les poches, les questions se posent : « Que faites-vous, qui êtes-vous ? Qu'y a-t-il dans vos poches ? » Vous ne risquez absolument rien, personne ne vous touchera, ils sont l'honnêteté même, mais ils se posent assez de questions tout seuls sans que vous leur en fassiez poser de supplémentaires.

Au bout du compte, j'avais accepté une vieille pétoire qui me servait de passeport. Il ne faut pas compliquer la vie des solitaires. C'est une corde tendue à se rompre. Les passions sont à l'état pur, l'orgueil par exemple. Certains de ces solitaires sont riches à millions. L'argent en général ne les touche guère ; ils peuvent en gagner ou en perdre sans émotion apparente. Mais le troupeau, la terre, c'est une autre affaire. Ils sont capables de se lever la nuit pour aller corriger des sillons qui ne sont pas droits. Et pourtant, la nuit est sacrée : on s'enferme. Ils ont souvent défriché tout seuls, c'est-à-dire en famille, cinq ou six hectares de bois. Ils sont sur des terres rouges qui donnent peu. Mais ils ont l'orgueil de la terre *propre*, du travail bien fait, et celui du troupeau qui fait envie. Il y a peu d'avares, car le solitaire avare doit se satisfaire de son esprit. Il ne lui reste rien pour s'exprimer.

Avant la guerre de 1914, il y avait sur le plateau d'Albion, à dix ou douze kilomètres en ligne droite de *Silence*, un véritable Monaco. C'était une auberge installée, non pas sur une route, mais sur une piste montant de la vallée du Jabron ; elle traversait le plateau et descendait de l'autre côté dans la vallée du Calavon. Le Jabron et le Calavon sont des ruisseaux à peine marqués sur les cartes, mais dont les lits mènent à des débouchés de commerce et des emplacements de foire. Au lieu de faire le tour du plateau par les routes départementales, les maquignons passaient par la piste avec des hardes de chevaux. Passaient également par là les fermiers des fermes fortifiées : Silence, Le Sambuc, Pigette, et les laboureurs, bûcherons, bergers qu'elles employaient. On peut voir encore actuellement les ruïnes de cette auberge. La salle de consommation est restée intacte au rez-de-chaussée. C'est une vaste pièce voûtée avec une immense cheminée. Au-dessus, se sont écroulés les deux étages où étaient les chambres.

À l'époque où toute cette organisation fonctionnait, la salle de consommation s'ouvrait à ras du plateau, donnant franchement sur la solitude. Ici, elle est reine. Sur des kilomètres d'alentour, pas d'arbres, pas de vie, sauf celle de l'herbe et du vent. Quand, de *Silence*, je vais me promener du côté du col de l'Homme-mort, à mesure que je monte vers Villesèche, où l'on trouve des monnaies romaines dans la poussière, je vois dans l'est – et comme si j'allais le toucher avec la main – ce grand magasin de la solitude où l'on venait acheter l'indispensable divertissement de Pascal. Du haut de Villesèche, dans l'ouest, au-delà des pentes du Ventoux, j'aperçois dans le brouillard des lointains les lambeaux étincelants du Rhône et le lit de cette fameuse route n° 7 par laquelle on pénètre en Provence, vers la mer si divertissante.

Le cœur désire toujours accélérer ses battements. C'est l'horizon qui nous passionne (d'où peut surgir l' « *être blanc* » qui apparaît aux dernières pages des *Aventures d'A. Gordon Pym*). Cette auberge s'appelait « La Commanderie ». Du 1er janvier à la Saint-Sylvestre, un énorme chaudron était sur le feu ; on faisait là-dedans sans interruption le meilleur bœuf en daube du monde. Sans jamais dépendre le chaudron ni le vider, on y versait, jour après jour, du bœuf, du lièvre, du sanglier, des lapins de champs, du vin rouge, de l'huile vierge, du lard, des bouquets de thym, du laurier, des noix muscades. On bourrait le feu, on touillait avec un gros bâton. L'odeur de cette cuisine se sentait à des kilomètres. La portion de trois louches qu'on servait dans de grosses écuelles à soupe coûtait dix-huit sous. C'était le plat unique et définitif. J'ai mangé de ce bœuf en daube en 1912. Le pain était à discrétion, et le vin. Il n'y avait ni hors-d'œuvre, ni fromage, ni dessert. À gauche en entrant, on allait prendre soi-même, sur une vaste maie, une écuelle à la pile ; on plongeait la main dans la corbeille à pain, on allait se faire servir au chaudron en enjambant un banc pour s'asseoir à la table commune. Le litre de vin et le verre vous étaient apportés sans cérémonie.

Ces repas étaient silencieux. Les maquignons venant de Carpentras, Séderon, Sisteron, Forcalquier, Manosque, Pertuis, connaissaient les mœurs du plateau. Un peu avant la tombée de la nuit, arrivaient les gens du lieu. Sur une aire de plus de cent kilomètres carrés, aucune fermière ne pouvait dormir, mais, ayant allumé la veilleuse à huile, pelotonnées dans le lit, elles se demandaient ce que les hommes allaient détruire cette nuit. Quoi ? Les attelages, la bergerie ? Ou peut-être tout, et la vie même.

La nuit tombée, on attendait encore cinq à dix minutes pour le cas où quelqu'un venant de loin serait encore par les chemins. Ce délai de grâce passé, la Commanderie barricadait ses portes et le jeu commençait.

C'est un jeu appelé l'Arrêt. Il est simple, rapide et efficient. Merveille de simplicité, on le joue à deux avec deux cartes. Ici, nulle combinaison ni science, le hasard pur, deux hommes en présence, sans arme, les mains nues, et on va voir leur contenance sous l'assaut de la réussite ou de l'échec. On va voir... c'est une façon de parler, car personne ne les regarde ; il n'y a pas de public ; tout le monde est engagé deux par deux dans son propre jeu. Ce n'est pas « on va voir » qu'il faut dire, c'est : ils vont voir ; ils vont voir eux-mêmes de quoi ils sont capables. Jeux en somme où il n'y a pas de perdants puisque le perdant, s'il est impassible dans sa perte (c'est-à-dire, héroïque), jouit aussi intensément que le gagnant. D'où la nécessité de jouer gros jeu, le plus gros jeu possible, c'est-à-dire tout (si on veut vraiment prouver et se prouver sa force). On ne vit pas impunément dans les déserts. Il faut à chaque instant, pour se rassurer, passer volontairement par des épreuves concluantes de valeur.

L'Arrêt se joue avec un jeu de cinquante-trois cartes, cinquante-deux, plus un as de trèfle supplémentaire. La plus forte carte est le roi, puis la dame et ainsi de suite jusqu'à deux. L'as annule tout. La partie se fait en vingt-six coups, puisqu'on tire deux cartes chaque fois. Il en reste une, la dernière. C'est le gagnant du dernier coup qui la tire. Si c'est l'as de trèfle, toute la partie : gains et pertes est annulée. Si ce n'est pas l'as, quelle qu'elle soit, elle remplace la carte qui a fait gagner le dernier coup ; si elle est inférieure à la carte tirée par le perdant, elle le transforme *in extremis* en gagnant. Les deux adversaires s'assoient face à face. Ils mélangent les cartes à tour de rôle, une fois chacun seulement, puis on ne les touche plus. C'est le moment de mettre quelque chose sur le tapis. Quoi ? Dix francs ? (Même en 1912.) Cent ou dix mille ? Non, rien de ce qui peut se chiffrer. Le chiffre limite la valeur et l'on a besoin de se sentir une valeur sans limite pour continuer à exister. Donc, on met tout sur le tapis.

Tout. C'est-à-dire la ferme avec ses granges pleines, ses écuries pleines, ses étables pleines, ses bergeries pleines, les meubles meublants, les armoires et ce qu'elles contiennent, jusqu'à la tire-lire des enfants qui, étant sur la cheminée, fut considérée une fois comme faisant partie du lot ; jusqu'à la corbeille à ouvrage de la femme, jusqu'au tricot encore monté sur ses aiguilles. Seuls sont considérés comme hors du lot les vêtements qu'on a sur le dos et ceux que la femme et les enfants demain devront se mettre sur le dos pour sortir du domaine qui ne leur appartient plus.

Faire marcher les choses, voilà le divertissement par excellence. Ils mettaient la même ferveur à jouer à l'Arrêt qu'à porter le flambeau de résine au pèlerinage de l'aube. Tout jouer sur une seule carte, c'est bien s'en remettre à Dieu et le forcer, l'obliger à mettre la main à la pâte. Un des adversaires tourne la première carte du paquet (où elles ne sont pas choisies mais tirées une à une dans l'ordre) : c'est un huit. L'autre tourne la suivante : c'est un roi. Il a gagné. Il a gagné tout ce que le premier possède, depuis son toit jusqu'à son mouchoir de poche. (Cela s'est vu. Certains soirs de grande détresse, on a prétendu que tout était tout et que le pantalon, la chemise, les souliers, le mouchoir du vaincu appartenaient au vainqueur. C'était trop beau pour qu'il y ait la moindre contestation.) Mais on continue. Le vaincu tourne la troisième carte : c'est un trois ; le vainqueur tourne la quatrième, c'est un deux : c'est lui qui perd tout. Alors il tourne la cinquième... et ainsi de suite jusqu'à la vingt-sixième. Les deux adversaires sont chaque fois violemment frappés par le bonheur et le malheur. C'est là que l'orgueil se contente. Le supplice dure. Ils font tout ce qu'il faut pour qu'il dure le plus longtemps possible. Ils s'ingénient à le rendre de plus en plus cruel. Ayant tout jeté au tapis, ils s'y jettent eux-mêmes, ils y jettent ceux qu'ils aiment, ils s'engagent à cinq ans de servitude gratuite, dix ans, ils y engagent leurs femmes, leurs enfants. Le tas de cartes diminue. L'Arrêt va devenir définitif. La dernière ! On a perdu ! On a gagné ! L'impaire (c'est rarement l'as de trèfle). Cette fois, l'Arrêt est irrévocable avec, parfois, un brusque changement de fortune monstrueux.

Tout cela en silence. Et où il faut montrer qu'on est un homme dans la bonne comme dans la mauvaise fortune. Ce n'est pas si facile. Sont-ils donc en train de combattre à coups de vertu ? J'ai dit que ce jeu se joue à deux. C'est l'apparence. En réalité, il se joue à trois : les deux hommes d'un côté, Dieu de l'autre.

Si on s'étonne (il faut être étranger à la Provence pour le faire), ils vous répondront : « Qui ne risque rien n'a rien. » C'est pourquoi celui qui a risqué et (semble-t-il) tout perdu est plus riche qu'on ne croit. Il n'y a jamais de suicide ni de divorce. Il suffit d'ailleurs qu'on recommence à avoir un grain de quelque chose à soi pour qu'on puisse reprendre le jeu ; il suffit qu'on sache que c'est tout ce que vous possédez. On ne joue pas à enjeu égal. Contre une ferme toute montée, on joue une pipe et une blague à tabac ; l'important est de jouer tout ce qu'on possède d'un seul coup. Le berger joue son bâton, son chien et sa houppelande ; un patron lui fait face avec la ferme entière, y comprises les armoires pleines du linge familial.

Vu de la route n° 7, c'est un pays haut dans le ciel et qui paraît plat. On est bien tranquille avec l'arc de triomphe d'Orange, une sorte de canalisation de la gloire, ou son théâtre organisateur de pathétique. Ces certitudes ne sont pas provençales mais romaines. Au-dessus d'un petit portail de gauche, voyez cet amoncellement de boucliers. À peu de chose près, c'est ce que vous emportez dans vos bagages depuis la rhétorique. Votre malle arrière en est pleine.

Si j'avais un conseil à donner, ce serait de voir le pays par mauvais temps, c'est-à-dire le trois ou quatrième jour d'un mistral d'hiver qui a encore cinq à six jours à courir. Rien n'est plus bleu que le ciel. Si on veut de l'azur, voilà le vrai. C'est loin d'être une couleur de tout repos comme on l'imagine. L'air est si pur qu'il est devant les yeux comme une loupe. On voit le détail complet des horizons. Telle montagne qui, en temps ordinaire, apparaît à peine comme un liséré bleu s'est rapprochée à vous toucher avec ses forêts dont on distingue toutes les branches, ses villages dont on voit briller les toits. Tous les bruits qui venaient du sud sont emportés ; non seulement le ciel gronde comme la mer, mais ce grondement apporte tous les bruits qui se font dans le nord. On entend sonner l'angélus à des clochers qui sont cachés dans les bois à vingt kilomètres d'ici. Plus de fumée nulle part. Elle est volée et avalée au ras des cheminées. Non seulement personne dans les chemins, mais les fermes paraissent désertes. Avant le goudronnage, on voyait ces jours-là l'os des routes. Toute la poussière avait été emportée en tumulte le premier jour ; on avait l'impression de marcher sur de très vieux chemins usés jusqu'à la corde par une civilisation disparue. Le goudronnage ne modifie pas beaucoup la sensation ; par les temps que je dis, il a le vernis des vieux basaltes ; durci par le froid, il sonne sous les pas comme un couloir dans une maison déserte. Car il fait froid : un froid dont rien ne protège, ni les maisons (elles sont plutôt faites pour y grelotter ; les portes ne jointent pas et tremblent dans leur chambranle ; les fenêtres à force d'être secouées ont perdu le mastic de leurs vitres et font vent de toutes parts ; la poussière, l'herbe arrachée, les feuilles sèches pénètrent dans les pièces soi-disant calfeutrées) ni les vêtements que la violence du vent transperce. J'ai connu un ancien consul de Chine qui avait rapporté de là-bas un justaucorps de berger mongol ouaté de coton. Il grelottait sous cette armure cependant combinée pour affronter les bourrasques d'Ouroumtsi.

Le froid fabrique du désespoir et d'une qualité qu'on n'arriverait pas à se procurer tout seul avec les simples ressources de l'expérience humaine. Les os glacés permettent d'aller plus loin, mais pas si loin qu'on ne va avec un azur désert. Or, c'est le ciel du mistral. Il semblerait qu'un soleil d'hiver soit forcément gai. Il le serait en Picardie, en Alsace, en Bretagne, en Auvergne et même en Languedoc. Il y aurait autour assez de choses « qui ne sont pas le soleil » (brumes, nuages de l'Atlantique, respiration des forêts) pour faire de la lumière un élément de joie. Ici, il est pur. Pas de ressources. Cette absence de ressources nettement exprimée par un azur sans nuances, aussi net à l'horizon qu'au zénith est un des principes qu'il ne faut pas oublier. Quel que soit le personnage que vous rencontriez n'importe où, une seule chose est sûre : ce n'est jamais M. Seguin (de la chèvre). Il ignore la sentimentalité. S'il y a un loup, il le chasse. S'il n'y a pas de loup et qu'il ait envie de chasser, il invente le loup qu'il faut. Quant à la chèvre, il ne lui fait pas de mal tant que le mal n'est pas nécessaire. Et il y a des moments où il l'est.

Sur la foi des bordures de la mer où poussent les orangers, on imagine un pays de cocagne. L'oranger n'est qu'un bel arbre. Il régale la vue et il sent bon. On pense aux vergers des Hespérides. Pour vivre d'un bout de l'année à l'autre, il faut du blé et des pommes de terre. Les alluvions du Rhône et de la Durance en produisent. Mais, de Sisteron à Cadenet, la vallée de la Durance a quatre kilomètres, au plus, de largeur, et disons quinze pour le Rhône dans les meilleurs endroits. Au confluent des deux fleuves, la plaine donne des primeurs, des raretés.

Quand on va de chez moi à Avignon, avant d'arriver dans le Comtat, il faut tourner longtemps dans des collines où quelques maigres vergers d'oliviers sont serrés dans des forêts de petits chênes blancs. Pas le chêne de Saint Louis : des arbustes. Quand le tronc est gros comme une cuisse d'homme, on crie merveille et on le coupe. C'est seulement en arrivant vers Fontaine-de-Vaucluse qu'on trouve des choses bonnes à manger en assez grande quantité.

Des hauteurs de Gadagne, on a une vue complète du Comtat. C'est ici que les Romains et les papes se sont installés et ont vécu. Les choses sont en train de changer actuellement, la civilisation étant dominée par la nécessité de gagner le plus d'argent possible, mais, pendant longtemps et jusqu'à présent, la vie paysanne y était patriarcale. Les propriétés étaient tellement taillées sur la mesure humaine qu'on pouvait déterminer la grandeur des familles par le nombre d'hectares appartenant à la maison.

Mais le paysan de L'Isle-sur-Sorgue ou de Cavaillon n'a qu'à regarder à travers ses barrières de cyprès pour voir sur un horizon rapproché les collines, puis les montagnes. Le Château des Papes n'est pas un palais de tout repos. Les vieux domaines du Comtat préfèrent la force à la beauté. Ce n'est pas ici qu'on trouvera les larges façades, les nombreuses fenêtres, mais des murs solides, des meurtrières, des tours de guet. Dans Avignon, les vieilles maisons se défendent, ont des ouvertures grillées à quatre mètres du sol et qui commandent les avenues.

Malgré les territoires, maintenant potagers, de la grande plaine au confluent du Rhône et de la Durance, la Provence est un pays maigre. Quand on vient du Dauphiné et qu'on entre par Sisteron, tout de suite après le rocher de la Citadelle, on trouve la civilisation de la terrasse. La vallée est étroite ; toute la terre arable est sur le coteau ; il faut la maintenir en place par de petits murs de pierre sèche : de là, des habitudes, c'est-à-dire une seconde nature. On ne construit pas de fermes, le paysan reste dans le village ou dans la bourgade. De petites villes comme Manosque sont à la vérité des agglomérations de paysans. Les rues derrière l'église Notre-Dame circulent entre des fermes collées les unes contre les autres. Chaque maison ouvre sur la rue par une porte charretière qui donne accès à une cour intérieure. Dans chacune de ces cours était planté un mûrier. On les a coupés, depuis, mais je les ai vus en pleine prospérité. Autour de la cour, sur un côté, l'étable pour cinq à six brebis, un âne, une chèvre ou deux ; sur un

autre côté, l'écurie pour le cheval généralement
appelé Bijou ; le mulet, généralement appelé Tistou,
c'est-à-dire Baptiste, ou la mule dénommée
Coquette ; sur le troisième côté, la maison d'habitation. Toutes les fenêtres donnaient sur la cour. À parcourir ces rues, placées sans ironie sous le vocable
de Jean-Jacques Rousseau, Danton, Marat, Kléber et
Diderot, on a l'impression d'être en Judée ou en Bar-
barie. Pour moi, à l'époque de ma jeunesse, j'y voyais
Argos. Tous les jours, à la tombée de la nuit, les troupeaux rentraient des collines, buvaient aux grandes
fontaines devant les portes de la ville, entraient dans
les rues où les épiciers s'empressaient de garer les
étalages de légumes verts, et s'en allaient dormir
chez Jean-Jacques, Danton, Marat, Kléber et Diderot. Les charrettes montaient en longues files de la
vallée, chargées de foin, de blé, de pommes de terre,
de choux ou de tomates, selon la saison. Depuis, ces
petites villes se sont crues plus grandes filles qu'elles
n'étaient. Elles se sont laissé dire qu'il n'y a pas de
troupeaux dans les rues de Paris. Les rescapés de 14
ont entendu prononcer le mot « moderne ». On a
décidé que le fumier de cheval dégageait des
« miasmes délétères ». Pendant dix ans on s'est servi
des « miasmes » pour couper les mûriers et installer
des garages à pompes dans les cours de ces fermes
citadines.

Les coutumes sont restées les mêmes toutefois
dans les villages de 800 à 1 000 habitants et naturellement dans les hameaux. Mais la civilisation de la terrasse, au lieu de se fonder sur la famille, s'appuie sur
le célibat. Il faut aller jusqu'aux abords de la mer
pour trouver, malgré les petits murs de pierre,
l'argent nécessaire au mariage. Dans l'intérieur des
terres, les champs étagés sur les flancs des collines
sont des jardins et des vergers plutôt que de véritables champs. Ce n'est pas là qu'il faut venir cher-

cher des sillons d'un kilomètre de long. Mais, si on a
envie d'un homme bleu capable de faire la conversation, et qui, par surcroît, vous donnera des figues,
c'est là qu'il faut venir. Malgré sa maison au village, il
s'est généralement installé une baraque, une cahute
à l'abri du vent et c'est là qu'il passe le plus clair de
son temps. Quelquefois il chasse ; d'autres fois il
n'est pas chasseur mais observateur des oiseaux, des
nuages et des vents. Il prédit le temps sans aucune
certitude, mais avec de jolis mots et les gestes d'un
vieux théâtre traditionnel. Il est son maître. Si la nuit
s'annonce belle, il peut fort bien décider qu'il ne
rentre pas « en bas », qu'il va coucher ici, « en haut »,
sur un lit de genêt toujours préparé pour l'occasion.
Il est amateur de siestes. Il passe pour paresseux. En
réalité, il défriche à la bêche autant de terre qu'un
homme peut en défricher « sans se rendre esclave ».
C'est un admirable savant en « mesure humaine ». Il
n'est le jouet d'aucun dieu. Il paraît ne penser à rien.
Mais il construit des murs où les pierres sont choisies
pour leur solidité, mais aussi pour leur couleur et
pour leurs formes, et ajustées dans les rapports
exacts de ces trois qualités. Il est le critique de son
voisin qui le critique. De là, l'unité du paysage. Ce
travail commun est si bien fait qu'il paraît être le fait
d'insectes supérieurs. Il y a accord parfait entre le
gris des oliviers et le gris des murailles de pierres. On
voit passer l'un dans l'autre par des nuances très subtiles. Il semble que le hasard ait réussi... en réalité, il
est loin d'être question de hasard.

Évidemment, l'automobile est un outil avec lequel
on ne peut pas tout faire, notamment connaître. Il
faut monter à travers les terrasses par les sentiers. Au
bout d'un jour ou deux on a le rythme de certains
gestes pendant que le pays, lentement, s'organise
autour de vous. On est moins entrepris pour lier

conversation. Peu à peu, on comprend à demi-mot. C'est le principe. On ne vous dira jamais les choses telles qu'elles sont. Tout est combiné par des gens qui peuvent laisser des problèmes en suspens. La terre est rose ou d'un jaune léger ; il semble que l'artichaut a été fait pour elle. Il ne s'agit pas du bourgeon comestible mais de la feuille cendrée si décorative. La plante s'aligne en points de croix et écarte sa laine bleue en étoile sur toutes les terrasses au soleil. Je ne parle pas des abords de la mer où tout ce qui se mange se vend aux nombreux passants, mais des cantons reculés du Var et des Basses-Alpes.

En automne de l'année dernière, je fis une longue balade à pied dans ces contrées. Devant moi, s'étendait le Haut-Var avec ses déserts et ses châteaux. Il faudra vraiment dessiner un jour la carte des chemins non carrossables à l'usage des vrais curieux. On fait des découvertes à chaque pas. On arrive au sommet d'une colline pour se voir contenu dans un paysage qui ne peut pousser qu'au bonheur. Je me suis toujours étonné que les gourmands ne le soient pas d'air pur. Les poumons ne jouissent jamais ; quand on leur procure ce qu'il faut pour qu'ils le fassent, on est dans un état de délectation qui n'a pas d'égal. C'est, à proprement parler, le plaisir de vivre. Je suis partisan de l'ivresse. Celle du vin me paraît un trompe-l'œil. Celle que donne un air intact depuis des siècles, respiré au rythme qu'impose la marche dans ce pays monstrueux me fait entrer dans des voluptés rares. Le plus drôle, c'est que c'est celles-là qu'on cherche dans l'alcool ou dans le cabinet du docteur Faust, et on crie merveille si, par ces moyens artificiels, on obtient une petite secousse. Alors qu'il me suffit de respirer ici pour savoir ce que je ne savais pas il y a un quart d'heure. Les parois couvertes de miroirs sur lesquelles je me cassais le nez découvrent maintenant des correspondances avec les mondes voisins les plus secrets. Si on décide qu'on a la science infuse parce qu'on est de Paris, qu'on sort des écoles, qu'on a des diplômes ou du génie, si pour les mêmes raisons on affiche de fabriquer une modestie de mauvais aloi, de la misanthropie, de la philanthropie, des complexes ou de l'amertume : qu'on s'assoie à côté de ce paysan. Il est vrai que, si on respire pendant vingt-quatre heures seulement l'air qu'il respire depuis soixante ans, on n'a plus rien de tout ce que je viens de dire ; on n'a plus que la jeunesse et la candeur des ivrognes de bon caractère.

Je faisais ces réflexions sur la terrasse d'une maison, au sommet de Saint-Julien-le-Montagnier. La forêt d'yeuses encercle étroitement le pied du rocher qui porte le village. Elle s'étend sur une bonne centaine de kilomètres carrés. On la voit de haut, parcourue par une route déserte, en ligne droite, filant vers les massifs de bronze qui, à l'horizon, séparent ce pays de la mer.

Si j'ai choisi cet endroit, c'est qu'il est comme un belvédère d'où se découvre toute la Haute-Provence et qu'il permet un peu de géographie. Après tous les détails de la promenade de ce jour-là : le genévrier, le bouleau, le chêne vert, le hêtre qui m'ont arrêté, l'herbe parfumée que j'ai mâchée, le lézard, la couleuvre, l'oiseau qui sont partis de dessous mes pas, la fontaine que j'ai cherchée, les hameaux que j'ai traversés, le chien à qui j'ai parlé, le berger avec qui nous avons échangé des saluts – j'avais grande envie de voir le plus possible d'un pays de cette qualité. Il n'est pas suspendu dans le ciel des poètes comme la Laputa de Swift, mais il est solidement accroché à des noms marqués sur les cartes des lieux ayant des moyens d'existence, c'est-à-dire inscrits dans le « Chaix ».

Loin dans le sud, s'élevant presque jusqu'à ma hauteur, malgré la distance, je vois la montagne de Sainte-Victoire. À ses pieds dort Aix-en-Provence, enfoncée dans sa vallée florentine. Au-delà, c'est l'étang de Berre et la Crau, invisibles aussi mais signalés par le reflet dans le ciel de ce vaste miroir d'eau et de pierre. C'est l'heure où, à Aix, les étudiants impécunieux font le pied de grue devant le café des Deux-Garçons. À la Cathédrale, le sacristain refuse les deux derniers visiteurs du *Buisson Ardent* sous prétexte qu'il n'y a plus assez de lumière. Un antiquaire a ouvert sa porte pour feuilleter, à la clarté des réverbères de la rue, une partition manuscrite de *Cosi fan tutte*. Au rond-point de la fontaine, les cars montant de Marseille prennent la route des Alpes.

Sous moi, dans la maison, mon hôte prépare le repas du soir. C'est un vieux célibataire qui vit avec vingt chênes truffiers, deux cents pieds de vignes, un jardin de trois terrasses et un colombier. Tout à l'heure, quand la nuit sera tombée, il ira étouffer deux paires de pigeons. Je suis chargé d'aller tirer de l'eau à la citerne, mais j'ai le temps : il s'en faut encore de trois bonnes heures avant le coucher du soleil.

À côté de Sainte-Victoire, en tirant vers l'est, le penchant de l'après-midi éclaire le massif de la Sainte-Baume. Sur le tranchant de la falaise à pic, à cent kilomètres de moi, à vol d'oiseau, un liséré de lumière éclatante embrase l'arête des rochers. C'est le reflet de la mer qui, devant Cassis et La Ciotat, étincelle sur de vastes étendues comme du fer à la forge. Droit sous les à-pics de la Sainte-Baume est la profonde vallée du Saint-Pons avec ses arbres énormes, ses sources qui coulent gros comme un bœuf, ses ruisseaux d'eau brune qui jouent autour des hêtres pourpres de M. de Montgolfier. Cette eau devient l'Huveaune et, à Marseille, un égout. C'est l'heure où, sur le Vieux-Port, après avoir touché les lucarnes des cellules du fort Saint-Nicolas, les rayons du soleil viennent frapper en plein la véranda du *Cintra* et les chambres de l'hôtel *Beauvau*. Les lueurs du couchant remontent la Canebière jusqu'à la hauteur des bureaux de l'agence Cook. On sort les chiens au Prado ; à la plaine Saint-Michel, on rentre les enfants ; au palais Longchamp on ferme les portes sur les os de la baleine, l'éléphant empaillé et les fresques de Puvis de Chavannes. Un bateau beugle devant l'Estaque. Ayant quitté Paris à neuf heures du matin, l'express a dépassé la gare du Pas-des-Lanciers et souffle dans le tunnel de la Nerthe comme dans un clairon. On fait la queue pour la séance d'avant souper de *Vierge et Martyr*, en technicolor. Au milieu de la Vieille-Charité, dans le quartier des marins, l'œuf de Puget, peint en rouge par le couchant, émerge de plus de mille lessives italiennes pendues aux fenêtres de la rue du Panier. Sur les hauteurs de Marseilleveyre, des autos vont à Cassis, d'autres en retournent à travers le paysage le plus odysséen du monde. À Roquefort, on allume les lampes chez mes amis de Villeneuve et l'air plus lourd du soir fait sortir de la forêt de pins l'odeur des résines et des cistes. Le rapide qui vient de Nice gronde dans les tranchées de La Ciotat. L'avion de Rome qui est à la perpendiculaire de Bandol commence à descendre vers Marignane ; je le vois d'ici jeter des feux d'acier comme une luciole. Si la nuit était tombée, je verrais même à un travers de main, plus à l'est de la Sainte-Baume, le point culminant de la route de Toulon et les phares d'autos jeter des éclairs, en tournant dans les endroits dénudés par les incendies de la dernière guerre.

Ici, des cinq habitants qui restent encore à Saint-Julien, trois sont en train de rentrer au village et poussent dans la montée les petits mulets chargés de fagots et de sacs de pommes de terre. Un quatrième habitant restera ce soir dans le bois où il surveille une charbonnière qu'on voit fumer. Le cinquième est mon hôte qui s'est décidé à aller lui-même à la citerne car, dans les pièces profondes de la maison qui donnent sur l'étroite ruelle, il ne s'est pas rendu compte que nous avons encore plus de deux heures et demie de jour.

Toujours de plus en plus vers l'est, au-delà du mont Apollon qui domine Lorgues, les Maures maintenant couleur de violettes dépassent la forêt qui, de ce côté-là, est épaisse et noire. C'est la porte de la pluie. Ce soir, malgré la saison avancée, le ciel est net. Un petit nuage limé de vent de noroît est à l'ancre au-dessus de Saint-Tropez. Je connais de ce côté-là, dans la vallée de l'Argens, un petit palais romantique abandonné aux herbes d'un marécage. C'est l'heure où les rainettes montent en quatre sauts ses marches de marbre et viennent se chauffer sur les parquets de bois de la salle de musique délabrée. Les vignerons de Carcès, Salernes, Vidauban assiègent la coopérative avec les dernières charrettes de la journée. Sur d'admirables collines aux proportions de temple grec s'érigent des calvaires à figures qui semblent sortis du Campo-Santo de Gênes. Autour de Draguignan, l'ombre descend sur de vieux domaines abandonnés. C'est la saison et c'est l'heure où les cadavres des grands pins gemmés à mort s'effondrent dans les parcs où l'on donnait des fêtes sous Louis XV. Au sommet de Fayence, les chauves-souris commencent à sortir par toutes les ouvertures d'un étrange palais moscovite qu'un général de Napoléon Ier a fait construire, retour de Bérézina.

Ici, de toutes les vieilles maisons de Saint-Julien,

se détachent de grands vols d'engoulevents et d'hirondelles de murailles. Ils crient tous ensemble parce que je suis debout sur la terrasse et que, pour eux, c'est une merveille. Ils se demandent ce que signifie ce personnage insolite, debout sur le sommet de la maison. C'est l'heure où les habitants de Saint-Julien sont enfermés près de leur âtre et font un feu de bois gras pour conjurer la double corruption de la solitude et de l'espace.

À l'est des Maures, les solitudes de cette terre rejoignent sans frontières les solitudes de la mer. À peine si les dentelures de l'Esterel mordent un peu sur le ciel gris perle. Partant de mes pieds, les ruines de maisons où l'on a mis au monde et élevé des générations de paysans. Au-delà des ruines, la forêt. C'est l'heure où les sangliers se lèvent. La forêt s'étend jusqu'aux solitudes du Plan de Canjuers, vaste désert de pierres grises. Au-delà, solitude encore : collines couvertes de cistes, d'hémionite, d'osmonde, de lis, de narcisse, de verge d'or, de bétoine, de véronique, de belladone. Cantons sans chemins ni sentiers, combes pleines à craquer d'ormes, de hêtres, de tilleuls, de peupliers, de trembles, de chênes blancs, de sycomores, de pins sylvestres. Taillis, buissons, branches entrelacées, voûtes impénétrables aux rayons du soleil, domaine des renards, des serpents, des blaireaux à museau de chien, d'un loup dont on parle, de bêtes du Gévaudan, de tarasques. Solitude qui passe sans émotion au-dessus de Cannes. C'est la saison et l'heure où les négresses de l'été cherchent la chaleur des yachts, des bars et des alcools. C'est l'heure où, par la rue Mont-Chevalier, une petite vieille monte au Suquet écouter le Salut à Notre-Dame-de-l'Espérance. La solitude passe au-dessus de Cannes, aussi indifférente que la solitude du Pacifique au-dessus d'un atoll. Pourquoi se troublerait-elle ?

Ici, au-dessus de la forêt, je vois qu'on allume les lampes au château de La Verdière. Une fenêtre à meneau dessine une petite croix noire sur une plaque d'or gris.

Dans l'est pur la nuit monte. Déjà le ciel est noir dans les cassures de neige des Alpes. Ma vue de ce côté-là va jusqu'à la pyramide du mont Viso, visible également de La Spezzia, au sud de Gênes. À peu près dans cette direction-là, c'est Nice. Dans une demi-heure, on allumera, d'un seul coup, tous les réverbères de la Promenade des Anglais. Remontant vers le nord-est, s'allongent, les uns contre les autres et s'étagent, les uns au-dessus des autres : le Grand Bérard, le Parpaillon, le mont Pelat, le Mercantour, les Trois Évêchés, Allos, l'Embrunais, le Pelvoux, glacés, cassés, blancs sur le ciel noir, comme du sucre dans un sucrier d'opaline sombre. C'est l'heure où les troupeaux montagnards rentrent à l'étable. Les écoles communales isolées ferment leurs portes derrière le dernier petit garçon (ou la dernière petite fille). Il hésite avant de s'engager dans les longs chemins de fondrières qui vont le mener à la maison. Le car parti de Marseille à midi arrive maintenant à Barcelonnette. Dans la profonde vallée de l'Ubaye, la nuit est déjà tombée quand j'en ai encore ici, sur mon belvédère, pour une bonne demi-heure de jour. Au camp d'Annibal, au-dessus de Saint-Vincent-les-Forts, les écureuils font leurs derniers sauts à la pointe des mélèzes. La micheline Digne-Nice corne éperdument dans les gorges de Barrême. Le car Digne-Seyne passe devant le dernier olivier de la Provence qui monte la garde tout seul devant les clues de Barles. À partir de là, la terre est froide. Commence la région des prunes et des frênes. Plus près de moi, sur les plateaux, la garde s'organise auprès des alambics à lavande qui vont brûler toute la nuit. Sur les hauteurs qui dominent Riez, mon ami

Arnaud inspecte encore une fois ses lavanderaies de sept kilomètres de long avant de redescendre à Puberclaire vers ses laboratoires et sa lecture des poètes. Au pied du Moure de Chanier, le couchant éclaire les grands rochers de Moustiers-Sainte-Marie où, en 1911, je montais en pèlerinage l'escalier de rochers de Notre-Dame-de-Beauvoir. Les cars de touristes, partis de Castellane à deux heures de l'après-midi, débouchent des gorges du Verdon. Le couchant fait luire la toiture vernissée du château d'Aiguines.

À cent kilomètres dans le nord, le Ferrand, l'Obiou, le mont Aiguille et la trouée du col de la Croix-Haute jalonnent les frontières du Dauphiné. Entre l'endroit où je suis et ces montagnes de granit rose, au bout d'un long déroulement de collines de bronze, sans un feu de village, sans une lueur de bourgade ou de ville, la Durance, au fond de sa vallée très étroite, chante comme un bon petit torrent libre. Elle n'a pas encore amassé de limons. On n'est pas encore venu fourrer des fermes dans son lit. Elle n'a autour d'elle que les arbres qu'elle a plantés elle-même avec les graines arrachées au mont Genèvre : petits sapins, petits cèdres, amélanchiers, genévriers, buis, et parfois, dans des courbes paisibles, sous un peu de terre fine, l'oignon à cinq doigts des beaux orchis vanillés.

Et glisse vers l'ouest, avec noblesse, la crête de la montagne de Lure. Au-delà, c'est le Jabron, les Baronnies, Vaison, Carpentras, où sont mélangés, dans la poussière, les Romains, les cuirasses de Montbrun, de Simon de Montfort, de Lesdiguières, les jupes de Phyllis de la Charce, les théâtres antiques, les synagogues, les financiers du pape, les oliveraies de l'Aygues, les vieilles meules des moulins à huile du temps de César. C'est l'heure où, dans les ruines du Monaco de La Commanderie, le renard se

glisse pour venir renifler sur les pierres de l'âtre la
vieille odeur du bœuf en daube. On barricade les
portes à *Silence*. Les derniers paysans se hâtent sur
les chemins du plateau, à travers les forêts à feuillages durs qui font dans le vent un ferraillement
d'ailes métalliques. La nuit s'avance, venant des hauteurs des Alpes, coulant sur le grand plateau, sans
défense contre les mystères. Au Revest, les femmes
appellent les enfants qui jouent sur la place. Elles les
appâtent avec des tartines de confiture. Ils arrivent,
tendent la main. On les saisit, on les entraîne dans les
maisons. On s'enferme au verrou. Une voiture passe
venant de Sault. Qui est-ce ? Le notaire ? Peut-être.
Avec ces autos, on ne sait plus. Il y en a bien une vingtaine dans la région. Le notaire, ou le médecin, ou les
gendarmes ; des gens que la mort appelle. La nuit
touche Banon, monte le long de la montagne (je la
vois d'ici), atteint le rebord du plateau, coule le long
de la route départementale, s'entasse dans les fonds,
submerge les fermes, se glisse de boqueteau en
boqueteau, saute les murs d'enceinte de *Silence*,
remplit la cour, les étables où les chevaux tapent du
pied, la cuisine où, seul, le feu de l'âtre résiste. À
droite de l'âtre, le grand-père appuyé sur sa canne
regarde les flammes. Il n'a jamais lu aucun livre. Il
ne s'est jamais ennuyé. Il ne s'ennuie pas. À côté de
lui, son fils nettoie le fusil ; son petit-fils, les mains
aux oreilles, repasse l'Histoire naturelle qu'on lui
apprend à l'école. La belle-fille va de l'âtre à l'évier,
tantôt éclairée, tantôt dans l'ombre. Un vent qui
annonce l'hiver marche dans la cour, tape aux portes
et aux volets et gémit. Neuf kilomètres de mauvais
chemins d'ici au Revest. Pas de voisins avant, sauf,
dans les ruines de Villesèche, des tombeaux de guerriers romains. La nuit submerge Sault et la vallée,
remplit les gorges de la Nesque, commence à escalader le Ventoux. Déjà, par les détours elle a noyé la

vallée du Rhône et la route n° 7. Le rapide qui part de Paris à une heure de l'après-midi se rue, tout illuminé, dans le défilé de Donzère.

Ici aussi, la nuit me cerne maintenant. Sur l'emplacement de la charbonnière, la forêt couve un petit œuf doré. À l'ouest, sur le Rhône, courent de longs nuages roux. Le ciel, de ce côté, est vert comme la feuille de la menthe. L'ombre le noircit de minute en minute. C'est l'heure où Avignon remplit ses cafés pour jouer au loto. Sur les routes du Comtat, le long des canaux d'arrosage, des haies de cyprès, des barrières de cannes, roulent les camionnettes des agriculteurs. Les haut-parleurs chantent dans les bistrots des carrefours. À la sortie du pont de Bonpas, devant le restaurant des rouliers, les camions qui font Paris-Marseille s'arrêtent pour le repas du soir. Dans un lit d'un kilomètre de large, la Durance teintée de rouge descend lentement vers le Rhône, à travers des milliers de tonnes de cailloux roulés. Le vent s'arrête autour d'Arles. Aux Baux, un maître d'hôtel met le couvert pour les bonnes fortunes romantiques. Au fond de la Camargue, l'admirable soleil s'enfonce dans de la terre d'or. Une mer déserte bat le cap Couronne. Il doit rester encore un peu de lumière : juste de quoi faire luire la crête des vagues.

Ici, c'est la nuit tout de suite noire. Deux fenêtres éclairées au château de La Verdière, un petit point lumineux au-delà de la forêt, vers Saint-Martin-des-Pallières ; près de nous les lueurs de la charbonnière : c'est tout.

Je descends dans la maison. J'allume ma bougie. C'est une vieille maison du XVIIe qui devait appartenir à une famille noble. On a eu le souci de la décorer. La vie a été sans doute très élégante dans ces parages. Les grandes portes de chêne, condamnées par des

croix de planches (on ne peut pas entrer dans les
pièces sur lesquelles elles ouvrent : les planchers
sont pourris, on passerait à travers), sont sculptées
en haut-relief et surmontées de trumeaux en stuc
représentant des scènes de chasses et de galanteries
dans l'esprit italien. C'est certainement un artiste du
Piémont qui est venu travailler le plâtre. Il a modelé
des sangliers baroques à la fois horribles et très déco-
ratifs. S'il s'est inspiré de la région, s'est-il également
inspiré de la région pour modeler les trois figures de
femmes qui sont sur l'imposte des portes de
chambres au premier étage ? Mon hôte est naturellement célibataire. C'est un homme de soixante-dix
ans qui n'a jamais eu de passion. Le seul sentiment
un peu vif qu'il ait jamais ressenti c'est la timidité,
quand il y a cinq ou six personnes autour de lui. Il
aime ses habitudes et il est donc fidèle, mais, comme
on est blond ou brun, sans y penser. Pour le reste,
c'est de tout un peu : un peu avare, un peu malin, un
peu cruel, un peu bon. Il n'aime pas. Il fait ce qu'il
faut pour vivre et, par conséquent, il se donne l'apparence du sentiment, c'est-à-dire de la faiblesse, mais,
qu'il soit menacé dans ce à quoi il tient, il est capable
d'aller jusqu'à des violences imprévisibles et qui
paraissent folles tant elles sont sans commune
mesure avec les caractères de la société. Il pèse les
choses avec ses propres balances et il va droit où il
veut aller. Il n'a pas de chien parce qu'il ne chasse
pas (mais braconne) et qu'il n'a pas de troupeau. Il se
sert des chambres du premier étage (seules pièces
habitables en plus du rez-de-chaussée) d'un palais de
cinq étages historié de stucs, de blasons et de restants
de fresques. Il en a fait des resserres pour sa provision de légumes et il couche dans l'une d'elles, sur
une paillasse, dans l'encoignure, entre une cheminée de marbre blanc dont l'entablement est porté
par des amours et une haute fenêtre aux volets tou-

jours verrouillés. Du premier au rez-de-chaussée, l'escalier a encore sa rampe à balustres, de larges marches d'apparat et une belle courbe. Le rez-de-chaussée est entièrement occupé par une vaste salle, conçue pour recevoir.

La région est parsemée de châteaux : La Verdière, Esparron, Saint-Martin, Allemagne, Aiguines. Aucun rapport avec les châteaux de la Loire : ce sont des forteresses auxquelles on adjoignait un peu de fioritures. Les uns sont à moitié enfouis dans les vallons, pointant à peine d'un petit créneau au-dessus des terres ; les autres, à moitié cachés dans la forêt, dépassant les arbres d'une lucarne, au sommet d'une tour. De près, ils ne font aucune avance ; ils ont le même caractère que mon homme. La société qui habitait ces maisons des champs l'été venait d'Aix et avait besoin de déplacer beaucoup d'air. De là, des fréquentations mutuelles, des fêtes données chez les uns et chez les autres, des caravanes de carrosses qui circulaient par la forêt ; tout un charroi, par les chemins sauvages, de belles dames qui ont servi de modèle au plâtrier italien pour ses stucs. On a dansé au son des violons dans la grande pièce où mon septuagénaire solitaire fait sa tambouille, accumule ses hardes, étouffe ses pigeons, écorche ses lapins et dort comme un sanglier.

Je lui ai demandé comment il a eu cette maison. Elle lui vient de son grand-père qui était ami avec M. Léon. Il y avait à cette époque 350 habitants au village. Les terres des clairières étaient toutes cultivées. Le grand-père était fermier. M. Léon a été obligé de lui vendre certaines parcelles. Il s'est trouvé que c'étaient celles qui donnaient toute la valeur au domaine. Il a fallu vendre des bois. Ils sont partis un à un chez le marchand. Puis on a raclé les baliveaux. Il est resté la terre qui ne vaut rien, pleine de pierres, à peine capable de porter du thym et de la

sarriette. Personne n'en voudrait à trois sous l'hec-
tare ; on peut aller y prendre l'air gratuitement et
c'est tout ce qu'elle peut donner. Finalement, le
grand-père a arrangé un viager avec son ami,
M. Léon, pour la maison de maître (qui est celle-ci).
Après, ils ont eu des mots. M. Léon n'a jamais rien
compris. Il ne savait pas vivre ici. Ce n'est pas Aix, ou
Marseille ; quant à Paris, qui l'a vu ? Il ne savait pas
tenir ce qu'il avait et, quand on le lui prenait, il
s'étonnait. On a beau avoir de la patience ou de l'amitié, mais arrive un moment où, ce qu'on a à faire on
le fait, et ceux qui ne sont pas contents vont au
contentier. Il voulait faire un procès. On lui a dit : « Si
vous avez des sous à manger, faites-le. » Il n'en avait
guère. Une chose est de partir de rien, une autre est
de partir de tout ; ça fait deux natures entièrement
différentes. Il a mis de l'eau dans son vin. Il était bien
obligé. En tout, on a payé trois ans. M. Léon ne
menait pas la vie qu'il faut.

La vie qu'il faut, ce soir nous la menons, assis à
côté de l'âtre, l'écuelle à soupe posée sur nos
genoux. Mon hôte n'est pas un homme simple. Ils ne
le sont pas non plus les quelques centaines de milliers d'ancienne souche. C'est même un homme très
compliqué et, pour tout dire, très civilisé.

Ce pays est d'une telle variété qu'il défie l'unité. Le
patois qu'on parle en Camargue ne signifie plus rien
ici ; celui d'ici n'a rien de commun avec celui de la
montagne de Lure ; d'Avignon à Marseille, on
change trois fois de signification pour le même mot ;
sur le pré de foire de Sisteron, on reconnaît un type
de Manosque ou de Digne (qui sont à cinquante kilomètres), à la façon de rouler des *r* où les Sisteronnais
sifflent des *s*. D'Arles à Barcelonnette, en passant par
Aiguilles, Aix, Vauvenargues, Rians, Moustiers, Rougon, Castellane et Saint-André-les-Alpes, le mot

« chaudron » se dit de trente façons différentes. Un
gars de Haute-Provence ne pourra pas faire
comprendre à une fille des bords du Rhône qu'elle
lui plaît, à moins de parler français, ou de faire des
gestes (ce qu'il fait en réalité, au lieu de couper les
cheveux en stances). Les arbres de Carpentras ne
poussent pas à Sault. Le platane de Cavaillon, s'il
n'est pas mâtiné d'érable ou de sycomore, végète à
Barrême. Le peuplier des hautes vallées crève à Donzère ; le saule de Céreste disparaît du bord des ruisseaux avant Sisteron. Le voyage rapide en automobile fait passer dans la même journée à travers
plus de cinq cents paysages qui n'ont aucun rapport
les uns avec les autres. A chaque détour de la route,
le spectacle change, semble changer de latitude. Du
Plan de Canjuers qui ressemble à un morceau de la
lune à la campagne autour de L'Isle-sur-Sorgues, il y
a 300 000 kilomètres d'espace et des siècles. Le
Rhône et la Durance n'ont aucun rapport. La
Durance vers Cadenet, en regardant vers l'amont,
c'est un fleuve du Canada enfoui sous les bouleaux et
les trembles ; en regardant vers l'aval, c'est une lettre
de Madame de Sévigné en Provence. La Durance à
Remollon, c'est le Styx ; à Sisteron, Hubert Robert ;
à Manosque, les bas de soie de Parmentier ; au-
dessous de Pertuis, l'arroseur municipal. Sur
toutes petites distances, l'altitude peut varier de
1 000 mètres et plus. Carpentras est à 102 mètres.
Soixante-huit kilomètres plus loin, Sault est à 766 ;
vingt-neuf kilomètres plus loin, Banon est à 760 ;
quarante kilomètres après, Manosque est à 300.
Entre-temps, on est passé au Ventoux, 1 900 mètres
et Lure 1 800. Marseille 0, Aix 175 ; Saint-Julien-le-
Montagnier 800 ; Vinon (à quinze kilomètres d'ici)
285. Rien de commun entre l'homme des plaines et
celui de la montagne ; de la plaine à la montagne,
quarante kilomètres tout au plus dans la plupart des

cas. Sur trente kilomètres, la vallée du Verdon vous
fait passer du Colorado à un petit Corot. De la vallée
de l'Argens, un père de famille va au plateau de
Valensole en une heure ; il a fait un recul dans le
temps de trois cents ans. Il n'y a pas *le* thym : il y a du
thym de différentes sortes ; il n'y a pas *la* sarriette : il
y a vingt sortes de sarriettes ; il n'y a pas *la* lavande : il
y a toute une variété de lavandes qui va en couleur du
violet sombre au bleu délavé, plus le lavandin sur
lequel le profane se trompe. L'épaisseur de la terre
arable change à chaque pas. Dans un même champ le
blé a 1 m 50 de haut et 30 centimètres, suivant
l'ondulation souterraine de la couche de poudingue,
sans compter les emplacements cachés des tombes
de guerriers romains sur lesquelles le blé ne pousse
pas. De là, en pleine sauvagerie, des îlots où brusquement s'épaissit un luxuriant verger de pêchers ; des
plateaux portant des champs d'amandiers à perte de
vue et, soudain, dans un petit creux, des tomates, des
aubergines, des melons, des pastèques. Si on va d'Aix
à Rians par Vauvenargues, en trente kilomètres on
va de Florence à Jeanne-d'Arc en passant par
l'Écosse. Au sud du Lubéron, c'est Rome ; au nord,
Lacoste ; si on marche sur la crête qui est étroite et
où sont les cèdres du Liban, on a un pied de chaque
côté.

Comment, dans un pays taillé sur dix mille
patrons, l'homme serait-il taillé sur un seul ? On a
voulu fabriquer des traditions avec un épos 1860. Les
« bœufs » qui font courir Arles laissent totalement
froids plusieurs milliers de kilomètres carrés. Marseille avec son million d'habitants n'a pas d'arènes,
sauf un lieu-dit, en bois, où généralement on joue
aux boules. Quand on y lâche un taureau, c'est pour
faire des affaires. 98 pour 100 des Provençaux n'ont
jamais vu de courses de taureaux, ne se déplace-

raient pas d'un centimètre pour en voir une et sont
plus étrangers de cœur et d'âme à la chose qu'un
Groenlandais. Le Provençal « gros rigolo » est également de pure invention. C'est, au contraire, un
homme renfermé et grave, même sévère, qui ne livre
jamais ni son bon ni son mauvais côté. S'il rit, c'est
du bout des lèvres. Jamais personne n'a parlé de son
humour à froid. C'est cependant de quoi, au
contraire, il se sert constamment, mais avec tant de
finesse qu'il faut être du pays pour le comprendre. Il
ne cherche pas, d'ailleurs, à se faire comprendre ; il
n'insiste pas ; ce n'est pas pour le public qu'il est subtil, c'est pour lui-même. Il est d'une vivacité d'esprit
surprenante. Hâbleur ? Il faut distinguer. Où l'on se
trompe, c'est quand on croit que la Provence est une
terre promise ; c'est une terre pauvre à l'extrême
dans les trois quarts de sa superficie. Il faut inventer
ce qui n'y est pas. Ils sont gens d'imagination. Ce
n'est pas pour vous qu'ils mentent, c'est pour eux. Ils
ne cherchent pas à vous persuader, mais à se persuader eux-mêmes. J'ai connu une vieille fille qui s'était
inventé des fils. Elle avait soixante-dix-huit ans,
encore solide comme sont les vieillards des hautes
terres ; elle faisait chaque jour deux kilomètres aller
et deux kilomètres retour dans des chemins scabreux pour aller à la route où passait « le piéton »,
c'est-à-dire le facteur rural (qui était à vélo d'ailleurs). Et chaque jour elle lui demandait s'il y avait
des lettres de ses fils. Elle avait décidé qu'elle en
avait trois : un marié à Marseille et avec des enfants,
un marié sans enfant, épicier à Toulon, et un qui faisait son service militaire (à soixante-dix-huit ans,
c'était joli d'avoir un fils de vingt ans !). Tout le monde
savait qu'elle n'avait absolument rien du tout. Tous
les jours le piéton lui répondait : « Non, je n'ai rien
aujourd'hui. » Et les voisins qui la rencontraient sur
son chemin lui demandaient : « Alors, est-ce que

vous avez des nouvelles ? » Elle expliquait pourquoi
elle n'en avait pas. Elle inventait des rougeoles, des
maladies d'enfants, des soucis dans le commerce, des
ennuis avec les belles-filles. Elle a fait partir dernière-
ment son dernier fils pour l'Indochine. La chose dure
depuis plus de vingt ans. Les piétons se passent la
consigne de l'un à l'autre quand ils sont changés.

Des troupeaux magnifiques, personne n'en a eu de
plus beaux que les pauvres bergers qui n'ont jamais
possédé plus de trois brebis. Mais ce n'est pas pour
vous le faire croire qu'ils les inventent : c'est pour se
rassurer. Le fanfaron de geste et de parole n'existe
pas. L'homme qui parle avec ses mains n'existe pas.
Le comique méridional n'existe qu'au théâtre et au
cinéma. Il existe désormais des gens qui, l'ayant vu
au théâtre ou au cinéma, l'imitent comme la petite
bonniche qui singe une star, mais on ne les trouve
que dans les grands centres, sur la côte, et, neuf fois
sur dix, ils ne sont pas Provençaux d'origine, car la
Côte d'Azur, Marseille, Saint-Tropez, Cannes, sont
peuplés de beaucoup plus d'étrangers que d'indigènes. Ces fausses attitudes sont le fait de caractères
que le pays n'a pas formés. Les revendeuses du cours
Julien à Marseille ou ces dames de la Halle aux poissons ne jouent leurs rôles que devant l' « étranger »,
qu'elles reconnaissent à coup sûr. Mais, si elles ont
affaire à quelqu'un de leur race, elles auraient honte
de s'exprimer « comme au théâtre ». Les gens d'ici
sont graves, secrets, très timides. Secrets surtout ;
pour tout dire : fermés, capables de silences qui
durent vingt ans. « L'estrambord » dont on fait tant
de bruit dans un hymne, est une escroquerie littéraire. J'ai vu chanter la *Coupo santo* (par un instituteur de l'Ardèche, d'ailleurs) dans une assemblée de
paysans provençaux à cent quartiers. Ils étaient
muets, froids ; on aurait dit des lords anglais (il est
vrai qu'ils ne comprenaient pas le tiers des mots de la
chanson écrite dans une langue qui leur échappe). Et

ce qui était visible comme le nez au milieu de la figure, c'est que l' « estrambord », le délire, l'ivresse, n'étaient pas dans leur caractère. « Qu'est-ce qu'ils ont ? me demanda l'instituteur qui croyait aux textes écrits. – Rien, lui répondis-je. Ils sont d'ici et se comportent comme ils se sont toujours comportés. »

On me dira qu'à Arles, Tarascon, les choses sont toutes différentes. Je le crois. Ne suis-je pas en train, précisément, de dire qu'Arles, Tarascon, ne sont pas toute la Provence ? Qu'elle a mille visages, mille aspects, mille caractères et que c'est en faire une fausse description que de la représenter une et indivisible. Les terres du bord du Rhône ont une faune, une flore, une population sans aucun rapport avec celles des plateaux et des montagnes. La vie facile des terres à primeurs donne en effet aux gens un caractère plus ouvert. Là sans doute, le Provençal classique est possible. Mais la Provence est la terre des contrastes. Je ne parle maintenant que de l'homme ; et même de l'homme 1954. Le paysan du Comtat, dans son mas installé sur des alluvions grasses, travaille avec des moyens modernes. Il se tient au courant des mercuriales, se groupe en coopératives, possède des camions qui vont aux Halles de Paris, fait des expéditions de fraises par avions, reçoit des courtiers anglais, allemands, et trafique régulièrement avec eux. De là, une aisance, un « abattage », *un sens du monde*. Plus il va, plus il devient semblable à l'homme de n'importe où, avec cette différence cependant qu'il est latin. Il est sensible à l'éloquence. Il subit l'influence de la Méditerranée : il est sensuel, c'est-à-dire généralement gourmand. Il sait, non seulement profiter d'un beau jour, mais se procurer de beaux jours. Il ne les attend pas indéfiniment et ne les prend pas comme ils viennent ; il les compose, il sait en jouir par avance. Jusqu'au jour où il préfère l'argent. Mais, jusque-là, il a sa tonnelle, son ombre, ses agapes, une conception romaine de la joie. Il est capable de beaux gestes, d'un lyrisme à la Mistral. S'il assigne des limites infranchissables à sa générosité, en tout cas, dans ces limites il est généreux et elles sont assez larges pour qu'il garde plus que son honneur. Ce qu'il donne le plus volontiers, c'est sa table. Il en est fier. Il peut vivre en temps normal de façon très frugale avec un oignon cru, mais s'il invite (et il invite facilement), ce sont les noces de Gamache. Au sujet de noces précisément, il ne manquera aucune occasion de faire bombance. Mais il est plus de gourmandise « romaine » que de gourmandise véritable. Souvent il est petit mangeur, mais il faut que sa table dressée fasse pousser des cris d'admiration. Ce qu'il veut, c'est être empereur et recevoir comme tel. Il est du côté de la démesure et, dans ces assemblées qu'il préside, qu'il nourrit et qu'il abreuve, sous sa tonnelle, devant sa maison en vue de ses champs et pendant que son vin coule, la *Coupo santo* fera sonner de profonds échos. D'ailleurs à ce régime, et même quand il mange peu, il prend du ventre. C'est le moment où il est extraordinairement sensible à la poésie lyrique. Le provençal qu'il parle est à peu près le même que celui de Mistral ; les mots qu'il ne comprend pas, il les saute et avec d'autant moins d'inconvénients que ce qui lui importe le plus n'est pas le sens du poème mais la sonorité. Le Bruit. Il fait du bruit. Qu'on fasse du bruit. Le poème fait du bruit : c'est l'essentiel ; le poème a en outre un label de qualité ; il se ferait hacher sur place plutôt que de convenir qu'il n'a jamais éprouvé les sentiments dont on parle. C'est cependant un sentimental. Il est gras, il est rond, il est riche, il emploie du personnel, il a du matériel, il sait transformer les marks, les livres et même les livres égyptiennes en francs français et les francs en biens au soleil ; on ne peut l'attra-

per ni sur « l'efficience », ni sur la « rentabilité » ni
sur les horaires de rendement. Il a si bien fait tous ses
comptes *à la romaine* qu'il dirige son affaire même
en faisant la sieste. Mais il affectionne les ceintures
de laine rouge, les grands chapeaux de feutre noir, la
solennité des attitudes, les mots ronflants, l'étalage
des sentiments nobles ; souvent il laisse pousser sa
barbe et il la taille comme la taillait Mistral. Il fait
courir les bœufs et court pour les voir courir. Il est
volontiers le spectateur d'actes héroïques. Il achète à
l'entrée des arènes le droit de trancher, le droit
d'engueuler le héros. Il est très beau dans cet appareil ; parce qu'il y prend un plaisir extrême. Avec des
variantes et des nuances à peine perceptibles, ce personnage est épicier ou boucher ou crémier dans les
villes, les bourgs et les gros villages de la région mar-
quée en vert sur les cartes. Il va d'ailleurs au vélo-
drome et au football comme il va à la corrida, et sans
avoir pour autant de roue de bicyclette et de ballon
ovale ou rond dans ses vieilles armoiries.

Mais la partie verte des cartes suit le Rhône et ne
remonte la Durance que jusqu'à Pertuis. La
Camargue, la Crau sont blanches et, quant à la partie
bistre qui est réservée aux montagnes, c'est sur plus
des deux tiers de la Provence qu'elle s'étend. Les
Basses-Alpes, un des départements les plus vastes de
France, ont à peine la population de la ville de Dijon.
Cela suppose des déserts. Ils sont plus grands sépare-
ment que toutes les terres vertes réunies : Plateau de
Valensole, trois habitants au kilomètre carré ; Plateau d'Albion, deux ; Montagne de Lure, un ; Plan de
Canjuers, un habitant pour dix kilomètres carrés.
Comment se comporte celui-là et quel est son caractère ? C'est d'autant plus intéressant que cet homme
a été obligé, pour persister, de vivre en accord profond avec son monde, de s'accrocher à la vraie tradition.

À partir d'octobre, d'énormes morceaux du pays tombent dans le silence. Non pas qu'ils aient été jusque-là très bruyants, mais il y avait tous les matins l'alouette et à midi le soupir profond de la terre accablée de soleil. Le soir, la hulotte chantait. Maintenant les nuits sont devenues très froides. La gelée blanche couvre l'étendue et suscite les mirages des marais salants. Certaines de ces solitudes sont boisées, d'autres sont nues.

Il y a une civilisation du désert. On ne peut pas assigner de limites à la solitude, décider qu'elle s'arrêtera là et qu'à partir d'ici nous vivrons comme des milords. Longtemps avant d'atteindre les régions du silence, la vie s'organise en fonction des espaces déshérités.

Les villages se ramassent. Les maisons se serrent. Les toitures sont imbriquées les unes dans les autres comme les écailles d'une carapace de tortue. Très peu de fermes détachées, sauf des vieilles, plus anciennes que le village et qui ont déterminé sa création. Toutes sont entourées de remparts et ouvrent sur les champs par des poternes. Jamais d'agréments, de terrasses au soleil, de balcons ; rien pour figurer ou pour faire état de soi-même ; tout au contraire pour se cacher. Les murs ont plus d'un mètre d'épaisseur ; les toitures sont basses et leur échine est faite d'énormes poutres de chêne pesant trois mille kilos, mises en place il y a cinq cents ans.

Les maisons sont vastes, sombres, fraîches ; glacées en hiver. Dans les plaines, les grandes vallées, le confluent des deux fleuves, on a des maisons modernes de quatre à six pièces au maximum (plus souvent quatre) sans recoin, sans mystère, pleines de soleil, torrides au point qu'assez souvent l'habitant va faire la sieste sous le mûrier. On vit dehors plus que dedans. Dans les collines, rien de moderne. On habite les vieilles maisons. Quelquefois on les rafistole ou, plus exactement, on les ajuste, mais pas souvent. Il n'est pas rare qu'un célibataire ou qu'une femme seule, veuve ou vieille fille, habite une maison de quatorze pièces ; chacune de ces pièces étant d'ailleurs à elle seule aussi grande que la maison moderne de quatre pièces. Ce sont d'anciennes maisons des champs de seigneurs d'Aix ou de Marseille, des gentilhommières, des auberges de roulage désaffectées, des notariats, ou simplement l'habitation à la florentine d'un paysan qui entretenait chez lui famille et clientèle. Tout indique un dépeuplement, une fuite, des morts nombreuses. On habite dans de la mélancolie sur le théâtre d'anciennes tragédies, ne serait-ce que celle de la splendeur disparue... On a l'habitude des longs couloirs déserts, des vastes pièces en enfilade, des chambres dont les murs se perdent dans l'ombre, des maisons qu'on n'a jamais fini d'explorer, des cabinets de Barbe-Bleue, des escaliers qui descendent on ne sait où, des portes qui ouvrent – si jamais on les ouvrait ! – sur on ne sait quoi ; des passages secrets, des placards qui communiquent, des labyrinthes où l'on se perd, des caves qui vont au diable. Les enfants s'élèvent dans ce climat, y prennent le biais qu'ils auront plus tard pour comprendre la vie ; des générations se succèdent, naissent, vivent, vieillissent et meurent dans cet esprit, charriant de nouvelles alluvions de légende, soulevant de nouvelles poussières, fermant toujours plus de portes et de fenêtres sur l'extérieur, fuyant de plus en plus le soleil.

La haine du soleil est générale. Si on sort, c'est emmitouflé comme un Arabe. Les femmes s'enveloppent la tête et jusqu'au bas des reins dans de longs voiles noirs. Les hommes gardent le bonnet sous le chapeau, laissent la barbe, la moustache, les sourcils envahir leur visage. Jamais de torse nu pour travailler, même à la moisson. C'est à peine si on enlève la veste, mais on garde le gilet. Dès que reviennent les vents, et le froid, et cette lumière blafarde, même par ciel libre, des pays sur lesquels les miroitements et les reflets se multiplient à l'infini, on se recouvre, on s'enveloppe, on se cache, on ne sort plus que dissimulé dans une ombre personnelle. De là, un sens de l'observation constamment aiguisé pour reconnaître celui ou celle qui marche dans le chemin ; une méfiance constamment en éveil, un mutisme que rien des moyens ordinaires ne peut rompre, une curiosité qui a à son service des ruses sans égales.

Cette vie est pleine de bonheurs. Les bourgs, les petites villes sont toujours installés à l'endroit royal. C'est le flanc d'une colline abrité du nord-ouest, c'est le golfe d'un petit vallon plein de peupliers ; c'est parfois, quand l'arrière-pays monte assez haut pour servir de protection contre le mistral, le sommet d'un tertre d'où la vue se découvre. Car ces personnages cachés aiment voir. Les volets fermés sont percés de trous. Si vous voulez trouver le berger d'un troupeau qui paraît abandonné, regardez le point culminant, le rocher qui émerge, la plus haute terrasse : c'est là qu'il s'est juché pour avoir de l'étendue sous les yeux.

À l'entrée de ces bourgs et de ces petites villes, on trouve généralement des restes du Moyen Âge : portes fortifiées, tours de guet, ceintures de remparts quelquefois intactes. Ces crénelages, le doré des murs incrusté d'un petit lichen plat, couleur de bronze vif, l'altière position des hautes maisons qui se guindent les unes au-dessus des autres, la frise ondulée des génoises : tout concourt à donner cette impression de royauté espagnole, trop fière, noble depuis trop longtemps pour tenir le moindre compte des cicatrices de sa misère.

Les rues sont étroites, sinueuses, pour éviter le vent. Par un souvenir des temps où il ne faisait pas

bon d'habiter trop près des murs d'enceinte, la vie
commerçante reflue vers le cœur de l'agglomération. C'est généralement un lacis de rues froides et
sombres où les boutiques doivent être éclairées à la
lampe tout le jour. Sur une petite place centrale, derrière deux ou trois platanes et une fontaine, dort
l'église enfoncée dans la terre et où il faut descendre.
Autour de l'église, de vieilles maisons de maîtres,
l'étude du notaire, la succursale de la banque ; quelquefois la vitrine où sont exposés des postes de radio.
L'hôtel de ville est sur une autre place ; il a également sa fontaine, presque toujours moderne, c'est-à-dire que c'est une borne-fontaine en fonte, avec
manette et robinet. C'est là aussi qu'il y a le café du
Commerce, ou de la République, le magasin de frivolités qui met en vitrine les cache-sexe et les soutiens-
gorge, le bureau de tabac, le percepteur. L'auberge,
si elle est ancienne, est toujours dans le faubourg
nord, en dehors des remparts, mais assez forte pour
résister à un siège, entourée d'écuries immenses
dans lesquelles pourraient actuellement valser à
l'aise cinquante des plus grosses voitures automobiles. C'est là que vont les paysans les jours de
foire. Si elle est récente (alors elle s'appelle Hostellerie et est tenue par quelqu'un qui n'est pas d'ici), elle
est installée dans la périphérie sud, en plein soleil,
autant que possible devant « la vue ». C'est une maison quelconque qu'on a badigeonnée du haut en bas
en rouge lie-de-vin et dont aucun indigène ne
s'approche. Son garage est un placard dans lequel il
faut entrer en marche arrière après avoir fait de la
corde à nœuds.

À part les jours de foire ou de marché, les rues sont
toujours désertes. Les ménagères font leurs commissions de bonne heure et rentrent chez elles. Il n'y a
aucune raison, ensuite, pour être dans la rue. Personne n'aime être dehors. Il n'est pas rare de

connaître des gens qui n'ont pas mis le pied hors de
chez eux depuis vingt ans et plus. J'en connais à
Manosque, à Sisteron, à Riez, à Forcalquier et, à
mesure que j'écris les noms de ces petites villes, je
m'aperçois que j'en connais partout. Ce pays, admirable d'aspect, provoque toujours la réclusion volontaire. Le sentiment qui pousse à cette réclusion
s'empare de l'âme à la suite d'une douleur profonde
ou simplement d'une forte bouffée de fierté. D'autres
fois c'est, au contraire, la réussite complète qui
emprisonne définitivement celui ou celle qui estime
être arrivé au but suprême de sa vie. Quelqu'un qui
gagnerait par exemple cent millions à la Loterie
nationale s'enfermerait et ne sortirait jamais plus.
Cela n'est pas encore arrivé à ma connaissance, mais
d'autres choses sont arrivées. Par exemple, une de
mes amies a très bien marié son fils ; sa belle-fille
s'est révélée être une femme d'affaires excep-
tionnelle (ils vendent des grains). L'argent est arrivé
à flots dans la maison ; depuis vingt ans, c'est-à-dire
depuis bien avant la guerre de 39, cette amie n'a plus
mis, à la lettre, le pied à la rue, elle n'est jamais plus
sortie. Or, c'est une femme active et qui participe à
l'affaire fort bien montée et bien menée de son fils et
de sa belle-fille. Elle n'est plus sortie, même pendant
une seconde ; elle n'a pas fait un pas hors de chez
elle, même à la Libération pour voir passer les
troupes américaines qui traversaient la ville qu'elle
habite.

Ces réclusions sont facilitées par les grandes maisons sombres où l'on peut se déplacer dans un mystère sans cesse renouvelé par les craquements des
lourdes charpentes, le tassement des murs cyclo-
péens, le mouvement des longs rayons du soleil passant par le joint des portes et les trous vrillés dans les
volets. Mais le sentiment qui y pousse est un phéno-
mène psychologique avec lequel il faut compter.

Rues désertes et chacun chez soi. Au fond des boutiques d'artisans, on peut voir travailler, sous leurs lampes, le cordonnier, le bourrelier, le tailleur, l'horloger. Dehors, il fait un temps splendide, même l'hiver, quand le ciel tragique à force d'azur bouleverse l'ordonnance et les couleurs du monde avec de la lumière écrasée dans son vent.

À peu de chose près, ce portrait-type peut être le portrait de toutes les petites villes de Haute-Provence. Les variations de l'une à l'autre sont infimes, tiennent à des choses comme l'emplacement, l'orientation, l'altitude ; jamais à l'esprit des gens. Même dans les villes où les municipalités obtuses ont employé beaucoup de temps, d'argent et de mauvais goût pour détruire l'originalité, les choses se passent en réalité comme je viens de le dire et le spectacle est celui que j'ai décrit. On a beau les accabler de constructions modernes, les éclairer au néon (comme cela commence à se pratiquer : c'est la nouvelle marotte), on ne change pas le cœur. L'impression de modernisme est fausse et artificiellement fabriquée. Trois pas dans les champs autour de la petite ville convaincront les observateurs pressés : un court séjour permettra le contact avec le mystère ; un long suscitera tout de suite un intérêt éberlué.

Pour moi qui suis de ce pays et ne l'ai jamais quitté longtemps, ce besoin de réclusion volontaire (dans une admirable lumière) me paraît tout à fait logique et normal. Je l'éprouve et suis obligé de lutter contre lui ; je m'y laisserais entraîner si je ne me méfiais pas. Si je l'examine sur moi-même, j'en arrive à la conclusion qu'il est le fruit d'une longue misère ancestrale et qu'il préside à ce qu'on pourrait appeler l'Organisation des plaisirs modestes. Ou, peut-être, n'est-ce que de l'apathie physiologique, et le terrible azur aurait alors son mot à dire.

À mesure qu'on se retire dans des collines de plus en plus hautes, malgré les routes qui y amènent les camions et les autobus, l'austérité de caractère monte de tons. La saison la plus colorée est l'automne quand les feuilles des chênes jaunissent. Mais, très vite, elles deviennent couleur de rouille et ne changent plus. Tout le pays est rouillé. Rouillé dans son aspect, ses gestes et son esprit. Il faut serpenter longtemps dans des vallons avant de trouver un village. Il ne paraît habité que par des coqs et des poules. Quelques chiens, toujours de chasse ; des chiennes qui viennent à votre rencontre faire les coquettes. On entendra un mulet taper du pied dans une écurie. Si vous êtes totalement étranger à l'endroit, vous ne verrez personne pendant que tout le monde (c'est-à-dire quatre ou cinq femmes et des enfants) vous regardera par la fente des volets. Le seul bruit, maintenant que le mulet a tapé du pied, c'est ce froissement métallique des feuilles sèches dans les branches du bois-taillis.

Tout le long de l'automne et de l'hiver, le bois fait autour du village ce bruit de ressac, d'eau qui traîne sur les galets d'une plage. Le vent gronde sur les toitures. Aussi loin que le regard puisse porter, se déroule l'espace monotone et désert : l'azur sans une faille et sans un nuage, la terre couverte de ses feuillages rouillés. Le village voisin est à quinze ou vingt kilomètres.

Ce n'est pas cette distance qui effraye : ce sont les pas inutiles. À quoi bon aller là-bas où rien n'est différent d'ici ? Il y a bien longtemps qu'on a fait son compte. On a tout essayé. On a une auto comme tout le monde. Il suffit d'appuyer sur le démarreur et on va au chef-lieu de canton. On irait même plus loin avec la même facilité. Si tout était là ce serait bien simple. S'il suffisait de s'éloigner ! Mais il faudrait surtout s'éloigner de ce qu'on est. On est habitué au grandiose. Or, il y en a dans ce déroulement à l'infini de collines et de montagnes rousses, dans cet azur sans nuances, ce vent continu, ce ressac perpétuel de feuilles sèches.

Ce sont des amateurs de catastrophes en tout genre. L'air d'une pureté sans égale fournit au corps une alimentation ardente qui pousse à la démesure. Si l'on ne peut s'éloigner qu'en soi-même, qu'on le fasse au moins avec toutes les audaces.

L'écrivain qui a le mieux décrit cette Provence, c'est Shakespeare. Quel que soit l'événement qui vienne donner un sens à la vie, il est béni. Plus il est violent, plus il est délectable. On l'attend. S'il tarde trop, on le désire et finalement on le provoque. La mort est naturellement entourée de cérémonies exquises. Ce sont des tourneurs de couteaux dans les plaies, des virtuoses du bon usage des maladies. Il ne tonne jamais assez fort, la foudre ne frappe jamais assez près, on n'a jamais assez peur. Le même sentiment qui poussait un peu plus bas à la réclusion volontaire provoque un appétit démesuré de liberté.

Toutes les nuits, le vent gronde comme la mer. Tous les matins, le soleil saute d'un bond dans un ciel sablé comme une arène. Défis auxquels on ne peut pas répondre. Mais, toute la vie, on pourra se divertir avec son destin.

Nous sommes loin de l'heureux Tityre. Sous le feuillage des hêtres, un homme maigre garde, debout, un petit troupeau frileux. Il a du bonheur une conception non virgilienne. Du haut de ses territoires, par temps clair, il peut apercevoir, à l'horizon du sud, dans les échancrures des montagnes, l'éclat des petits golfes de la Méditerranée. Mais c'est avec l'âpreté des sommets qu'il est obligé de composer. Pas de rochers à escalader en se battant la poitrine comme un gorille. Simplement une longue houle,

semblable à celle qu'affronta Christophe Colomb. Au
fond des creux, même en montant au nid de pie du
clocher, on ne peut pas apercevoir les Indes, mais
seulement qu'on est étroitement cerné par le grand
large. Quand on navigue sur les crêtes, au milieu des
moutons, ou que, courbé en deux, on sonde à la fau-
cille le violet profond d'un champ de lavande, c'est
pour apprendre qu'on n'a de ressources qu'en soi-
même. La voile latine ne suffit plus dans ces hautes
mers.

   Il faut avoir des passions car les goûts sont avares
et les passions prodigues ; sans elles, on changerait le
pain en or. De gauche et de droite, à perte de vue, des
chênes rouges, à peine plus grands qu'un homme : ce
qui rend le tête-à-tête plus tragique. Sur les hauteurs,
des hêtres énormes, non pas rassemblés mais solitaires ; on peut compter les muscles sous leur peau
de cheval blanc ; chantants comme doivent chanter
les statues de l'île de Pâques, ou celles qui gardent les
confins du « Nulle part » de Butler. On serait tenté de
faire feu de tout bois dans ce libre-échange avec
d'inépuisables richesses. Sous des voiles noirs, des
jupes qui traînent à terre, les femmes vont à leur
devoir par des chemins entrecroisés. Les vieillards
tournent en rond en traînant de lourds héritages. Pas
de vanité inquiète : quatre mètres carrés de désert
valent tous les rêves de César ; donc, pas d'humeur.
Tout se fait dans la paix, et, tout, c'est beaucoup. On
ne s'indigne ni d'une pensée cachée ni d'une pensée
découverte. La joie de calculer ne se fatigue jamais ;
elle n'emploie pas d'esprit mais seulement de la
patience et, à la longue, d'une sorte qui se passionne
de plus en plus jusqu'à la frénésie immobile, à
mesure que le temps passe. Aucun chemin de ces
cantons n'est communal, ils ont tous été faits pas à
pas pendant des siècles et ils s'entretiennent et se
durcissent pas à pas par l'usage. Ils mènent exacte-

ment où il faut. On ne s'ingénie pas, on marche. Quand on atteint le but, le chemin est tracé, c'est-à-dire fait. Comme tout est habituel, il n'y a pas de plaisir, mais le moment ne fuit pas ; il n'est jamais exceptionnel ; on peut toujours le changer pour un autre et la mort même n'enlève rien. Le déroulement des déserts va jusqu'à l'horizon toucher le ciel vide et c'est peut-être des plages de l'azur que vient cet éternel ressac de feuilles sèches.

Avant de tomber, les faines éclatent. Le tranchant de la cosse est translucide comme un éclat de silex et l'arbre en porte des milliers. La lumière s'irise dans ces prismes d'un arc plus sombre que celui de la pluie ; les hêtres sont alors comme dans un halo de flammes noires. Ils habitent au sommet de la Provence, au-dessus des villages morts. Des bourgs où n'habite plus que l'ortie, des fermes tenues par des renards, des Monacos effondrés, des églises mangées de lierre, des chicots de clochers, des mairies occupées par des ronces, des tours de guet du créneau desquelles dépasse, comme le capuchon d'un pénitent noir, la pointe d'un genévrier, montent la garde autour de ce pays pur.

10.

« *On n'a jamais fini de connaître...* »
(1957)

On n'a jamais fini de connaître : c'est ce térébinthe que j'avais oublié, et l'automne le rend cardinal ; c'est la cloche de ce troupeau que jusqu'ici je n'avais pas écoutée dans le bon soir, et brusquement elle m'ouvre des horizons ; c'est l'âme aussi qui se perfectionne.

Et pourtant, ce pays, rien ne me préparait à l'aimer ! J'y suis né de rencontre. Ma mère était parisienne, d'origine picarde ; mon père sortait du Piémont. À l'âge où j'avais besoin de poète pour comprendre le monde, on me proposa *ex cathedra* un chantre de comice agricole, un barbichu à grand chapeau, valet du trône et de l'autel, plein d'emphase, de fausseté et de suffisance. Or, j'étais timide. Où le barde fracassait des tambours et fricassait des cigales, j'avais envie d'écouter le gémissement des solitudes.

Si les vraies traditions de mon pays avaient été ces chienlits qu'on faisait défiler dans Arles, ces fanfaronnades qu'on claironnait à tous les échos, je me serais fait naturaliser Samoyède. Si ma langue avait été ce baragouin qui faisait se pâmer les vieux notaires et énervait le génie des cœurs doués, j'aurais appris le chinois pour m'exprimer.

Mais, à côté de ces fabrications, la beauté nue habi-

tait les hauteurs. Dans ces lieux où il n'y avait aucune
provende à tirer, aucune municipalité à circonvenir,
aucune plaque à poser, aucune statue à inaugurer,
aucun banquet à présider, aucune femme à séduire,
le poète officiel n'entrait pas. Là, les passions ridi-
culisaient la sirupeuse psychologie de ses poèmes
dits épiques. Leur haute école aurait désarçonné les
cavaliers de carnaval.

Là, j'étais sur du solide. Je m'y aventurais à petits
pas. Au lieu de bruit, je rencontrais d'abord le
silence ; au lieu de bavardage, silence ; au lieu de
gestes, immobilité ; au lieu de rires, sourires. Sourires qu'il fallait interpréter et dont on n'était jamais
sûr de connaître à fond les raisons. Mystères ! Mystères que la lumière rend impénétrables.

Cet homme est fin. Il sait que vous voulez que tout
soit dit. Il se cache dans le soleil. Vous aurez ce que
vous désirez, si vous ne désirez rien. L'essentiel ? Il
faut des siècles. Dans le désert du plateau, vous avez
pris sa silhouette pour un arbre. En vous éloignant, il
redevient un arbre. Vous savez tout juste de lui ce
que vous auriez su d'un arbre au bord de votre route.

Les villages sont collés contre les rochers comme
des nids de guêpes. Vous approchez : le bourdonnement cesse. Chante un coq et l'on entend passer le
vent. Ce sera tout. Peut-être une femme noire appa-
raîtra.

De ce village au suivant, il faut compter, non plus
par kilomètres, mais par lieues. Les chemins sont des
traces. Des traces de quoi ? On entend de furtives
allées et venues. L'été est si ardent qu'on voit clair
partout, sauf sur les itinéraires où ces transferts
s'effectuent. Rien ne rassure ; surtout pas de savoir
qu'on est à l'époque du progrès. On pense grec.

Voilà l'essence de la démesure qu'on a essayé
d'exprimer avec du fifre, du tambourin, de la coupe
sainte, de la sainte-étoile et du saint-frusquin. C'est la

démesure de Prométhée, et plus sûrement encore la
démesure d'Œdipe, celle qu'aucun dieu ne peut
admettre sans périr. À plus forte raison un garagiste,
un hôtelier, un syndicat d'initiative, une municipalité soucieuse de son commerce local, un commis-
saire au tourisme.

Heureusement, les chemins sont libres. La foule
est plus bas. À l'époque où l'on double les trains, ici,
le train du monde est toujours simple.

*

Les textes qui sont réunis pour la première fois
sous le titre général de *Provence* ont été écrits à certains moments de ma connaissance et au fur et à
mesure de ma pénétration dans ce pays inconnu.

J'étais observateur professionnel. Une banque
m'avait chargé de vendre des titres. Je colportais
donc des titres à cent kilomètres à la ronde. Un collègue me conduisait dans une vieille *B. 14*. C'était
bon pour faire du chemin ; c'était très mauvais pour
le contact personnel. Or, sans contact personnel, on
ne plaçait pas de titres. Je mis au point une méthode.
Je m'aperçus rapidement qu'elle donnait d'excel-
lents résultats mais que j'étais seul à pouvoir
l'employer. Les résultats comptaient. On me ficha
une paix royale.

La méthode consistait à me faire véhiculer le plus
avant possible dans les forêts de chênes, les hauts
déserts, les solitudes. Je prenais rendez-vous avec
mon collègue pour telle heure du soir, à tel carrefour, et on m'abandonnait à mon triste sort.

À partir de ce moment-là, mon sort n'était plus
triste. C'était d'abord un merle, ou l'aboi d'un
renard, une fleur, ou le vent, l'odeur des bruits, puis
les rencontres.

La vieille Mlle Marie M..., par exemple. Elle habi-

tait dans les décombres d'un invraisemblable nid
d'aigle dominant quatre cents lieues carrées de solitude. Elle était maigre, rêche et riche. Riche à millions (de 1920). On s'en doutait : enfin, le conducteur
du car de Brignoles s'en doutait, quelques autres
aussi. Elle avait été attaquée une fois sur la route par
des voyous venus exprès de Marseille ; une autre fois,
elle avait soutenu une sorte de siège dans sa
bicoque : elle s'en était délivrée en tirant des
coups de fusil sur un soi-disant « représentant de
commerce » accompagné de quelques amis et qui ne
voulait pas lâcher le morceau. Il le lâcha précipitam-
ment. Le fusil avec lequel elle avait tiré était le Koh-i-
Noor de Mlle Marie. Qu'on imagine pas une vulgaire
pétoire. C'était un Burton Express renforcé à char-
geur, capable d'expédier un petit boulet de trente-
deux grammes à un kilomètre. Elle ne s'en séparait
que pour dormir. Comme elle dormait tout habillée,
au saut du lit elle n'avait qu'à prendre son fusil pour
être fin prête. C'est l'arme à la bretelle qu'elle faisait
son café.

À l'autre bout du village (si on pouvait encore
appeler village cet enchevêtrement de ruines, de
viornes, de ronces et d'orties), Baptistin R..., l'habitant n° 2, faisait également son café l'arme à la bretelle. Je sais bien que, pour les besoins du contraste,
il faudrait que cette arme soit un simple fusil de
chasse. Hélas ! non : c'était une Winchester automatique à levier tirant le coup par coup et le rapide,
à refroidissement pneumatique et à télescope.
L'achat de ces deux armes nous entraînerait dans
une autre histoire.

Mlle Marie et Baptistin faisaient plus que se détes-
ter : ils se haïssaient mortellement. Ils avaient fini
par croire à leur haine comme on croit en Dieu. Les
fusils étaient leurs scapulaires.

Ces deux derniers rejetons de familles considérables, les seuls « roseaux pensants » d'une région déserte de vingt mille hectares, exploitaient, dans la solitude absolue, d'immenses truffières. Les millions qu'on leur supposait, je les ai non seulement vus, mais palpés, comptés. Voilà pourquoi je disais tout à l'heure que j'étais observateur professionnel. À ma première visite, Mlle Marie m'a tenu au bout de son Burton comme elle s'était habituée à tenir tout le monde. De là à être autorisé à palper les sous, il y a un monde de petits pas et de biais. La sanction de l'erreur psychologique ou de l'erreur de style était bien autre chose qu'un article de M. Thibaudet (et je dis Thibaudet).

J'ai également palpé les millions de Baptistin R... Il était aussi riche que Mlle Marie. Entendons-nous : palpé, comme dit M. Littré : touché avec la main dans l'intention de connaître, un point c'est tout. Car, minus parmi ces grands, je plaçais des titres « garantis par l'État ». Cette garantie était bien incapable de séduire qui se promenait en roi dans ses domaines avec une Winchester à tonnerre culbutant, ou un Burton Express renforcé. Mlle Marie et Baptistin R... m'achetaient de la Royal Dutch.

Mais, de leurs fenêtres, je voyais, au-delà des solitudes, pointer les tours des petits châteaux romantiques, s'enlacer les chemins qui me restaient à parcourir, s'ouvrir les voies des recherches personnelles, succulentes.

III

CADRAGES ET ITINÉRAIRES

11.

Sur une géographie scolaire
des Basses-Alpes

Quand M. Isnardy est venu me voir et m'a lu quelques passages de cette géographie des Basses-Alpes que vous allez avoir en classe, j'ai tout de suite vu tout notre département. C'était comme si j'avais été dans un très puissant et très magique avion : une machine bien plus magique que toutes celles que vous voyez passer dans le ciel, car elle était comme les autres très haut dans l'azur, mais elle y était immobile, dominant tout le relief du sol et toute l'histoire de ce relief, toute la vie paysanne, artisanale, industrielle et artistique qui l'habite, et je n'avais qu'à me pencher au rebord de sa carlingue comme d'un balcon pour apercevoir le majestueux ensemble. Je dis bien : le majestueux ensemble. Certes, quand vous êtes dans les chemins ou dans les rues qui vont à votre école, ce que vous pouvez voir de votre pays n'a souvent rien de majestueux, dans le sens que vous donnez, vous mes enfants (et que je donne moi-même), à ce mot. Majestueux, vous pensez à des rois de l'histoire avec de grands manteaux de fourrures et d'or, ou bien vous pensez à des rois de légendes avec encore bien plus de fourrures et d'or. Et vous êtes des petits garçons ou des petites filles avec 1 m 20 ou 1 m 30 de hauteur, ou mettons même 1 m 50, et, du haut de cette hauteur-là, vos yeux ne

peuvent pas voir grand-chose de la terre. Et même ce
que je dis compte aussi pour les petits montagnards
qui ne sont pas plus grands que vous, me direz-vous,
mais le chemin qui mène à leur école est parfois
placé à mille ou quinze cents mètres de hauteur, et
alors, ceux-là voient quand même un bon espace de
terre. Eh bien, c'est valable pour eux aussi, car si, en
effet, ils voient déjà du haut de leur chemin un spectacle majestueux de montagnes entassées les unes
sur les autres, ils ne voient pas l'ensemble, c'est-à-
dire tout le pays. Vous voyez que je ne me laisse pas
facilement attraper. C'est cet ensemble qui est particulièrement majestueux. Et je vais vous dire pourquoi.

Quand vous voyez une montagne ou un entassement de montagnes et les couloirs bleus des vallées
qui tournent autour, ce grand spectacle sous vos
yeux vous parle et vous raconte une histoire très particulière qui est l'histoire de la montagne proprement dite. C'est une histoire de torrents, de forêts, de
pâturages et de tout ce qui en découle logiquement,
c'est-à-dire de scieries, d'élevage, de bergeries,
d'artisanat fromager, de grandes veillées d'hiver,
d'hommes qui parlent lentement, d'aigles, de mar-
mottes, de chamois, enfin de montagnes. Voilà l'histoire que la montagne vous raconte. Mais que
devient le torrent après qu'il a tourné le coin de la
vallée au-delà duquel on ne le voit plus ? Motus. La
montagne ne vous en dit rien. Elle vous dit : Moi je
mène le torrent jusque-là, et jusque-là je sais qu'il
saute comme un cheval bleu à travers les grands
rochers et je sais qu'il caresse les truites brunes au
fond de trous, ça je le sais et je vous le dis, mais après
le tournant, il entre dans un autre pays, et là, je ne
sais plus ce qu'il y fait. Sans doute qu'il s'y
débrouille. Et en effet, il s'y débrouille, et ceux qui
habitent ce nouveau pays savent comment il fait, pro-

bablement en s'étalant au large à travers un immense lit de gravier et en portant des eaux apaisées à travers de grasses terres pleines de champs de blé. Mais quand ils regardent vers le tournant d'en haut à l'endroit où le torrent sort des montagnes, ils se disent : qu'est-ce qu'il peut bien faire là-haut dedans ? Et quand ils regardent vers le tournant d'en bas, à l'endroit où leur rivière disparaît dans la brume du bas pays : qu'est-ce qu'elle peut bien faire là-bas ? se demandent-ils aussi. Ça mes enfants, c'est la curiosité de l'ensemble qui leur fait se poser ces questions. Et c'est parce que l'homme a l'instinct de désirer connaître l'harmonie et la majesté de la terre qui le porte, car il sait sans jamais l'avoir appris que cette harmonie et cette majesté ont une saveur exquise qui donne tout son prix à la vie.

Voilà ce que va faire pour vous et pour votre pays des Basses-Alpes ce livre que vous avez dans vos mains : il va vous faire voir l'ensemble. Il va relier les rivières à leur source. Il va étaler devant vous les massifs de montagne pareils à des plis dans de l'étoffe de laine. Il va aplanir sous vos yeux les vallées et les plaines couvertes de labours ondulés comme des morceaux de velours. Il va vous faire comprendre que votre pays est beau ; que les règles harmonieuses de la vie élémentaire, de la vie végétale, de la vie animale, de la vie humaine, sont ici aussi entièrement et aussi clairement exprimées que dans tout le reste du monde. Et si vous voulez bien réfléchir, comme réfléchissent les enfants, c'est-à-dire s'arrêter, regarder à vide et rêver (ce qui à mon avis est la meilleure manière de réfléchir), vous vous rendrez compte que dans ces terres paysannes et artisanales tout le bonheur du monde est contenu. Tout le bonheur que peuvent acquérir les hommes quand ils ont cessé d'être des enfants

(comme vous le deviendrez). Et qu'il n'est jamais
sage de quitter son pays pour courir après l'ombre
des joies qui sont ici facilement atteintes dans leur
matérielle vérité.

[1939]

12.

Basses-Alpes

Le département des Basses-Alpes est à la fois d'une très grande diversité et d'une unité fort solide. Il est constitué par l'amas compact des montagnes et des collines de haute et moyenne altitude, s'avançant des Alpes vers la vallée du Rhône et vers la mer. Il n'y a pas de plaines proprement dites. Seules, le long des torrents qui l'irriguent et le dévastent, des terres plates portent les vergers et les champs.

Le premier de ces torrents, le plus noble, la Durance, entre dans le département à Pontis, près de Savines. Après avoir longé sa frontière nord jusqu'au territoire de Valernes, elle tourne vers le sud-ouest, se précipite entre les deux roches amères de Sisteron et s'étale sur plus de 70 kilomètres, dans la vallée la plus grasse du pays. Les poètes ont appelé cette vallée : le *rognon*. Ces poètes étaient des paysans vivant, au sens le plus strict du mot, de leurs troupeaux. Le rognon de l'agneau ou du chevreau qu'ils tuaient pour Pâques chaque année était le morceau le plus délicat. Ils s'en souvenaient au moment d'être lyriques. La Durance traverse, après l'avoir créée, une petite plaine qui, à Manosque, dans sa plus grande largeur, a 4 kilomètres. Aux belles époques agricoles, cette région était couverte de vergers. Le printemps y était d'une émotion sans égale. Aux

grandes époques agricoles – comme de nos jours –,
elle est couverte de tracteurs qui cultivent la pomme
de terre. Sur certains marchés, notamment à Nice, il
y a des étiquettes : « Pommes de terre de Manosque ».
Le printemps ne se distingue des autres saisons que
par le velours côtelé de frais des champs. Après
Manosque, comme après réflexion faite, la Durance
s'infléchit légèrement vers l'ouest et s'en va. Elle sort
du département, accueillie par le romantique territoire de Mirabeau où sont les derniers bouleaux, les
derniers peupliers d'Italie, le dernier paysage à la
Poussin. Derniers dans l'espace et dans le temps.

Peu après Pontis, la Durance, comme mal habituée
au département nouveau, rentre pour un petit
détour dans les Hautes-Alpes d'où elle était sortie.
Quand elle revient aux Basses-Alpes, celles-ci,
comme pour calmer son appréhension et la rassurer,
lui donnent tout de suite sur la gauche un affluent :
l'Ubaye. La vallée de l'Ubaye est appelée « la vallée
par excellence ». Vallée sévère ; et s'il fallait (comme
il faudra tout à l'heure) parler du caractère des
hommes et des femmes des Basses-Alpes, c'est, dans
l'essentiel et le plus secret, à la vallée de l'Ubaye que
je les comparerais. Beaucoup de peine et beaucoup
de travail d'une eau très claire et assez menue ont
tranché dans des monts sourcilleux et abrupts. Peu
de terre arable. Le conflit perpétuel qui dure encore
et durera l'éternité entre l'eau et la roche encombre
le lit du torrent des dépouilles et des épaves pathé-
tiques des champs de batailles. La route a dû souvent
se frayer un passage à la barre à mine, au fond de
l'ombre et du silence. Mais, dès qu'un angle de roche
s'est arrondi, dès que la montagne a une souplesse,
dès que trois mètres cubes de limon ont pu se déposer au calme dans un petit détour, c'est un pommier
fleuri, un pré couvert de marguerites, une chèvre au
piquet, une cabane avec des pots de géraniums, ou

une de ces fermes hautaines où se fait le ménage des hommes courageux. Au bout de cette vallée, comme au bout de la branche souple et forte du hêtre un faîne dans sa collerette de vermeil, la ville de Barcelonnette.

Après l'Ubaye, la Durance reçoit du même côté la Blanche, qui vient de Saint-Pons. Toujours décombres et affûts brisés de montagnes, une eau d'écume, des vergers dont la plus grande qualité serait, si l'on voulait se placer à un point de vue métaphysique, qu'ils *commandent le respect*.

Après la Blanche, le Sasse, qui vient de Bayons, arrose Clamensane, Nibles, Châteaufort, Valernes, Orléans, Beaugency, Notre-Dame-de-Cléry, Vendôme (Vendôme !). Ces noms de lieux sont l'expression de la pensée. Des villages semblables à de vieux nids de vieilles guêpes se sont fait ainsi baptiser par de très anciens gosiers. Un soir peut-être d'hiver, après avoir erré dans les hautes landes sauvages, un homme enfin délivré de ses terreurs a aperçu devant lui les quelques maisons dont l'aspect maintenant, à l'âge des conforts atomiques, nous terrifie. Lui, il a crié en lui-même : Bayons, enfin ou Clamensane. Nibles, Châteaufort, Valernes ! C'était la vie et l'espoir de survivre.

À Sisteron, la Durance reçoit, cette fois du côté droit, le Buech, seigneur des montagnes venant du Beauchêne, de Lus-la-Croix-Haute, du Ferrand et du Garnesier, avec ses truites et ses joncs. Buech prudent comme un montagnard qui, jusqu'à un kilomètre de son confluent, reste en Drôme où il a ce qu'il aime : un peu de terres noires et la paix. S'il se décide c'est, je crois, pour couler à ras des terrasses d'une très belle maison, un palais de la joie de vivre comparé à ce qui précède. On peut, sans déchoir, en avoir assez de combattre. C'est ainsi que les temps modernes se sont toujours faits.

Au-delà de Sisteron, du côté droit encore, le doux Jabron. À peine un peu d'eau et qui va lentement, en ligne droite contre le flanc nord de la montagne de Lure, à travers des saules nombreux et un pays du Moyen Âge.

Je ne parle pas du Vanson qui vient de gauche, un peu plus bas. C'est encore moins d'eau. Il arrive d'Authon et même de Feissal, c'est-à-dire du bout du monde. Authon, c'est une maison forestière, et le Vanson est au fond de trois cents mètres d'à-pic. Minuscule donc, mais d'un grand secret. Ses quelques litres d'eau baignent, dans des endroits inaccessibles, des merveilles des premiers temps du monde.

Nous voici au cœur du département. Dans ce cœur, une usine de produits chimiques. La poésie a une angine de poitrine. La Bléone qui débouche en face est une artère fatiguée, mais elle est très belle plus haut, à Marcoux par exemple où elle fait dans la solitude le bruit des *légions en marche*. La Bléone est une jardinière de chênes. Elle est donc d'un beau sang. Elle n'a que le tort d'exister dans un siècle où n'est beau que ce qui produit argent et puissance. Après Marcoux, elle arrose Digne. Ne confondons pas : Marcoux est un vieux nid de vieilles guêpes ; Digne est la préfecture. Le paysage qui entoure la préfecture est d'une sévérité janséniste.

Après la Bléone, après les vergers de Peyruis, descendant du col d'Allos, des neiges et des hautes arêtes contre lesquelles rugit le vent, l'Asse, avant de venir se jeter dans la Durance devant Volx, traverse des terres de misère et de mesure. Le long de ses eaux maigres, le monde devient petit sans rien perdre de ses possibilités de bonheur. Petits champs, petits prés, petits hameaux, petits vergers. Des vies roulées en boule comme le chien au soleil. Les villages sont tous doubles : c'est un tel-le-Haut et un tel-le-Bas. Celui du haut est mort. Celui du bas est venu s'installer petit à petit et lentement, à côté du torrent, sur les limons près de la route, dès qu'il a été possible de supposer que cette route n'allait pas se mettre à charrier des dangers. Parfois, une vieille femme, sourde ou intelligente, continue à habiter toute seule un tel-le-Haut.

Après Manosque, après les pommes de terre, juste au moment où la Durance se détourne et quitte le département, elle reçoit le Verdon. C'est le plus long de tous ses affluents. Il vient d'Allos, lui aussi. Pendant un certain temps il a coulé parallèlement à l'Asse. Il vient de si loin que sa source touche presque à Barcelonnette. Plus seigneurial que le Buech, plus condottiere, plus italien, il traverse des paysages de Dante. C'est un *grand chien* digne de Vicenze et de Vérone. C'est également un roi souterrain. Il s'enfonce dans des ténèbres vertes qui effrayent. Sur les deux tiers de son parcours, il longe des rives désertes. Les premiers hommes seuls, ceux qui ont parsemé leurs habitats de silex taillés et de crânes roux, osaient habiter ses cavernes.

Voilà donc les vallées, comme des branches portant les toutes petites cerises roses des villes et des villages. Sur les flancs de ces vallées, la population se raréfie. Les terres montent jusque vers 2 900 mètres d'altitude. Les aspérités les plus hautes de ce département sont des déserts blancs, le reste, des landes d'une infinie beauté, couvertes de lavandes, portant le silence et la paix, de fayard en fayard, sous un ciel si égal et si bleu que, dans l'exaspération de l'été, il blanchit comme un visage en colère.

[1955]

13.

04

« 04 », c'est un territoire réel, un département français, les Basses-Alpes. Nous n'allons pas énumérer ses piscines. Nous montrerons simplement sa beauté.

On s'aperçoit d'abord que ces Basses-Alpes n'étaient pas si basses. Elles participent à la fois des gloires de la Provence et de la noblesse des montagnes. Leurs vallées, leurs collines, leurs plateaux ont ce double caractère, mais elles les confondent dans une âme personnelle.

De leurs sources jaillissent d'innombrables torrents. Ce fleuve était jadis le plus impérieux et le plus impérial. Le plus beau est le Verdon. Il naît dans le pli des hautes pâtures.

Il se déroule d'abord le plus simplement du monde, comme une couleuvre.

Dès ses premiers muscles, il fait apparaître tout de suite sa démarche héroïque.

C'est un guerrier.

Il saute à grands bonds sur les escaliers des Alpes.

Il tranche les montagnes, il s'ouvre un chemin dans le roc.

C'est un roi souterrain.

Il s'enfonce dans des ténèbres vertes qui épouvantent.

C'est un cheval au galop. Il traverse en bondissant les paysages de Dante.

Enfin, dans le plat pays, il rencontre la Durance, et il s'endort, embarrassé dans les joncs.

Les vols de corneilles vont chercher la solitude et les grandes étendues.

La paix s'installe sur les plateaux.

On a le sentiment divin de se déplacer sans bouger d'un centre immobile.

Une caravane d'arbres attend notre passage pour reprendre sa marche et disparaître.

Quelques pachydermes attardés nous regardent de plus près pour la première fois.

Le violet profond des lavandes recouvre la houle des terres.

Au large, on imagine que Neptune va émerger.

La voile latine ne suffirait plus pour traverser ces hautes mers.

L'Arcadie est heureuse.

Sous le bourdonnement des abeilles...

... le miel ruisselle.

Le vent emporte les nuées..,

... même métaphysiques.

Les bourgs et les villages ont été construits par l'instinct, sans plan préconçu, comme des nids de guêpes, cellule à cellule, ferme à ferme, maison à maison, avec des remparts, des poternes, des ponts-levis pour se défendre ou s'embellir.

Les villes s'étalent dans les carrefours, dans tous les confluents, dans les plus larges vallées.

Restent quelques chapelles isolées... quelques ponts perdus.

Les connaisseurs se sont réfugiés dans les îles.

D'autres ont conservé des rochers de légendes...

... ou l'altier caractère des vieilles maisons, les gestes des fiers-à-bras...

... la pointe des donjons...

... qui dominent les terres lointaines et les fleuves fourchus.

L'intelligence des choses s'est installée sur le pays.

Notre-Dame-de-Beauvoir, cachée dans ses rochers blancs...

... Notre-Dame-des-Champs, assise sur son tapis de pâquerettes...

... Reillanne qui guette sur ses collines...

... Saint-Martin-de-Brômes qui se pelotonne comme un renard...

... Notre-Dame-de-Lure dans ses forêts de Brocéliande...

... Notre-Dame-du-Bourg qui sacrait ses chevaliers de la Table Ronde sur son parvis...

... Les réservoirs de l'Histoire...

... Et les fontaines...

Ici, la vie est vraie et logique. Le silence est le plus grand luxe de notre époque pleine de bruit et de fureur.

Le troupeau se promène à travers les landes désertes avec ses clarines. On l'entend de colline en colline. Le berger ne sera jamais remplacé par une machine.

Ce métier, le plus vieux du monde, s'exerce à hauteur d'homme.

Les agneaux s'émerveillent à chaque odeur, au passage des ombres et des lumières.

Toutes les rouilles de l'automne immobilisent lentement le grand pays. Les rouges des érables, les ors des peupliers, l'argent des mélèzes étalent aux murs des horizons les tapisseries royales de l'automne...

... et les arbres généalogiques du mystère.

Les matins gèlent.
Un sel saupoudre les herbes et aplatit les eaux.
Les crépuscules mélancoliques s'alanguissent.
Puis l'hiver tombe comme le soir.
Poules et gens, les souris et les hommes, rentrent dans les maisons.
Les villages se calfeutrent.
Le froid s'empare des hauteurs.
Commencent alors les grandes fêtes de la neige et de la joie.
On joue avec l'air vierge, le soleil, l'azur et l'espace.
L'écume de la vitesse fume aux talons des dieux...
... ou alors on s'en va dans une sorte de rêve vers un besoin de pureté, d'espace et de discipline. On quitte les hommes.
On monte vers les hauteurs apaisantes. Le silence se fait encore plus parfait.
Et plus parfaite encore la solitude.
On va se chercher soi-même loin des civilisations et des points communs dans des profondeurs personnelles.

Ainsi tout tient dans le simple chiffre qui était notre titre. Le catalogue des richesses est toujours incomplet. Nous n'avons fait que signaler le commencement des chemins. Celui qui voudra entrer dans ces territoires heureux trouvera les portes ouvertes.

[1968]

14.

Manosque
(1952)

Je suis né à Manosque et je n'en suis jamais parti.
Le charme de ce pays ne s'épuise pas. Quand je dis
Manosque, je ne veux pas dire strictement la ville,
mais tout ce théâtre de collines et de vallées où elle
est assise, où elle vit, cette architecture de terres où
elle a pris ses habitudes.

Pour un voyage aussi court que celui d'ici à Marseille, quand je rentre, je retrouve sur le quai de ma
gare cet air vif des Basses-Alpes, et, avec lui, mon
pays, comme revenant d'un dépaysement extraordinaire. C'est que l'air d'ici a un goût particulier.

Celui qui ne connaît pas Manosque et y arrive pour
la première fois peut être enchanté, quoique, conve-
nons-en, la ville elle-même a beaucoup perdu de son
caractère et de sa beauté, mais celui qui a tous ses
souvenirs faits avec les territoires qui ont organisé
cette ville entend ou goûte, dans la grondante profondeur de la nuit, dans une qualité de l'air qu'il respire, la vie magique des vastes espaces.

La vallée de la Durance est fertile, sent le foin, la
pomme de terre, et même le foin qu'on met dans des
bottes, mais la vallée de la Durance n'a ici que quelques kilomètres de largeur, et ce n'est pas elle qui
donne sa qualité au pays. Par-delà les collines du
nord et du sud vivent d'étranges cantons déserts, des

contrées romantiques où le vent se parfume à de sombres essences. Les donjons de vieux châteaux émergent de ces bois crêpelés et farouches que font les yeuses et les buis géants. Toute une paysannerie virgilienne y est restée à la mesure humaine. Des attelages d'ânes et de mulets charrient encore de nos jours les sacs d'olives par des chemins d'argile rouge. De vieilles femmes sèches aux jupes de bure portent encore, à pied, comme le Messie, de petits sachets de truffes aux marchés des villages. Dans la solitude des plateaux sur lesquels s'appuie le plus beau ciel du monde, des petits gars râblés et rougeauds, nourris de viande de cochon, distillent la lavande, et, plus haut encore, les rochers solitaires, blancs comme les ossements du Déluge, font siffler au vent les musiques des premiers âges.

Voilà ce qui a fait Manosque. Qu'on la veuille ronde, triangulaire ou carrée, une ville a ses raisons qui ignorent les raisons diverses, et elle a la forme qui lui plaît. Qu'on la taille, qu'on la pousse, qu'on lui greffe je ne sais quoi, qu'on la peigne, qu'on l'étrille, qu'on la pomponne et qu'on la brosse, elle a une âme qui ne s'en soucie pas et avec laquelle elle fait sa vie. Qu'on la déguise et qu'on la farde, si elle parle, c'est avec la voix de son âme qu'on ne change pas.

Je suis assez vieux pour avoir connu ce qu'aujourd'hui on appelle avec un mépris un peu naïf *l'ancien temps*.

C'était la *pauvre* Manosque, semblable, dans ses murs, à une couronne de roi. Ses rues mal pavées ne parlaient pas de compte en banque. C'était une ville de couvents, une ville de jardins intérieurs, de cours, de puits, de magnifiques fontaines. Je ne peux guère oublier ces décors où, pour la première fois, j'ai lu Shakespeare et Calderón. On s'éclairait au pétrole. Nous n'avons eu chez moi l'électricité qu'en 1919.

Ce fut la surprise que ma mère me réservait pour fêter mon retour de la guerre. J'avoue que c'était pratique. J'avoue que maintenant, en cas de panne de secteur, je retourne volontiers à la lampe à pétrole.

Je sais très bien que lorsqu'on parle comme je le fais, tout le monde se cramponne en ricanant aux découvertes du monde moderne. Qu'on se rassure : je ne prétends pas trouver le bonheur dans un retour à la lampe à pétrole. J'ai connu un homme qui criait partout : je ne serai heureux qu'avec une salle de bains. Il l'a. Naturellement, il n'est pas plus heureux qu'avant, et au surplus, comme il prétend l'être et qu'il ne sait plus que chercher, il en a l'air hagard et le tournis.

En cinquante et quelques années, Manosque a changé. En bien, en mal, il ne m'appartient pas de le dire : je ne suis pas administrateur, et ce que je vous donne ici, c'est le point de vue de Sirius. D'autant qu'elle a changé cinquante fois, et que personne n'est responsable ni du bien ni du mal : ce sont les temps qui ont changé.

Mais l'âme est restée la même, car les terres sauvages qui sont à peine à quelques kilomètres d'ici n'ont pas changé. On n'y peut pas innover ; on est obligé d'y vivre avec les vieux moyens, ce que j'appelle, moi, *les jeunes moyens de vivre*.

Au travers de tout ce que vous allez voir dans Manosque, cherchez son âme, c'est un travail qui vous paiera.

Noël 1952

14 bis.

Manosque
(1964)

Certaines villes peuvent montrer d'orgueilleuses cathédrales, des remparts médiévaux ou des viscères de martyr. Manosque a sa beauté.

Elle possède évidemment, elle aussi, comme tout le monde, ses portes et ses églises : la Saunerie, le Soubeyran, Notre-Dame, Saint-Sauveur, et même l'admirable petit hôtel de la Grand-Rue dans lequel est installé le presbytère. Les amateurs de détails peuvent facilement se délecter de vieilles portes, de vieilles pierres, de vieilles ferrures; le quartier des Observantins et celui d'Aubette recèlent encore quelques façades fatiguées où peut se lire l'histoire ; mais le véritable trésor de Manosque est sa beauté.

Beauté difficile à définir, si elle subjugue néanmoins d'un coup. Tout ce qu'on trouve ici, cent villes de Provence le possèdent : lumière et soleil, patine des crépis et des argiles, oliviers gris, cyprès, collines rousses : le catalogue n'a rien d'exceptionnel. Ce qui l'est, c'est l'ordre dans lequel ces éléments sont composés. Je ne connais pas d'endroit où l'architecture tellurique soit plus noble. À cause d'une banale histoire qui s'est soi-disant passée sous François Ier, des gens qui ne savent pas voir (vivant sans doute sous des capuchons) l'ont baptisée Manosque-la-pudique (ce qui est faux : elle est Vénus tout entière). Un seul nom lui convient : Manosque-la-juste, tant elle est équilibrée et saine.

Des quatre collines qui l'entourent, on ne sait pas quelle est la plus belle. Une d'elles a la forme d'un sein. Les bergers de Théocrite jouaient à faire des bols, en moulant dans de l'argile la gorge des gardeuses de chèvres. Le Mont-d'Or est aussi pur, aussi émouvant qu'une de ces précieuses empreintes. La colline d'Espel et celle de la Thomassine barrent la route au vent du nord. C'est le mouvement même du ciel qui les a modelées. Leur flexible ligne de crête laisse passer dans les creux de sa houle cet air vivant, gloire de la Haute-Provence, fruit des lavanderaies, ce vent acide et fondant comme un sorbet dont les hommes nés sur cette terre ne peuvent plus se passer et qui les poursuit de nostalgie, où qu'ils aillent. Qui respire ce vent apprend une nouvelle volupté. À l'étranger (et pour nous c'est parfois simplement Marseille), le Manosquin est renommé pour être mélancolique et penser constamment à son pays : c'est qu'il manque d'air, c'est qu'il est habitué à une sensualité des poumons, qu'il languit après ces délices. Il faut aller lire Eschyle et Sophocle dans les vergers d'oliviers qui couvrent les flancs abaissés de la colline d'Espel. Les héros et les dieux sont couchés avec vous dans les herbes rousses. Le jacassement d'une pie est la parole indistincte de Cassandre. Le char de Xerxès geint dans les chemins creux. Tout à l'heure, un paysan qui parle à son cheval prendra la voix d'Œdipe. Des flancs d'Espel, en regardant vers la Thomassine, ce village qui émerge des vergers et d'un décor à la Poussin, c'est Argos. C'est simplement Pierrevert, où Elémir-Bourges, enfant, a appris à lire dans le bréviaire de son oncle. La colline de l'Ouest, Saint-Pancrace, a toute la suavité de la vertu chrétienne. Est-ce à cause de son patron ? De son petit ermitage ? Pour moi c'est qu'elle est humble

sous sa gloire. Couverte d'amandiers qui au printemps l'habillent comme une vierge, mai et juin la
couronnent de genêts d'or. Mais de ces quatre collines, c'est la plus basse, la plus femme. Elle a des
grâces de mélange, elle se fond dans la plaine par des
pentes douces. Cependant les orages qui la dépassent
sont mauvais. C'est dans l'abri de ces quatre collines
que Manosque est bâtie. De l'est au sud-ouest, la
Durance frotte ses terres à blés, ses champs de
patates célèbres. C'était, il n'y a pas très longtemps
encore (simplement du temps de ma jeunesse), une
ville de paysans et d'artisans. Les uns et les autres ont
à peu près disparu. J'entends bien qu'on y cultive
toujours la terre, mais plus de façon patriarcale. Per-
sonnellement, je le regrette. Tout en profitant, me
répondra-t-on, des fraises, des pêches, des artichauts
qu'on produit en grand et qu'on vend sur ses marchés. Oui. Je pense au long abreuvoir de la porte Saunerie où tous les chevaux de la ville venaient boire le
soir, à la rentrée des foins, quand les charretées odo-
rantes passaient si pleines dans les rues que ma mère
était obligée de fermer les volets de sa boutique ; aux
agoras des paysans qui se réunissaient sur les petites
places, à côté des vieux mûriers, pour parler lentement de la pluie, du beau temps, sans plus.

Cette philosophie, ce sens du bonheur, et les fon-
dations qu'on lui donnait dans la matière, naissent
de la chair même de ce pays. C'est pourquoi les
temps modernes ne l'ont pas détruit. Malgré tout, on
continue ici à savoir vivre. Les ruelles étroites
gardent leur fraîcheur dans les étés les plus torrides.
Y dort aussi l'ombre la plus douce aux yeux. Dirai-je
qu'on apprend à se servir de la lenteur, quand tous
les désirs des hommes sont orientés vers la vitesse ?
Oui : au cœur de ces lourds étés, quand la plus simple
goutte de fraîcheur contient toute la bénédiction
divine, on apprend à se servir de la lenteur et d'une

sorte de paresse musulmane. On apprend à donner
de l'importance aux petites joies et surtout à les addi-
tionner les unes aux autres. Et s'il fallait donner à la
beauté de Manosque une définition qui conclut, un
titre qui dise tout, je l'appellerais :

l'École Normale Supérieure du bonheur

15.

Itinéraire
de Nyons à Manosque

Le cavalier marchait souvent au pas ; l'automobiliste jamais. Le cavalier mettait quelquefois pied à terre, l'automobiliste jamais. Le cavalier formait avec sa monture un hybride dont il était la tête et l'intelligence : l'automobiliste compose avec sa machine une autre machine dont il n'est que le servo-moteur. Je crois qu'il faudrait commencer à parler des « itinéraires de petite vitesse », de voies sur lesquelles il importe de « s'arrêter tous les cent pas », de voies de communications permettant de connaître un pays et non de le traverser comme la flèche traverse la pomme.

Je parle quelquefois de la Haute-Provence à des gens qui l'ont « traversée » mille fois. Ils n'en connaissent rien. Même pas la route sur laquelle ils passent à toute vitesse. Ils sont capables de vous dire qu'à tel endroit la chaussée est bonne et qu'à tel autre elle est mauvaise, mais l'arbre de Judée qui flambe à travers les yeuses ils ne l'ont pas vu, mais la source où papillonnent des vols épais de lycènes bleus, ils n'y ont pas bu. Ils sont allés boire une eau minérale quelconque dans un bar quelconque ; ce qu'ils auraient pu faire sans se déranger à côté de chez eux. Il fallait dépasser le camion, il fallait aller vite d'un point à un autre. Mais c'est qu'hélas le monde n'est pas où vous allez, il est entre un point et un autre.

Il y a une route que j'aime particulièrement. Ne vous inquiétez pas ; elle est connue et archiconnue. C'est celle qui va, ou plus exactement ce sont celles qui vont, car il faut en changer plusieurs fois, de Nyons à Manosque. Prenons-les.

Je ne vous dirai rien de ce que vous pourrez trouver dans les guides, ni de ce qui est marqué sur les cartes. Je vais, si vous le voulez bien, faire ici un petit catalogue forcément restreint de ce que l'automobiliste manque, du monde qui lui échappe à cause de la « position » à laquelle la machine l'a réduit.

À 6 kilomètres de Nyons sur la Nationale 538, un embranchement permet à la Départementale 185 de remonter le cours d'un torrent qui porte bien son nom : le Rieu-Sec ; après le troisième virage sur cette petite route, si vous faites 100 mètres à pied sur votre droite et descendez dans un vallon, vous trouverez un petit paysage japonais : trois pruniers sauvages (qui sont fleuris en mai) d'un dessin, d'une encre et d'une économie de moyens admirables. Derrière eux, la montagne a la fragilité et la transparence d'une porcelaine à peine bleutée (il faut que ce soit vers 4 heures de l'après-midi). Il n'y a rien à faire qu'à regarder. Ne pas photographier, cela ne donne rien. Les spectacles rares ne se photographient pas. Rester immobile et écouter le vent. C'est tout.

Ah, certes, les indications que je vais donner sont bien différentes, on le voit, de celles qui vous conduisent de chapelles romanes en collégiales, de cloîtres en vues panoramiques, de châteaux Louis XIII en théâtres antiques ; il faut avoir un peu d'âme. Mais il en faut aussi pour le reste, d'ailleurs. Le monde n'existe qu'en fonction de soi-même ; également le bonheur.

J'ai traversé Faucon ; je me suis arrêté à mi-chemin entre ce village et Mollans, je descends dans le lit d'Ouvèze. Touchant la route, un entrelacement des petits bras de ce torrent fait un peu Fontaine de Castalie ; il faut pousser plus loin, ai-je besoin de dire que cette recherche se fait à pied ? À pied et lentement, en regardant attentivement autour de soi ; les sens en éveil pour ne pas manquer de jouir par exemple de l'odeur de ce vieux figuier, des reflets d'un poisson blanc, ou de l'aigre sifflement des aulnes que le vent secoue comme des fouets. On fait ainsi 100 ou 200 mètres vers l'aval ; je n'ai pas besoin d'être très précis, vous serez arrêté par le spectacle : il est de ceux pour lesquels l'homme est naturellement fait, et dont, quelle que soit sa situation sociale ou sa culture, il est instinctivement glouton. On peut voir ce spectacle en toute saison. Si c'est l'hiver, les peupliers seront comme des colonnes de marbre foudroyées, zébrées de fissures de haut en bas, les eaux rouleront épaule contre épaule dans leur couloir de roches, d'étranges oiseaux cocasses comme des présidents de conseils généraux en grand uniforme de notables, des gravelots et des pluviers qui déambulent sur les gravières ajouteront la surréalité nécessaire aux grands départs spirituels. Si c'est l'été, le charme de ces feuillages, le miroitement des trembles, un air d'Astrée et de Lignon, une réponse à des questions qu'on se pose tout le long de la vie vous donneront une exquise paix.

Il faudrait s'arrêter à chaque pas. Il faudrait presque se débarrasser de l'automobile ! vous n'en êtes pas encore là ; alors fuyons, contentons-nous de quelques numéros de ce catalogue de plusieurs milliers de pages, rien que pour l'itinéraire auquel nous avons voulu, dès l'abord, nous borner. Laissons, hélas, de côté ces terrasses de Babylone, où il faudrait monter, qui surplombent la Départementale 5 vers Buis-les-Baronnies (c'est dommage), et prenons la Départementale 72 vers le col de Fontaube.

Il y a beaucoup de choses à voir dans cette
montée. Débarrassons-nous de ce toit de tôle qui
pèse sur notre tête, de ce cadre de portière qui
limite notre vue, faisons quelques pas. Je ne vais
pas entrer dans le détail, il faudrait pousser
jusqu'à cette bergerie ; il faudrait même aller
jusqu'à Plaisians d'où l'on a une vue extravagante
sur un pays à la don Quichotte, mais je crois
qu'elle est signalée sur la carte (elle n'est pas pour
autant à dédaigner). Je ne vais pas entrer dans le
détail, ce que j'aimerais vous montrer c'est un
détail, le mélange fugitif d'un arbre, d'une herbe
et d'une abeille : je ne vous parle pas non plus des
lavandes (on a appelé parfois cette route la route
de la lavande), les lavandes (au pluriel) sont désormais utilisées en gastronomie et en syndicat d'initiative. Faisons quelques pas, je vous prie ! Voilà la
Judée. Voilà un talus contre lequel il faut s'asseoir
et lire la Bible. Voilà un œillet sauvage. Et à
100 mètres à gauche du col, sur le bord d'une
petite dépression qui signale sans doute le passage
proche d'une eau souterraine, puisqu'elle est pom-
ponnée de quelques joncs, voilà des orchis vanillés. La racine, qu'il faut aller chercher très profond en fouillant avec un couteau, est comme une
petite main, une mandragore qui sent la vanille.

Alors, puisque nous en sommes à l'odeur, disons
qu'il faut parcourir ce tronçon de route (celui qui
va maintenant du col de Fontaube au col des
Aires) au moment où les tilleuls sont fleuris, et
seulement à ce moment-là. Vous n'aurez pas
besoin de mon injonction pour sortir de la voiture
(qui sent toujours un peu l'essence). Vous voilà
dans un miel ! Votre poumon devient un appareil
de connaissance et brusquement vous vous rendez
compte qu'il n'est pas indifférent pour votre esprit
que vous soyez gonflé de gaz quelconque ou d'air

pur ; et, comme ici, d'un air pur et « de tous les parfums de l'Arabie ». Parcourez donc, à pied (vous en serez quitte pour revenir chercher la « bagnole », si vous y tenez), les quelques kilomètres qui séparent le col de Fontaube du col des Aires. C'est l'endroit où le mélange de l'air pur et du parfum des tilleuls est le plus efficace. Vous avez à votre droite une vue plongeante sur l'étroit et profond vallon noir qui contient le village de Brantes et sur le Ventoux, à toucher de la main.

Ici, je vais être très imprécis volontairement : il s'agit, pour moi, de parler à la fois d'un certain personnage, et de protéger sa paix. Donc, à un certain moment, sur cette route que vous parcourez à pied, engagez-vous résolument dans les buissons de genêts qui la bordent du côté gauche. Vous finirez, peut-être, par trouver un petit sentier. Suivez-le. Il va vous faire faire mille détours à travers des bosquets de tilleuls bourdonnant d'abeilles, des petits lacs de trèfle et de sainfoin fleuris pour finalement aboutir à la porte ouverte d'une maison qui n'a qu'une porte. Je précise « qui n'a qu'une porte » parce que, d'abord, c'est vrai : elle n'a pas d'autres ouvertures, ni fenêtres, ni rien (c'est dire si elle est petite), et surtout pour vous faire comprendre que vous sortirez de cette maison par où vous êtes entré, c'est-à-dire que vous retrouverez dehors en sortant ce que vous y aurez laissé en entrant, et vous verrez que ce n'est pas drôle. Le personnage qui habite là vous accueillera de tout son cœur. Il ne vend rien ; vous pensez bien que je n'allais pas vous attirer dans de la céramique, du tissage à la main, ou de la coupe en bois d'olivier, non, ce n'est pas un artisan, il ne vend rien, comme je l'ai dit, et si je vous ai amené là pour que vous le voyiez, c'est simplement pour que vous le voyiez : je le jure !

Il vous fera asseoir sur le seuil de sa maison, vous respirerez calmement, et vous regarderez le paysage. Il vous offrira un morceau de pain qu'il fait lui-même, un peu de miel que lui font ses abeilles, un verre d'eau fraîche. Vous serez rassuré, car il n'est manifestement pas plus intelligent que vous, sans doute bien moins fort, à coup sûr moins avisé, mais il vit cette vie chaque jour. Courons à la « bagnole ».

L'odeur des tilleuls continuera à vous envelopper jusqu'à Reilhanette, jusque dans le détroit qui sépare Ventoux et Lure, jusqu'à Sault.

Ici, prenons la Nationale 550. Tout de suite après Saint-Trinit, voilà encore une route qu'il faudrait faire à pied. Tel bosquet de châtaigniers, tel bois-taillis, telle qualité de silence dont il faudrait goûter le charme, les mille pages de ce catalogue aux cent mille numéros, nous proposeraient des joies à chaque pas. Je m'en tiendrai encore à une qualité de l'air. Celui que vous avez respiré tout à l'heure était parfumé. Celui-ci est brut. C'était un sorbet, maintenant c'est de l'oxygène sans autre mélange que de la glace. Il suffit d'avoir respiré ce produit une fois pour comprendre dans quelles alcôves nous tentons vainement de prendre espoir. Notre sang est fait de ce que nous respirons, notre intelligence, notre logique sont faites de ce sang qui irrigue notre cerveau. Cet air est cent millions de fois plus efficace que M. Descartes.

Il faut finir ; tant pis. À travers de molles collines qui toutes portent à leur sommet le fantôme d'un temple, la route glisse, vers un but que vous vous étiez fixé à l'avance (sans rien connaître) et qui était un trois étoiles ou une « Côte d'Azur ». Allez-y, je ne vous arrêterai plus.

[1964]

16.

Itinéraire
de Manosque à Bargemon

Il y a seulement vingt ans, Manosque avait encore les deux tiers de sa beauté ; pour la trouver entière, il fallait remonter avant 14, quand elle était à la fois une grande ferme et la capitale des terres sauvages. Je me souviens très bien de l'époque où elle abritait des troupeaux, des chevaux et des charrettes, où chaque matin ses portes laissaient couler dans la vallée les chariots et les bergers, où la sécurité de la ville était confiée à l'ermite qui habitait sur la colline de Saint-Pancrace. Il était chargé de sonner la cloche quand les orages (les seuls qui fussent dangereux) venaient de l'ouest. Alors on voyait accourir en débandade les attelages et les brebis. Ajoutons qu'à cette époque la ville était entourée d'ormes plus que centenaires, pleins de rossignols, et que des fontaines historiées par Puget jetaient de l'eau dans des bassins sur les places et aux carrefours.

Tout a disparu. Manosque n'est plus qu'un ramassis d'H.L.M. arrogantes, hideuses et fragiles. Les petits esprits n'ont que le modernisme à la bouche ; ils ont réussi à faire de l'architecture un élément du comique. C'est assez rare pour qu'il soit bon de le signaler. La promenade dans certains quartiers : le collège, les îlots insalubres, les cités, est un moment de franche rigolade. Les matériaux avec lesquels ces

monuments humoristiques sont construits sont heureusement de qualité très inférieure ; dans vingt ans
on n'en visitera plus que les ruines. Restent cependant de la grandeur du passé les deux églises : Saint-
Sauveur, et surtout Notre-Dame ; quant à la porte de
la Saunerie, elle a été tripatouillée aux environs de
1920 par une municipalité également moderne en
mal de reconstitution historique.

La seule architecture de qualité est (pour quelque
temps encore, mais compté) celle des collines, des
plateaux et des déserts. En voyant cette riche vallée
de la Durance, on n'imaginerait pas qu'à quelques
dizaines de kilomètres de là existent des territoires
de solitude, de sécheresse et de vent. Le fleuve coule
d'est en ouest : perpendiculairement au cours de ses
eaux, il suffit d'une heure de voyage dans le nord
pour atteindre le désert de Lure et, au-delà, le chaos
de montagnes qui va s'enchaîner au Vercors ; il suffit
de voyager également une heure au sud pour pénétrer dans les boulevards dantesques du Verdon et les
plates-formes sauvages du Haut-Var : le Canjuers et
tous ces fragments de Muraille de Chine qui
dominent les vignobles de Barjols, de Carcès, de Brignoles, et les tendres saulaies de Draguignan.

Qu'on sorte de Manosque, par exemple, par la
route du sud : la plaine a quatre ou cinq kilomètres
de large et on traverse la Durance. Avant Serre-
Ponçon et toutes les manigances de l'E.D.F. c'était
un fier torrent alpin : ses eaux étaient semblables à
une horde de chevaux. C'est maintenant un fleuve de
poussière et d'insectes. À cet endroit-là, elle longe de
très près les flancs du plateau de Valensole.

Celui-là a bien été découronné de sa beauté, il y a
quelque trente ans, par un nommé Blanchet qui voulait changer le destin des choses. À la place des
grands vergers d'amandiers qui recouvraient le plateau, ce Blanchet, qui avait, je crois, des minoteries

quelque part (sans allusion aucune !) imagina de vastes champs de blé. Il fit raser les vergers pour installer une sorte de faux Manitoba. C'est resté faux et sans grand résultat, mais sur les traces de cet Attila de la farine, les amandiers n'ont pas repoussé. La petite paysannerie, qui s'est tenue en dehors du coup de bourse, a gardé ses champs, ses amandes, ses lavandes, ses petites fermes dont les murs faits de galets roulés sont couleur de croûte de pain. C'est elle qui constitue la beauté et l'âme des lieux. C'est là qu'il faut remercier quand la route vous hausse jusqu'à la vue qui embrasse des centaines de kilomètres carrés, jusqu'au Mourre de Chanier à l'est, jusqu'à Sainte-Victoire à l'ouest, jusqu'au Ventoux au nord, jusqu'au mont Apollon au sud. Toutes gentilles montagnes bien élevées, bien découpées et susceptibles de prendre un joli bleu dans l'orient de la lumière.

Valensole a une église espagnole (ou qu'on dirait). Elle émerge du plateau par la pointe de son extraordinaire clocher. Pendant quelques instants, il semble qu'elle sorte toute vivante d'un océan de lavande : une sorte de Cypris chrétienne. Le bourg est étagé sur le flanc d'un val ensoleillé (de là son nom). On l'aborde presque par les toits. De près, Valensole n'est plus que la capitale insolite et quasi déserte de l'empire du vent. Pendant les périodes de mistral, ses ruelles cornent comme les cors de la perdition et soufflent des nuages d'une poussière âcre et rouge constellée de brins de paille arrachés aux étables. L'église qu'on croyait espagnole n'est que le monument des grandeurs, des sévérités et des mélancolies inhérentes aux vastes solitudes.

De là on accède en quelques kilomètres, à travers des forêts de chênes blancs très sauvages, au large sur lequel vogue le village de Puimoisson. Ici, les éléments de la vie ne peuvent plus rester liés ensemble sans le secours des vieux courages. Il n'y a pas si longtemps encore, vers 1930-35, le pays était soumis chaque printemps à des épidémies de suicides. C'était tantôt un bassin (et pourtant Dieu sait si l'eau est rare) où l'on allait se noyer, ou un arbre où l'on allait se pendre. Après quatre ou cinq victimes, les dieux consentaient à être exorcisés dans toutes les règles de l'art par un vieux prêtre qui parcourait seul les lieux maudits sous ses chasubles d'or, portant d'une main l'ostensoir, de l'autre le goupillon. Après la cérémonie on se remettait à vivre, c'est-à-dire à être confronté heure après heure, pendant toute la vie, avec une splendeur sans pitié.

Quelques détours à travers la forêt basse, mais qui garde malgré sa courte taille des profondeurs celtiques, vous mènent du côté de Montagnac où quelques gentillesses vous sont réservées. C'est le pays de la truffe et de l'hospitalité. Chaque petit bistrot vous fera pour deux fois rien goûter à sa brouillade d'odorants champignons. À première vue, on pourrait penser que ces délices suprêmes sont la sauvegarde du désespoir. Il n'en est rien : c'est par des avant-goûts de paradis que l'âme finit par désespérer et je n'ai pas de souvenir plus tragique que celui d'un voyage à l'aube dans un car qui transportait (en même temps que moi) cent cinquante kilos de ces perles noires. Au début, j'étais enchanté. À la fin, écœuré, comme ces astronautes victimes du mal des espaces.

De Montagnac, à petits pas, ou à petits tours de roues, on s'en va vers Riez la romaine, où fut gardé quelque temps, sous la Renaissance, le frère du sultan Bajazet. Il servait d'otage à la Chrétienté contre les Turcs. Cette vieille petite ville, qui conserve encore quatre très belles colonnes d'un temple fortement achalandé sous Auguste et des ruelles d'un Moyen Âge poignant, fut, pendant sa période turque, pleine de mamamouchis, de turbans, de cimeterres et de houris. Toute cette constantinoplerie s'en alla mourir dans les prisons d'Alexandre VI.

Le pays a gardé de cette aventure le goût du théâtre. Je ne parle pas des hommes qui sont comme partout ailleurs (avec encore cependant un zeste d'originalité), mais de l'architectonie du paysage. On ne peut, par exemple, à quelques kilomètres de là, arriver devant Roumoules sans penser à ces « fonds de Brueghel » ou à ces décors contre lesquels s'appuient les martyrs de Mantegna. Mais la grande mise en scène est réservée pour Moustiers-Sainte-Marie. Brusquement, après un détour de la route, on entre au Châtelet un soir où se jouerait à grand spectacle *La Passion* d'Arnoul Gréban. Voilà Bethléem, voilà le Golgotha rêvés par Hubert Robert et, près de vous, au bord de la route, les prairies, les narcisses, les saules, les fontaines, les ruisseaux où Poussin campait ses mythologies. Rien de ce qu'on peut voir ailleurs (sauf dans des tableaux) ne se trouve ici. C'est tout d'un coup une très grande production. La mise en scène a dû coûter les yeux de la tête.

Quand on sera bien gorgé de théâtre, je conseille de passer ici la nuit qui éteint toutes les lampes, pour venir vers les minuit, quand tout le monde dort, écouter sur la place de Moustiers le bruit du torrent qui joue dans les échos de son ravin. Pendant le jour on ne l'entend pas, et, soudain, après l'avoir entendu, on comprend avec un étonnement émerveillé que les rochers, les cyprès, les oratoires, les chapelles et les croix sont en matière véritable et que le metteur en scène est Dieu.

À partir d'ici, la somptuosité du décor n'en finit plus. Nous sommes aux portes de ce qu'on appelle vulgairement les « gorges du Verdon ». C'est un paysage shakespearisé, avec un soupçon de Victor Hugo et beaucoup de Gustave Doré. On pense également à Dante. Ce sont surtout des profondeurs, des à-pics, et des gouffres. J'aime mettre une sorte d'ordre dans ces vertiges. Quand j'aborde ces lieux, c'est par un itinéraire qui harmonise ces abîmes ; je prends la route qui se dirige comme à regret vers la rive gauche. On est accueilli par un pont en forme de ronce. Cet ouvrage d'art, presque wisigoth, ne s'avance dans le lit du torrent qu'en se hérissant d'escarpes et de contrescarpes. Sous lui, généralement, il n'y a qu'un fil d'eau ; néanmoins un fil vert, et à quelques centaines de mètres en amont, dans les rochers, on voit bâiller une étrange porte. On imagine tout de suite quel monstre doit sortir de là à certains moments pour que l'ouvrage destiné à l'affronter se soit remparé de tant d'épines.

Il faut se hâter de voir ce pont : un lac artificiel E.D.F va le noyer. On touche ici à deux façons d'utiliser le monde ; une lui gardait sa magie, l'autre le saigne aux quatre veines. On ne va pas tarder (si ce n'est pas déjà fait) à s'ennuyer mortellement près des machines à laver.

Sans rien perdre de son charme wisigoth, la route monte le long d'amères pentes. Par les brèches de certains tournants, à mesure qu'on se hausse, le regard tombe sur d'étranges solitudes. On les voit s'éloigner dans le sud jusqu'à des bleus qui ne sont pas des montagnes, mais l'horizon comme celui de la mer. Elles sont couvertes de la crêpelure noire des yeuses et des genévriers, du vert sombre des buis. De très loin en très loin émerge la tour blanche d'un colombier. Ceci rassure jusqu'au moment où l'on sait que le colombier domine, généralement, le cadavre ouvert à tous les vents d'une ferme abandonnée sous Louis XVI. D'ailleurs, on finit également par savoir que les pigeons ramiers sont les oiseaux les plus cruels, les plus salaces et les plus tristes du monde.

C'est à ce moment-là que la route vous met le châ-

teau d'Aiguines en belle vue. C'est un très beau spéci-
men d'une noblesse qui ne transige pas. Il n'avait pas
grand-chose à sa disposition, je viens de le dire, sinon
de quoi foutre le camp. Il est resté. Il a quatre tours
coiffées de Moustiers, des eaux courantes, qu'il laisse
courir, pendant que d'une façon détournée il les
économise dans de grands bassins pleins de poissons
paisibles. Il a profité de la pente sur laquelle il était
juché pour dérouler des escaliers à travers des
cyprès, et, faisant de pauvreté vertu, il a installé bien
à plat, devant la perte de vue des domaines abandonnés et des pigeons féroces, une magnifique espla-
nade à méditation. C'est, de toute façon, un haut lieu.
Il est encore plus haut qu'on ne croit. On est arrivé
là, généralement en automobile, et on a laissé chez
soi (qui nous attend) tout ce qu'on appelle le confort
moderne. Soudain, ici, on s'aperçoit qu'en bas il
nous manque l'essentiel. Quoi ? Le temps ! Le temps
de vivre, le temps d'exister, le temps de faire le tour
de soi-même. Ce que Fontenelle sur le point de mourir appela humoristiquement « la difficulté d'être ».
Voilà votre condition au milieu de tous les « gad-
gets » avec lesquels la science nous amuse, qui vont
du coupe-cigare à la fusée Atlas. Ici, tout d'un coup,
on voit brusquement à quoi sert la vie, et qu'on ne vit
pas. N'importe qui (d'un peu bien fait) donnerait
n'importe quoi pour faire les cent pas sur cette espla-
nade avant d'aller dormir entre ces murs contre lesquels gronde le vent.

   C'est de ce palier métaphysique qu'il faut gagner
les balcons du Verdon, car on doit se préparer aux
abîmes. Ceux-ci ne sont pas seulement ici des avenues perpendiculaires vers le centre de la Terre (ce
qui ne serait déjà pas mal), mais des sortes de
trappes, desquelles surgissent des rocs de bronze si
tourmentés, jetés si hardiment du fond des ténèbres
vers le ciel qu'on se demande s'il ne s'agit pas de

quelques gestes démoniaques pétrifiés. Enfin, l'esprit imagine et voit souvent l'absurde devant les spectacles démesurés (et Dieu sait si celui-ci en est un !). Si vous n'êtes pas sensible au vide, penchez-vous sur l'abîme du belvédère de Rougon. Mille mètres plus bas, un petit fil d'argent luit, un petit serpent circule en silence. Rien ne monte de ces profondeurs, sauf le craquement de quelques tournois de corneilles, et le bruit de soie froissée des mousses recouvrant les parois profondes le long desquelles suintent les embruns du torrent. Parfois, quand un rayon de soleil plonge dans le gouffre, on voit s'allumer, semblables aux échelles de Jacob, des fragments d'arc-en-ciel superposés. Les oiseaux eux-mêmes hésitent à s'élancer d'un bord à l'autre au-dessus de ce vide où bouge lentement la vie des puissances cosmiques. Seules les corneilles se livrent à ces mystères avec désinvolture. Elles se laissent descendre dans le gouffre de tout leur poids (qui est léger) ; elles flottent dans les remous de l'enfer avec un petit croassement grave et voluptueux ; elles jaillissent comme les escarbilles du feu souterrain et, s'appuyant alors sur leurs ailes, on les voit gagner les hauteurs et disparaître derrière les crêtes du Sumac.

C'est que de l'autre côté de ces crêtes se trouvent les grands déserts paisibles du Canjuers. C'est là qu'elles vont chasser la musaraigne, les couvées de cailles, les œufs d'alouettes, les vipères et les longues couleuvres blondes qui dorment dans les lavandes.

Il faut se hâter de voir le Canjuers. Pour quelque temps encore l'Olympe ; bientôt il sera transformé en champ de tir. Les avions militaires viendront rugir dans ces cieux inaltérables ; ils cribleront de bombes d'exercice ces terres dorées où la zoologie et la mythologie mêlées construisent à chaque heure du jour la chair même du dieu Pan. Seront dépossédés les hommes muets aux yeux sans couleur qui habitent le monastère tibétain de Lagnerose et la grande famille de patriarches et d'enfants graves qui fait son salut avec une agriculture de désespoir et de merveilles dans le Port-Royal-des-Champs de La Barre. Que ceux qui croient aux progrès (mécanique) viennent respirer ici un air qu'ils n'ont jamais goûté ; qu'ils viennent s'imprégner d'un silence auquel ils ont parfois essayé de rêver ; ils ne pourront faire leurs comptes qu'après. Deux ou trois bergers éloignés de vingt kilomètres l'un de l'autre promènent dans le désert de petits troupeaux de brebis. Le ciel est si pur, la terre est si plate qu'ils s'aperçoivent sans jamais se rencontrer, sans jamais avoir le désir de se rencontrer ; contents de ce qu'ils ont en propre, tant en pâturage qu'en richesse intérieure, ils ne s'avanceront jamais à la rencontre les uns des autres. Ils se connaissent par les chiens qui, parfois la nuit, se rendent visite, et par le son de leurs clarines que l'atmosphère déliée des hauteurs porte à de grandes distances.

Pendant près de quarante kilomètres de désert, on traverse les ruines d'une ville gallo-romaine qui était plus grande que Paris ; de chaque côté de la route, à perte de vue s'étendent les tas de pierres des maisons écroulées.

Enfin, une vapeur qui tremble à l'horizon signale Bargemon, et on descend, tout étonné, dans un village du Moyen Âge qui paraît, après ce qu'on a vu, une anticipation de l'an 2000.

D'ici, déjà, par-dessus la vallée où dorment des saules opulents, on peut entendre les rumeurs de la Nationale 7 et même de la côte d'Azur.

[1963]

17.

Charme de Gréoulx

Si le rhumatisme est une maladie fort répandue, il en est une autre à ce point générale qu'elle est partie intégrante de la race humaine et, par définition, mortelle (voir sagesse des nations) : c'est l'ennui.

Qui peut se vanter d'être d'une telle santé morale qu'il est sûr d'être toujours à l'abri des attaques de ce mal ? Une fois, c'est brusquement la terre qui s'obscurcit on ne sait pourquoi, l'autre fois, c'est l'air lui-même qui n'irrigue plus le sang, semble-t-il, et notre tête sans images n'a plus d'histoires à se raconter. J'ai dit maladie mortelle, sans aucun doute ; en tout cas, maladie fort pénible, dont les accès sont insupportables et poussent aux dernières extrémités.

Je ne connais pas d'endroit plus guérisseur de l'ennui que Gréoulx. Je sais très bien ce qu'on peut dire contre mon affirmation, mais, de même que cet endroit béni guérit le rhumatisme avec les vieux remèdes des eaux plus anciennes que le monde, et dont on doit pouvoir faire remonter l'usage bien plus loin que les Romains, ce pays dont je veux énumérer les charmes guérit l'ennui avec les remèdes créés par dieu à cet usage. Les seuls remèdes, à mon avis. Et j'aimerais bien qu'on soit dès l'abord d'accord avec moi sur ce point.

Si on ne l'est pas, faut-il que ce soit moi qui

démontre la nullité des remèdes que l'homme a cru inventer contre l'ennui ? De la périodicité devenue *permanente* dans les villes des séances de cinéma, on peut déduire leur manque total d'efficacité. Regardez le visage des gens qui entrent dans ces *Eldorados* et autres jardins des Hespérides : il est plein d'espoir, et c'est avec quelle hâte qu'on s'engouffre dans l'entonnoir des salles obscures ! Laissons-y macérer ce visage en proie à son remède pendant les deux bonnes heures de sa séance de dopage, de drogue, et guettons-le à sa sortie. Est-il désennuyé, ravi, plein d'espoir, guéri, ou même simplement est-il calmé comme après une aspirine ? (Même l'aspirine Charlot n'a que des effets très provisoires.) On ne le dirait pas à le voir. Il sort de là plus morne qu'il n'était entré. Il ne s'est désennuyé que pendant l'usage de la drogue. Emporte-t-il avec lui désormais l'espoir ? Non. Son imagination va-t-elle à partir de ce moment-là fabriquer un sang plus généreux ? Non. Il n'a qu'une hâte, c'est retourner à une autre séance, il attend les programmes nouveaux comme d'autres attendent cocaïne et morphine, il se « stupéfie », il ne se désennuie pas. Et on constatera la même impuissance à guérir de tous les remèdes modernes à l'ennui : danse, alcoolisme, vices suprêmes, jusqu'à la cruauté, la méchanceté et même le sadisme qui finalement, après une petite période d'excitation, se révèlent insuffisants à chasser l'ennui de la courte vie d'un être humain. Quoi faire d'autre ? Rien. Et c'est bien certain, puisque deux milliards de mammifères verticaux, cherchant vingt-quatre heures par jour, n'ont rien trouvé d'autre que ce que je viens de dire et n'ont trouvé pour toute ressource, finalement, que le truc de perfectionner avec les moyens de leur bord ces remèdes de bonne femme.

Or, je me suis laissé dire que le monde existe depuis un certain bout de temps, et j'imagine qu'il aurait depuis longtemps cessé d'exister s'il n'y avait pas un remède naturel à cette maladie mortelle. Que ceux qui en doutent viennent à Gréoulx. Ce pays a un *charme*.

J'emploie ce mot dans son vieux sens médical : n'y-a-t-il pas des thaumaturges qui *charment* le mal, les brûlures, les coups de soleil, la rage même (je ne m'y fierais pas !). Quant à la rage qui ne relève pas de l'Institut Pasteur, je suis bien certain que Gréoulx la *charme*. Faites le catalogue de toutes les rages que la vie moderne a mises au cœur des hommes, et si Gréoulx ne les guérit pas, je mange mon chapeau, comme dit l'anglais.

Prenez le rageur le plus enragé, à condition bien entendu qu'il ait encore « figure humaine » : le plus grand magicien du monde ne peut faire sortir un lapin d'un chapeau si le lapin n'est pas déjà dans le chapeau – prenez donc le rageur le plus enragé et amenez-le ici, par exemple un matin de juin, à l'heure où le ciel hésite entre le bleu dur et le vert tendre, pendant que, démarrées des lointaines Alpes, la flotte des nuages s'essaie à des régates pleines de fantaisie, quand le duvet de la nuit brille encore sur les feuilles et sur les herbes. S'il résiste aux vingt-cinq premiers pas qu'il fait sous les tilleuls pleins de fleurs, si le parfum qui gonfle ses poumons ne lui fait pas oublier toutes les odeurs qui jusque-là excitaient ses glandes, si vous ne voyez pas son visage rajeunir à une vitesse stupéfiante, ses yeux redevenir naïfs et sa bouche s'arrondir comme celle des nourrissons, c'est qu'il n'y a plus d'espoir pour lui, et que les équarrisseurs de l'enfer sont déjà en train d'affûter leurs lardoires et leurs haches, qu'il soit sur l'instant abandonné de celle qui l'aime et de ceux qu'il aime, c'est qu'il est aride et qu'au moindre vent vous courez le risque, en restant en sa compagnie, d'être couvert de sables brûlants comme si vous vous prome-

niez bras dessus bras dessous avec le Sahara. Mais je
ne crois pas qu'il puisse résister à ces vingt-cinq premiers pas. Don Juan lui-même n'y résisterait pas. À
partir de cet instant, il va aller de joie en joie, d'apaisement en quiétude, de bonheur en délices ; il
apprendra les délires bénéfiques de la paresse, les
richesses invraisemblables de la moindre minute, et
s'il faut à toute force qu'au bout du compte il soit
obligé de quitter ce pays, il sera nécessaire de l'en
arracher avec des pinces de fer.

Vous faut-il des répondants plus qualifiés que moi,
dont (à juste titre) vous suspectez la bonne foi ? Il
n'en manque pas. Disons par exemple le Président de
Brosses. C'est un Bourguignon de Dijon ; il est jeune,
ce qui le rend vif. Il va en Italie ; on le verra dans la
suite de son voyage saccager les verreries comme un
galet lancé d'une main sûre. C'est dire qu'il n'est pas
homme à s'en laisser imposer par des tilleuls fleuris.
On le voit partir à cheval (il a laissé de son voyage
une relation fort alerte, en tout cas célèbre) ; et un
soir l'étape se fait à Gréoulx par pur hasard. Voilà ce
qu'il en dit :

« Vous vous imaginez que je suis déjà en Italie,
écrit-il, rien ne va plus vite qu'un fauteuil. Moi qui ne
me déplace qu'en réalité, j'approche à peine des
abords. Pour tout dire, je suis en Provence. Plaignez-
moi ; c'est l'aridité même. Je maudirais le ciel, après
quatre jours de soleil infernal, si je n'étais depuis
deux jours, qui ne devraient jamais finir, dans un village où l'on prend les eaux et qui s'appelle Gréoulx.
Je n'ose plus en partir. C'est l'oasis après le désert.
Les verdures, les eaux, les grâces du lieu, et je ne sais
quelle bénédiction attachée à ce coin de terre qui
n'a pas une lieue de large m'alanguissent et
m'enchaînent à un point que, ne serait-ce que pour
la parole donnée à Mylord Travers qui nous attend le
7 à Vintimille, je prolongerais le séjour avec délice.

Mais, vive Mylord, sans lui peut-être finirais-je mes jours ici sans Italie et sans Bourgogne. »

Voilà donc un *enchanté*, et je le répète, c'est une tête froide. Capable de sentir profondément les tilleuls et les sycomores, il lui faut cependant plus qu'un arbre et même deux pour le décider à l'enthousiasme. Il le prouvera par la suite en discutant pied à pied du charme de Florence, de la sainteté de Sienne et de la gloire de Rome.

Vous en faut-il d'autres ? Nous n'avons que l'embarras du choix. Voulez-vous Mirabeau, par exemple. Pas le Mirabeau-Tonnerre, celui de l'Assemblée constituante – celui-là se contentait de frasques « à la sauvette » à l'Hôtel de Versailles à Manosque –, mais prenons celui qu'on avait surnommé Mirabeau-Tonneau, pour la grandeur de son obésité majestueuse. Ne nous fions pas trop à cette obésité. Il est fin comme une lame d'épée, qu'il manie fort bien au surplus. C'est lui qui a créé à Coblence la brigade des Hussards de la Mort, à la tête desquels il charge. Mais nous n'avons pas besoin de l'homme de guerre, ou nous n'en avons besoin qu'au débotté. Voici ce qu'il écrit à Vauvenargues (qui lui, à ce moment-là, est en garnison à Nancy) :

« Sur les conseils de Madame Pierrisnard, j'ai vu Gréoulx. Je ne regrette pas les douze lieues qu'il m'a fallu faire, dans un pays qui ne me laissait guère d'espoir. J'ai maudit plus de cent fois notre belle amie, et son talent de persuasion, et mon fatal penchant à l'obéissance. Je n'ai de tout un jour trouvé fraîcheur qu'en de fameuses pastèques qu'on m'a offertes toutes épépinées à Pertuis. Mais dès mon arrivée ici j'ai été payé de ma constance. Vous savez combien j'aime votre terrasse et votre grand mur : au risque de vous faire croire à on ne sait quelle déformation épicurienne, je dois avouer que j'aime autant ce que j'ai trouvé ici. Rien n'est plus propre au bon-

heur, à la paix, à l'élan d'une sereine pensée. Imaginez-moi entrecoupant de sérieuses confrontations
morales avec l'air de *Chloris si tant est que l'Aurore*...
que je fredonne sans cesse et sans souci de chanter
juste. Voilà l'état où m'ont mis et les ombrages et la
fraîcheur... N'en dites mot à Monsieur de Mollans, je
vous en prie. »

Voilà notre Tonneau loin des Hussards de la Mort.
Il est à Gréoulx et il fredonne du Lulli. Le sabreur ne
décapite plus que des scabieuses des champs avec les
moulinets de sa canne. Ajoutons que Mirabeau-
Tonneau avait l'œil vert, la bouche gourmande, une
main de prélat et l'esprit très difficile à contenter.
Puisqu'il fredonne du Lulli, il me fait penser à un
petit bonhomme que j'aime bien, Grétry, le grand
Grétry des *Saisons* et de l'*Hymne à la nuit* (*La terre et
l'onde*... – moi, contrairement à Mirabeau-Tonneau,
je siffle du Grétry quand je suis à Gréoulx).

Grétry, qui débarque à Marseille, venant de Gênes
par une sorte de coche d'eau, moitié patache de mer,
moitié tombereau à légumes, Grétry qui débarque à
Marseille malade, le cœur soulevé par seize jours de
largade [1] en plein nez, Grétry soûlé de Méditerranée
et qui ne peut plus voir même une salière sans haut-
le-cœur. Il a à faire chez sa vieille amie Marsante, à
Théus, près de Gap. Affaire de sentiment, besoin
d'être bercé dans de la bonne tendresse maternelle.
Il se hâte, à peine débarqué, et, sans souci de ses nausées persistantes, il saute à l'Hôtel de la Croix de
Malte, commande coupé et chevaux ; à peine s'il fait
halte à Aix, à peine s'il dort à Saint-Paul. Mais que
fait-il à Gréoulx, où il passe, où il ne doit faire que
passer (son étape est à Riez) ? Il s'arrête, il écrira à
Mme de Marsante :

« Je n'ai pu résister. J'ai fait halte. Les trois belles
(ses filles, qui vont bientôt mourir jeunes et froissées

---

1. Vent de suroît en Provence. (*N.d.É.*)

comme des roses au gel de mai), les trois belles sont dans les herbes et les eaux comme des nymphes de Théocrite. J'ai soif de vous, mais par la grâce d'ici je viens d'apprendre que vous méritez de retrouver d'abord un homme apaisé et riant. Une heure d'ici pour ferrer la prolonge a réussi à faire de moi " une bonne petite pâte ". Que ne feront un jour et une nuit ? Je ne repartirai que demain. »

Voici donc ce que disent des charmes de Gréoulx les voyageurs authentiques, tous ayant des désirs au cœur : l'aventure, la gloire ou l'amour. Si l'on veut à toute force me contredire, je ne m'en dédis pas, même si l'on prétend que mes répondants ont été discrets, et qu'il faut aller chercher leurs témoignages dans les bibliothèques.

Oui, car notre monde a perdu sa verdeur et sa joie, et parce que sa verdeur et sa joie sont désormais pièces de musée, vestiges de temps disparus ; qu'il ne reste plus pour abîmer les âmes que quelques joueurs de clairon, obstinés à troubler la splendeur des jours par les sonneries de la soupe, du rapport, du garde-à-vous et de l'appel. Mais à l'époque même où l'on savait jouir, ces témoignages ne passaient pas inaperçus, il s'en faut, et je vais vous en donner la preuve avec mon bien-aimé Stendhal.

Ah, le cher homme ! Lui aussi parle de Gréoulx, et en quels termes, vous allez voir. Mais il n'y est pas venu. Il n'y est pas venu, comme il n'a pas fait plus de deux cents kilomètres réels des *Mémoires d'un touriste*. Il écrit son livre « alimentaire » (bénisse le ciel les besoins alimentaires des génies) à Paris, en se servant des récits de voyage qu'il aime. Il s'ingénie à ne rien oublier de ce qui compte, il tient la main à parler de tout, en bien comme en mal. Marseille est comme un citron fermenté (et pourtant la rue Venture a abrité ses amours). Pour Aix, il n'en voit que les torpeurs. Il parle d'une façon charmante, par contre, de Venelles où, dit-il, « il y a de l'air ! » (on sent qu'il a sué abondamment au pied de Sainte-Victoire). De la plaine de Meyrargues à Peyrolles, il dit qu' « elle est plate et couverte d'osier », sans plus. Il dit un mal terrible de Saint-Paul, où il a dû passer un jour où l'on nettoyait les étables (je veux dire qu'il a dû lire le récit de quelqu'un qui y est passé un jour où l'on nettoyait les étables, car lui écrit tout sans bouger de Paris). Et que dit-il de Gréoulx ? (Ce qui équivaut à demander : que disent les gens de son époque de Gréoulx ?)

« J'ai, dit ce voyageur en chambre, passé la Durance près d'une chapelle qui domine les galets de ce fleuve tapageur et gris. Mon cheval s'y est déferré et c'est le maréchal-ferrant de la ferme qui a remis ce sabot en état. C'est la première fois que je vois une ferme avoir besoin d'un prêtre. Il est vrai que les paysans ont l'air de mieux soigner leur maréchal. C'est un homme habile et qui m'a ensuite indiqué le chemin le plus court pour aller à Gréoulx. J'y suis arrivé à trois heures de l'après-midi, rôti de soleil et couvert de poussière de chardons fort désagréable et qui me faisait jurer. Ici tout s'est apaisé : mauvaise humeur et démangeaisons. L'eau des bains est onctueuse comme de la crème de lait, et je ne connais pas de bonheur plus grand que celui que j'ai eu ensuite : déambuler dans du linge frais sous l'ombrage d'immenses platanes. Il faut dire que la société ici porte sur son visage le ravissement et la paix. C'est contagieux. »

Il faut donc que ce ravissement et cette paix aient été de notoriété publique à l'époque où Stendhal, sans quitter Paris, écrivait ces lignes [1].

Mais à quoi bon continuer à entasser témoignages et attestations qu'on pourrait retrouver en remon-

1. Pierre Citron a montré dans son *Giono* (Seuil, 1990, p. 501-502) que les quatre textes cités sont des pseudo-citations. *(N.d.É.)*

tant plus haut, jusque dans l'Arioste. Depuis quand la beauté a-t-elle besoin de garanties ? Et je parle de la plus classique, de la plus grecque et en même temps de la plus racinienne, de la plus française des beautés.

S'il est un livre qu'on doit pouvoir lire sans cesse dans ce territoire magique, c'est bien l'*Odyssée*, avec ses verdeurs, ses cendres toutes rejaillissantes de déesses, son bruit de vent et de houle (la nuit, les grands platanes de Gréoulx ont le même grondement que le ressac de velours des mers calmes). S'il est un autre livre qu'on peut lire ici, c'est *Phèdre* : j'en ai fait l'expérience. Pour si juste, si plein et si grave que soit le vers, pour si passionné et si ardent, il peut être à chaque instant confronté avec la sobre, et cependant délirante et déchirante, harmonie des herbes sèches couleur d'ocre, des murailles grises, des oliviers d'un bleu liquide qui, les uns emmêlés aux autres, sont comme les collines d'une cuirasse d'amazone.

Et si l'on veut le fond de ma pensée (que ceci reste entre nous, gardons soigneusement nos recettes de magie), ce qui convient à l'âme ici, pour y accompagner les harmonies de la paix et de la quiétude, c'est la féerie et les ténèbres de Shakespeare, et surtout la démesure enchantée d'un *Don Quichotte* dans la sierra. Rêvant sous les étoiles, roulé dans les plis tièdes d'une langueur digne de Dieu.

Gréoulx, le 22 juin 1950

18.

Revest-du-Bion

Je le connais, maintenant, le cœur de cette Haute-Provence, j'ai vécu dans lui, au rythme de son battement, il m'a inondé de son sang et de sa chaleur, et voilà que j'émerge de lui, gluant et nu comme si je naissais vraiment, enfin.

Je suis depuis quelques jours au Revest-du-Bion, chez mon ami le peintre Eugène Martel. Nous mangeons chez notre ami Bonniol. Nous serrons les mains à nos amis les Maurel, les Martel, les Louis de Rivièregrosse. Bonniol nous a d'abord nourris de sanglier mariné et de grives. Il est revenu depuis à une nourriture plus calme, heureusement pour notre pauvre chair solitaire. Le soir, il nous donne une infusion de serpolet, quand il ne se trompe pas. Quand il se trompe, il nous donne de la tisane de céleri. Ça arrive quand Mme Bonniol va écouter prêcher le frère servite à la bénédiction du soir.

Revest-du-Bion est à 1 000 mètres là-haut, à l'endroit où le plateau commence, directement sous la varlope du vent, tout emmaillotée dans des copeaux de nuages au milieu de vastes landes doucement incurvées autour de nous comme des ailes d'aigles. J'habite une petite chambre de moine dont la fenêtre est percée dans un rempart de presque deux mètres d'épaisseur. De l'autre côté de la vitre, le silence. Et parfois, l'étrange grondement d'un pelage qui se frotte contre la maison. Le vent. Nous sommes en juin et il fait froid. Ce soir, le premier homme qui est entré chez Bonniol pour écouter mes histoires nous a dit : « Il va neiger. »

Ces jours passés, nous avons fait avec Martel les paisibles routes bordées de beautés. Tout le plateau est en houle large autour du village. À l'est, le Ventoux, couché comme un lion, souffle son haleine de glace, et, devant lui, le long troupeau des collines galope en bombant le dos. Martel connaît l'heure et l'endroit, la place exacte où l'on doit mettre ses pieds pour avoir devant soi, s'élançant sur ses plans harmoniques, la grande fête des couleurs et des formes. Nous avons monté le chemin du vieux moulin. Puis il m'a dit :

– Encore quelques mètres, retournons-nous. C'est là.

C'était là.

À la hauteur de nos lèvres, les blés de plomb moirés de vent coulaient vers les fonds. Derrière, un vide bleu respirait avec un halètement d'arbres, puis la terre se relevait feutrée d'une étrange laine d'herbe jusqu'à des bois de pins largement étendus sans arrêt d'un bord de l'horizon à l'autre. Derrière les pins, un autre vide terriblement vaste et d'où montait sans arrêt le jaillissement d'énormes oiseaux, et, loin là-bas, portant le ciel sur son échine de bête couchée, le Ventoux avec tous ses muscles et le gonflement de ses os de granit.

C'était là et, deux mètres plus loin, ce n'était plus là. Autre chose : le col du Négron et ses dartres de villages morts, le camp de la source, le puits perdu, la forêt de châtaigniers, la barre de Saint-Christol... Nous avons fait tout le jour le lent pèlerinage. La terre, sans merci, entassait autour de nous de fantastiques beautés. Nous sommes retournés en portant une bonne tristesse calme. J'ai retrouvé ma chambre de moine blanche et silencieuse, je me suis couché malgré le jour qui battait encore aux vitres, et je me suis endormi sous l'immense couverture du pays, mes bras écartés sur les vastes landes, la tête appuyée sur les collines de bleuets, les blés de plomb battant au ras de mes lèvres avec leur odeur de drap neuf et d'amour.

Aujourd'hui dimanche, Eugène Martel a téléphoné à son neveu le notaire de Sault et nous l'avons eu comme convive à la table chez Bonniol. Un grand garçon sympathique et clair avec de beaux yeux lourds, savants en science humaine. Puis le cousin Léon Maurel est venu prendre le café avec nous. Nous avons fait sa connaissance avant-hier. Il fauchait son fourrage. Nous chassions les papillons. Il nous a dit :

– Venez ici.

Il a arrêté sa jument. Il m'a attrapé des papillons avec son chapeau.

Il est donc venu prendre le café avec nous, et, en un rien de temps, on s'est décidé pour aller cet après-midi voir l'aven de la Servi, un gouffre près de la Petite Pélissière. En même temps – c'est sur la route – Martel me montra le grand chêne de Bournas. La route, c'est d'abord la route, mais après on tourne à gauche dans des chemins à peine tracés, les genêts raclent le dessous de la voiture, les ajoncs griffent les portières, l'auto éternue dans de petits soubresauts de terre où elle se balance comme un bateau. À un moment on avait perdu le chemin, Léon Maurel est allé parler à trois hommes qui tournaient le foin.

– C'est Macimin, dit-il en revenant.

– Macimin, dit Martel, on ne peut pas passer sans s'arrêter, qu'est-ce qu'il dira, ça fait plus de quatre ans qu'on ne s'est pas vu.

– Non, dit Léon Maurel, je lui ai dit que vous étiez

en compagnie. Marche arrière, monsieur Charles, et
puis le chemin dans le bois de chêne.

L'aven de la Servi est une sorte de bouche noire au
ras du plateau, sans barrière, sans indication, caché
derrière des buissons. On pourrait très bien y tomber
dedans en automobile. C'est sans fond. On s'en est
arrêté à cinq mètres.

D'un côté c'est à pic, de l'autre c'est en pente
douce jusqu'à un certain moment.

On s'est un peu avancé dans le gouffre sur cette
pente douce. On a lancé des pierres dans le trou et on
les a écoutées brinquebaler en bas dedans, puis éclater et se perdre. De temps en temps, de cet abîme
monte une sorte de soupir qui s'éteint dans le soleil.

– C'est un trou, dit Martel.

Nous repartons sur la lande sans chemin et, tout
aussitôt, nous voilà de nouveau devant le large battement d'ailes du plateau. Les petits yeux de Martel
brillent. Il regarde autour de lui comme un capitaine
de navire. Il tend le doigt pour me montrer et chaque
fois, au bout de son doigt, surgit l'horizon et son
rythme triste.

Brusquement, comme nous sortons d'un bois de
châtaigniers, nous voilà devant Macimin. Il est là
avec son fils et un voisin. Il retournait à la ferme. Ça
le travaillait de savoir que Martel était là. Il avait
désir. Il s'est dit : attendons. Il a vu que l'auto tournait. Il s'est dit : ils passeront par les châtaigniers. Il
s'est dit : mettons-nous là, ils ne peuvent pas manquer de passer. Et les voilà.

– Je savais, dit-il, que tu viendrais près de mon
avoine.

– Macimin, nous ne pouvons pas refuser d'entrer,
dit Martel, mais cinq minutes.

Nous le faisons installer dans l'auto entre Martel et
moi. Il se tient raide, les mains aux genoux, la tête
haute. Il sent la sève de châtaignier et le tabac. Il a un

visage rond tout en brique rouge avec une petite
barbe frisée court, toute blanche, une moustache
d'ajonc, des creux dans les joues qui dessinent tout le
vide de sa bouche et de petits yeux vifs, allègres et luisants comme du vent dans la jeune avoine.

– L'hasard décide, dit-il en regardant Martel.
Enfin te voilà.

Sa ferme monte au-dessus des herbes. Elle est en
pleine lande. Aussi loin qu'on peut voir, ni fermes, ni
villages : des collines, des bois, des terres à silex. Le
corps de bâtiment carré et simple est entouré d'un
mur de garde en pierre sèche. On entre. Un escalier
droit extérieur, facile à défendre, monte vers la
porte.

– Montez.

Un vieux labri aboie.

Et je suis entré dans le cœur de la Haute-Provence.
Dix mètres carrés de plancher de bois. L'ombre est
traversée par les palpitations d'un petit feu d'âtre et
par un rais de soleil qui, passant au joint des volets,
tremble quand le vent secoue la maison. Au milieu
de l'ombre, une haute et large femme, vêtue de noir,
avec la tunique de l'aurige. Toute la lumière de la
chambre est sur elle comme les feuilles d'un lierre
doré.

Elle a lavé les verres à un évier noir.

Je vois maintenant la large table, la huche, la
pierre d'âtre avec son petit tas de braise mais propre
tout autour comme une meule de moulin. Le labri
s'est couché sous la table, la tête contre les souliers
de son maître. Macimin s'est assis à côté de nous, les
pieds joints, les genoux écartés, les mains aux
genoux, le buste droit, la tête un peu en arrière
comme s'il regardait à travers le plafond l'énorme
couvercle du ciel sur l'énorme monde. Il a pris ici
dedans sa force animale et herbeuse. C'est lui qui a
dressé le mur de garde, forgé les serrures, entassé les

escaliers, joint les poutres, cloué les portes, apaillé les litières, parqué les moutons, construit au milieu du désert et de l'âpre violence du vent l'abri, la chambre noire où sa femme se repose dans la calme rectitude des longs plis immobiles de ses jupes pendant que le noroît dehors courbe les trembles et balance les nids de faucons.

– Longtemps que tu n'es pas venu au Revest, dit Martel.

– Sept ans. J'ai un cheval qui s'épouvante.

Il nous demande des nouvelles d'André.

– Il va mieux.

– Tant mieux, dit la femme.

Elle s'est assise à côté de son homme. Elle le regarde avec de petits yeux pleins d'admiration, encore pleins d'admiration malgré la longue vie côte à côte qui les a menés l'un et l'autre jusqu'au milieu de la vieillesse. Et maintenant, pendant qu'il parle du jour où il a forgé un frein de char, de la fois où il a tué le sanglier, du moment où il a eu peur avec son cheval emballé dans les pentes de la montagne, elle chantonne sans arrêt, sous la voix de son mari, l'approbation, l'exclamation, le doux commentaire, sa peur à elle, l'admiration, la douce et magnifique admiration de ses yeux et – je viens de voir subitement quand la souche de chêne a éclaté dans l'âtre – la suave fidélité qui luit sur tout son visage de marbre.

Avant de nous laisser partir, Macimin nous a montré la gloire et la richesse de sa ferme.

– Une plume d'eau.

Oui, un fil d'eau, de la grosseur d'un bec de plume et qui coule dans un petit réservoir.

*

Voilà le Revest qui monte devant nous. Nous voilà vu le chêne de Bournas, et l'arbre solitaire se

confond maintenant dans ma tête avec cet homme
solitaire, paisible et comblé de Dieu.

Tout ce que tu croyais impossible, le voilà dans le
territoire de tes mains. Ta simplicité, elle n'était
qu'une complication plus grande. Il te faut oser ce
que l'autre a osé. Il ne sera donné qu'aux humbles
qui attendront au bord du chemin avec leurs mains
tendues vers le ciel vide.

Tout à l'heure, Mme Bonniol va te passer le plat de
courgettes farcies.

– Si le cœur vous en dit, monsieur Jean !

Tout à l'heure, tu souffleras ta chandelle, tu cher-
cheras au fond du lit la petite chaleur de la couverture pliée et, dans le silence de la maison, tu enten-
dras le balancement de la haute horloge qui marque
un temps magnifique à la mesure des gouffres et de
l'horizon.

Allonge-toi dans ton sommeil comme le cadavre
qui a passé la porte ; demain, une vie nouvelle va
ruisseler dans ta chair.

[1933]

19.

La montagne de Lure

Vous comprenez bien, les copains, que je ne vais pas zigouiller le truc, soyez tranquilles. Je vous vois encore à la descente de ce pays. Le soir tombait, nous étions fatigués. La route suivait le torrent. L'étape était derrière la colline. Il fallait faire mille tours et détours en suivant l'eau verte qui seule avait su s'ouvrir une route à travers les rochers blêmes, et je sifflais pour organiser le train de marche et oublier la fatigue. Nous nous sommes arrêtés en vue du village, mais encore loin des maisons pour rester entre nous. Nous avions tant vu de belles choses que nos yeux luisaient comme des yeux de renards. Un aulne bleu était tout illuminé par les derniers reflets du jour. Et seul illuminé. Lui seul était jour et lumière sur toute la terre noire, lui seul avec ses feuilles d'argent. Nous seuls avec nos cœurs purs.

Vous vous souvenez ? C'est Henri Fluchère qui a dit :

– Tu ne feras pas la blague ?...

J'ai dit :

– Non, je ne ferai pas la blague, mais, malgré tout, je parlerai de ce pays.

Rey a dit :

– Pourquoi ? Gardons-le.

– Je ne crois pas, dis-je, que nous puissions vous et moi garder ce pays pour nous seuls. Il va peser dans notre cœur comme si nous avions volé un dieu de pierre.

Et Jacques Lévy-Puget a dit :

– Il a raison. Laissons-le libre de dire ce qu'il veut. Ça fera du bien à d'autres.

Et voilà ce qu'on a décidé :

Étant donné que j'ai été le guide et que, le premier, j'avais repéré le pays bleu à la lisière des nuages, j'ai le droit d'en parler, mais, étant donné que charité bien ordonnée commence par soi-même, que nous sommes cinq gaillards bien décidés à ne rien laisser salir de ce que nous avons vu, touché, respiré et senti, je n'ai le droit de parler de ce pays que pour en donner l'envie – et en indiquer le chemin – à des gens de qualité.

– Que nous ayons plaisir à rencontrer, a dit Jacques.

Et en même temps il serrait ses mâchoires et faisait l'œil dur.

J'ai dit :

– Soyez tranquilles, vous avez affaire à un honnête homme qui avoue ses fautes. J'ai souvent crié à la joie quand j'avais trouvé la joie et je me suis ainsi démoli cent vallées de montagnes, des prairies sous des saules. Des routes fermées par des verrous d'aubépines et de torrents, je les ai ouvertes à des malpropres. Tout s'est écroulé autour de moi plus sûrement qu'après l'Apocalypse. Maintenant, je me recompose un monde pour moi-même. Je suis égoïste. J'y suis plus intéressé que vous.

Ils le savaient.

– Ceux qui viendront, ai-je dit, ils auront passé au travers de mes mots. Je leur dirai tout ce qu'il faut pour qu'ils puissent trouver mais je les avertirai que sans la bonté du cœur ils n'entreront jamais dans ce pays qui est la merveille des merveilles.

Et après ça nous fumâmes de douces pipes.

*

À l'est et au sud, la vallée de la Durance. À l'ouest, la vallée du Rhône. Au nord, l'entassement des montagnes qui s'appuie contre le Vercors. La route d'entrée est à la bouche d'une vallée, dissimulée derrière un four à plâtre, et trois cèdres blancs des pieds à la tête parce qu'ils sont perpétuellement dans la poussière du blutage de la pierre. On va en auto jusqu'à un certain point. Ce que j'appelle un certain point, c'est un village séparé en deux : un village mort, un village vivant. Jusque-là la route a serpenté le long d'une falaise de schistes bleus. De temps en temps la falaise s'écarte, laisse passer un torrent qui dévaste la route mais étale en dessous si paresseusement ses limons que de lui naissent des vergers de paradis terrestre avec des poiriers plus hauts que des chênes, des prés si chargés de sang qu'ils en sont bleus et des oseraies magiques, maîtres de la musique et du rêve et desquelles émerge, vers les minuit, un oiseau large comme un van à vanner le blé, couleur d'or, et dont le cri est un « ah ! ah ! » prolongé, comme la voix d'une femme qui chantait, ne se souvient plus de la chanson et continue à moduler pour son plaisir. Exactement, et pas plus.

J'étais dans la première auto avec Rey et Henri. À cent mètres derrière nous venait l'auto de Jacques dans laquelle était Charles Kardas qui a pris les photographies : celles qui sont dans cet article pour vous montrer que le pays existe.

À un moment, Rey qui conduisait pousse un cri étouffé et freine. Il n'a pas besoin de nous prévenir. Nous voyons. C'est une bergère. Elle marche au bord de la route, son petit troupeau la suit. Elle est si belle que nous passons à côté d'elle sans bruit, la voiture

coulant doucement sur son erre. Nous la dépassons.
Nous faisons signe à Jacques. Mais nous faisons à
peine trois cents mètres et Rey freine, s'arrête, nous
regarde et dit :

– Non, il faut la revoir.

Jacques nous rejoint.

– Nous disons, disons-nous, qu'il faut la revoir.

– C'est bien mon avis, dit-il.

Il soupire :

– Le pays est terrible.

Nous cachons d'abord les autos sous des saules,
dans un chemin de terre. Nous remontons au-delà de
la route jusqu'à de hautes bruyères. Nous ne parlons
pas. Elle arrive. Je n'ai jamais vu de femme pareille.
Ce que je dis, mes quatre amis l'ont dit l'un après
l'autre. Un jour l'un, un jour l'autre en s'en souve-
nant. De temps en temps nous en reparlons. Elle est
toujours dans nos yeux. Non, jamais de pareille.

Elle a seize ans à peine. Solide, rose, pure. Elle
chante. Ça n'est même pas une voix. Elle s'arrête de
chanter, l'harmonie continue sans elle, dans les
arbres, dans les clochettes de ses moutons, dans
l'oseraie, le torrent, l'écho, le saule. Elle marche
pieds nus. Elle a de petits pieds gras et bruns avec de
beaux doigts tous écartés. La cheville est grasse
aussi, le mollet dur, la jambe de marbre. Sa poitrine
est celle d'une femme. Ses bras de chaque côté
d'elle, comme les anses du panier, comme les anses
de la jarre d'huile, comme les anses du boisseau à
blé, avec cette courbure aisée que depuis cent mille
ans les hommes ont inventée pour donner prise à
leurs mains autour des beaux vases qui contiennent
la richesse du monde. Le visage... non, pas le visage.
Elle a passé devant nous. Sa marche était une
musique. Nous n'avons jamais eu de joie plus belle
que de la voir marcher, je n'ai jamais eu de joie plus
belle. On pouvait imaginer l'homme saisissant la

jarre et le boisseau par ses anses courbes, la soulevant à la force de ses bras et emportant religieuse-
ment l'huile et le blé éternel.

Elle passa, prit un sentier à travers la colline,
monta, disparut. Nous ne la reverrons jamais plus.

*

Le pays ? Voilà.

Une étendue de terre sans bornes, ondulée, couleur de perle, portant des arbres. Attendez, je vais
vous dire comment cette terre porte les arbres.
D'abord, comme horizon, des nuages. Pourquoi ?
Qu'est-ce que ça a d'extraordinaire ? Des nuages en
voyage et pas des nuages du ciel, des nuages de la
terre. Je me fais mal comprendre. C'est que j'ai
moi-même mal compris. Mais voilà ce qui se
passe : dans un pays ordinaire les nuages montent
de l'horizon, s'avancent, passent de plus en plus
haut puis s'éloignent, descendent, et c'est seulement quand ils sont très loin de nous qu'ils
s'abaissent encore jusqu'à la terre. Ils nous sautent.
On ne peut jamais les toucher avec la main. Qui de
nous n'a pas eu envie de toucher des nuages ? Ici
on les touche. Ils passent au ras de terre. Ils vous
entourent, on perd subitement tout le monde, ses
amis et le monde entier. On appelle. C'est un arbre
qui vous répond. Car ce pays ne porte que des
arbres hauts : des bouleaux qui ne font ni œille-
tons, ni branches, ni feuilles folles à moins de vingt
mètres du sol. À partir de là ils déploient la plus
épaisse et la plus lourde des feuillaisons, et la plus
belle et la plus chantante. On est perdu dans les
nuages. On appelle. Un arbre vous répond. La
réponse d'un arbre c'est exactement la parole de
Dieu. Ça c'est de la bonté ! Ça c'est de l'espoir ! Ça
c'est de la santé ! Ça c'est de la joie ! Le nuage

passe. L'arbre se tait. On retrouve autour de soi ses
amis éblouis.

Les rares paysans solides qui habitent ces terres
étrangement belles sont méfiants et lucides. On ne
les approche qu'après avoir fait amitié avec eux, et
faire amitié avec eux, c'est apprendre ce que c'est
que l'amitié. Ils ont l'habitude de marcher à travers
le pays, et, aller d'une rangée de bouleaux à l'autre
rangée de bouleaux demande des heures et des
heures. Tout ce temps la voix des arbres les
accompagne. Qu'ont-ils donc à gagner dans le
commerce des hommes ? Rien ; et tout à perdre. Ils
nous ont accueillis.

[1934]

20.

Les monts de Vaucluse.
Gordes

Le nombre des automobiles s'accroît dans des proportions absurdes. Les villes sont encombrées de ces véhicules coagulés contre les parois des rues, comme dit-on (c'est la mode) le cholestérol est coagulé contre les parois des vaisseaux sanguins. Les routes elles-mêmes ne peuvent plus suffire à faire circuler ce flot de quatre roues qui se heurtent, se chevauchent, s'écrasent les unes contre les autres ou contre les arbres de Sully, et éparpillent leurs morts les quatre fers en l'air sur les talus, les champs et la poussière. On ne parle que d'agrandir les routes. Cela ne donnera qu'un répit. Pendant un temps le débit semblera régularisé, mais le nombre des automobiles continuant à s'accroître dans des proportions qui resteront absurdes, le moment reviendra vite où il faudra de nouveau agrandir les routes dans des proportions également absurdes.

Il n'y a de solution que le changement de propos. Les usagers de l'automobile (et de la route) sont de deux sortes. Il y a le voyageur et il y a celui qui cherche l'évasion, le grand air, le soleil, la liberté, celui qu'à une certaine époque on pouvait appeler le curieux ou l'honnête homme. Le voyageur peut voyager en chemin de fer (qui sont devenus si rapides, si confortables, si commodes), quant au

curieux, comment ne voit-il pas qu'il s'est trompé ? Il
faut qu'il soit devenu bien amoureux de cet assem-
blage de tôles, de pignons, de pistons dans lesquels
carbure l'essence pour ne pas se rendre compte que
son instrument et sa mécanique ne le mènent jamais
où il veut. Je ne parle pas du sot qui, le cul sur son
fauteuil, se satisfait de déplacement pur et simple, de
vitesse et du paysage qu'elle brouille et embrouille,
ni du pauvre d'esprit qui déguste des « moyennes »
d'un bout de l'an à l'autre, je reviens à mon honnête
homme. Trimballé dans sa niche de tôle (ou même
assis dans le baquet de sa décapotable), il ne s'évade
pas, il change simplement de place. Jamais ne sont
en jeu dans son besoin physique les mouvements qui
engendrent la joie. Toujours soumis à l'action de ses
pédales, de son volant, de ses leviers, il n'est jamais
libre ; si bien même prisonnier de ces gestes sans
signification dans sa nature profonde que, lorsque
ces gestes lui sont devenus, semble-t-il, naturels, il
s'ennuie : ils ne correspondent à rien, sinon à bien
conduire, à bien conduire dans l'absolu, à bien
conduire pour bien conduire, ce qui à proprement
parler n'est rien.

Le travail de François et Claude Morenas fait plus
pour le bonheur que mille chantiers d'autoroutes.
Depuis des années sur l'ouvrage, ils ont dressé la
carte et décrit les itinéraires des sentiers de grandes
randonnées. Si l'on veut se convaincre de la misère
de l'automobiliste, il n'y a qu'à comparer ce « guide
du piéton » au guide Michelin. Toutes les richesses
du second se chiffrent en astérisques (qu'on appelle
bien improprement étoiles), en fourchettes et petits
lits dessinés ; de temps en temps il y est fait mention
d'un porche roman, d'une façade Renaissance,
qu'on va regarder après le pied de porc poulette,
d'un point de vue près duquel on mettra pied à terre
pour pisser, d'un apparat historique destiné à

convaincre l'usager qu'il n'est pas un crétin total (et à ne convaincre que lui d'ailleurs). Le premier, par contre, nous fait pénétrer dans le vif du pays. C'est un Pérou des richesses les plus rares. Ce que certains enfants des villes, même des petites, n'ont jamais vu (et certaines grandes personnes non plus), ce que l'homme moderne s'épuise à désirer et à poursuivre avec ses béquilles, est là devant ses yeux qui le voient dans sa vérité, devant sa bouche qui l'aspire, qui l'absorbe, à portée de sa main qui touche, qui caresse, qui apprend à caresser : le silence, la solitude, la marche des ombres et des lumières sur la terre, la violence, la douceur du vent, le parfum de l'air, la pureté de l'eau, l'écho des vallons, le divin désarroi de l'intelligence devant les choses simples, l'architecture des mythologies. Ici rien de prédigéré, tout est à l'état natif, les essences sont intactes. La terre, l'eau, le ciel, le feu sont pour vous seul. Les paysages sont personnels ; sur certains, votre œil est le premier à se poser et disons que les autres ont été contemplés avant par cent (tout au plus) personnes de qualité.

L'air que vous respirez n'a jamais été respiré, l'eau que vous buvez sort des entrailles de la terre, cet oiseau chante pour vous, vous serez seul à avoir vu cette cétoine pareille à une pépite d'or vert traverser le feuillage de ce fenouil, ces lycènes danser sur cette flaque d'eau, cette belette glisser de l'yeuse, cette couleuvre traverser le chemin, seul à entendre gronder les profondeurs du vallon, seul à imaginer (tout naturellement) l'assemblée des dieux sur les sommets.

1er juin 1961

21.

Les gorges du Verdon

Rien de plus romantique que le mélange de ces rochers et de ces abîmes, de ces eaux vertes et de ces ombres pourpres, de ce ciel semblable à la mer homérique et de ce vent qui parle avec la voix des dieux morts.

1959

22.

La Crau

Dès le milieu du printemps, la Crau commence à se recouvrir de moutons. On les avait dispersés en petits lots dans une infinité de bergeries et de jas pour passer l'hiver. Maintenant ils sortent de tous les côtés en compagnies, en bataillons, régiments, corps d'armée, horde faisant fumer la terre sous des milliers de petits pas. Les bêtes regardent du côté des Alpes. Par des mouvements insensibles, elles s'assemblent, elles se poussent et s'agglomèrent du côté de l'est. Chaque matin, elles reniflent, elles bêlent vers le soleil levant. On s'aperçoit qu'il s'agit moins d'ordres émanant des hommes que d'une obéissance à des principes naturels. Les bergers ont moins l'air de commander que d'être emportés et quand on les voit s'affairer autour des bâts, charger les mulets et la charrette, c'est comme des naufragés qui préparent les radeaux.

Y a-t-il la voix d'un patron, d'un général, d'un dieu, ou est-ce le poids naturel de ces cent mille bêtes qui entraîne ? mais un matin les voilà le museau pointé vers la route. D'un pas à l'autre sans hâte, mais avec une obstination que rien ne peut contraindre, la transhumance se met en marche. Par Salon, par Lambesc, par Coudoux, par toutes les petites vallées qui montent vers le plateau de la Trévaresse, Aix-en-

Provence, Sainte-Victoire, elle se dirige vers la vallée de la Durance. Pendant que les premiers mulets portant les bâts pénètrent dans les forêts de chênes verts du côté de Rognes, d'autres s'engagent sur le pont de Mallemort, des milliers de bêtes remplissent les routes à Charleval, La Roque-d'Anthéron, Saint-Estève, Le Puy-Sainte-Réparade, faisant retentir de sonnailles, de bêlements, de cris, de coups de sifflets et du grondement de leur marche, les larges déploiements de la Durance basse.

Pour ces premiers pays que la transhumance traverse, ce sont les « temps de Rome » qui reviennent. La poussière fume sous le pas des troupeaux, comme elle fumait sous les légions en marche. Ce ne sont plus les vieilles murailles du temps des Césars, les torses de Minerve, les ruines de temples qui sont anachroniques, mais toute cette quincaillerie automobile engluée dans la foule innombrable des bêtes. Les voitures de tourisme ou d'affaires, les camions, les camionnettes, qui ne se sont pas détournés à temps des routes d'invasion, sont arrêtés, au bord des fossés, entre les platanes. Les conducteurs qui, il y a quelques instants, appartenaient encore au xxe siècle, au monde de la vitessse, sont aux prises avec les vieux caractères ancestraux. On ne peut pas ne pas comprendre la grandeur naturelle qui émane de ces vastes mouvements commandés par les nécessités impérieuses de la vie. On ne s'impatiente pas comme dans un embouteillage ordinaire. On attend. On apprend. Les vieilles curiosités sont satisfaites. Tel qui, il y a cinq minutes, conduisait une voiture de sport, est saisi de l'esprit d'immobilité qui animait le peintre des parois des cavernes. Il admire les énormes cornes des béliers ; il est divinement effrayé de cette multitude de museaux tendus vers les montagnes de l'est ; il comprend la gloire de l'homme qui marche en tête, qui met de l'ordre dans cette horde

et ce chaos, qui préside à ce gigantesque changement de résidence ; il est touché dans ce que sa
nature d'homme a de plus simple et d'essentiel ; il est
transporté de la mécanique dans la vie. Il ne s'agit
plus de passer des vitesses ou de faire le plein
d'essence, il s'agit de supputer à quel moment il faudra donner du repos à ces brebis qui boitent et qui
s'appellent, à ces agneaux qui suivent obstinément la
cadence d'une marche sans pitié.

Comme une marée, un mascaret qui remonte les
fleuves, cet immense troupeau de plusieurs centaines de milliers de bêtes remonte la vallée de la
Durance, submergeant les villes, les villages et les
hameaux, débordant les rues des chefs-lieux de canton, frottant sa laine et son suint contre les murs des
banques, des préfectures et des boutiques, emportant les éventaires, envahissant les fontaines.

À mesure que cette marée monte, les bêtes qui la
composent deviennent plus martiales. L'air des hauteurs qui leur arrive maintenant par bouffées, chargé
du parfum des hauts pâturages, donne de la vigueur à
leur collier. Les sonnailles sonnent plus dur, les bêlements sont plus impérieux. Du haut des tertres et des
collines qui dominent l'embranchement des vallées,
on voit fumer des poussières que soulève cette
marche obstinée et ardente.

Là-haut, dans la montagne, les campements sont
déjà prêts. Les fourriers sont allés ouvrir les chalets,
aérer les paillasses, refaire les enclos. Si l'on s'élevait
assez au-dessus de la terre pour voir les buts encore
lointains de cette transhumance, on distinguerait
dans les solitudes des sommets les fils de fumée qui
sortent des vieilles cheminées, près desquelles on
l'attend. Mais, des fonds où cette horde de Mongols
s'obstine et piétine, on ne voit encore que la route.
Certes, depuis le départ de la Crau, cette route a
changé ; on est déjà dans un autre pays. On a depuis

longtemps quitté le pays des tamaris, des salicornes
et des chardons, on a même dépassé le pays des oliviers et des champs en terrasses, on a atteint la
contrée des grands chênes, des vergers de poiriers,
des eaux fraîches, des herbes déjà grasses. Déjà au
cours des repos et des haltes les bêtes ont goûté à une
pâture plus riche et plus parfumée. Déjà, elles sont
allées boire au torrent une eau qu'il était impossible
d'imaginer en bas dans la Crau sèche. Déjà toute
cette fatigue de la marche, tout le drame de cette
irrésistible poussée en avant a été payé. Mais c'est
plus haut et plus loin encore qu'il faut aller.

Contrairement à ce qu'on pourrait croire, cette
marée ne perd pas de force en s'éloignant de son lieu
d'origine. Elle en gagne, elle est de plus en plus intré-
pide. Chaque soir, au crépuscule, la transhumance
fait halte au bord de la route. Tout ce qu'elle contient
de passions animales revient à ses motifs : la brebis
allaite ses agneaux, le bélier va d'amour en amour,
de bataille en bataille, de ronflements en ronflements. Puis dans un grand silence les bêtes dorment.
C'est l'heure où le berger redevient pour quelques
minutes l'homme de son siècle. Il peut fumer sa pipe
ou penser à la chanson sur laquelle, en bas, le
dimanche il dansait avec les filles. Lui aussi trans-
hume ; lui aussi change de vie. Un air nouveau emplit
ses poumons.

De ce temps, les étoiles et le soleil poursuivent leur
route. Voilà déjà vingt jours qu'on est parti et il s'en
faut encore de quinze qu'on soit arrivé. L'été monte,
il faut arriver avant lui. On part alors à l'épais de la
nuit. On réveille les bêtes à coups de fouets, de sifflets, d'abois de chiens. On les pousse encore vers la
route ; on balance des lanternes à bout de bras. On
crie des ordres. On plante des bougies sur le bât des
mulets en tête ; on accroche des fanaux rouges aux
charrettes, on double les serre-files. La nuit s'emplit

soudain d'un énorme bruit de torrents. Dans les
villes endormies, les commerçants et les bourgeois
entrouvrent un œil. Une rumeur d'histoire et de
légende entre dans leur sommeil. Les chiens des
fermes s'agitent, les échos grondent. L'énorme
troupe agitant ses armures et ses cloches ébranle la
sonorité des vallées.

Vallées de plus en plus étroites, à mesure qu'elles
remontent vers leurs origines ; troupeau de plus en
plus long à mesure qu'il entre dans un passage plus
étroit. Au moment où l'été touche les montagnes, où
s'allument les premières fleurs dans les hauts pâturages d'Allos, dans les prairies du mont Viso, dans les
solitudes du Lautaret, le premier mulet, bientôt suivi
des premiers moutons, prend pied dans la montagne.
Depuis le départ de la Crau, la transhumance s'est
morcelée. Elle couvre les Alpes depuis le col de
Tende jusqu'à Modane, mais pour arriver à se
répandre dans les hauts pâturages, elle a dû
s'embrancher dans des quantités de vallées : une partie des moutons s'en est allée vers les montagnes de
Barcelonnette, une autre vers Briançon, une autre
vers Grenoble. Il y a des gîtes de transhumance au
Montgenèvre, vers Névache, d'autres au col de
Larche, au col de la Madeleine, d'autres vers le col de
Lus-la-Croix-Haute dans le massif du Jocond et du
Garnesier. Mais tout est si bien réglé depuis des
siècles qu'au moment même où la fleur d'été pointe
dans nos pâtures, le premier museau de mouton destiné à manger cette herbe pointe dans le chemin. Ici
cependant se rompt l'élan irrésistible qui poussait les
bêtes sur les routes. Elles savent qu'elles vont arriver. Le mouvement se ralentit. Ce n'est plus un mouvement de recherches et de conquêtes, c'est un mouvement d'installation. Les hommes ont eu l'air de
conduire ; en réalité, ils n'ont rien conduit. Si les
moutons n'avaient pas eu de berger, ils auraient

quitté la Crau tout seuls, et tout seuls, ils seraient venus dans la montagne. Ils auraient mis peut-être un peu plus de temps, ils seraient sans doute arrivés moins nombreux, mais ils seraient arrivés. Si, hier, les bergers avaient voulu les arrêter à l'étape, ils n'auraient pas pu. Les moutons se seraient échappés et seraient montés ici. Aujourd'hui, si les bergers voulaient les pousser plus loin, les moutons resteraient où ils sont. Ils sont arrivés et ils le savent.

Alors commence une vie paisible. La patrie d'été est trouvée. Les brouillards peuvent cerner le troupeau, le froid, le gel de l'altitude peuvent l'assaillir, les tempêtes glacées le transpercer, il reste là, il s'accroche, il s'accoutume, il est chez lui. Il vit, il mange, il prolifère. Il ne marche plus, il se promène, il se déplace. Il ne se déplace plus de désir en désir, mais de joie en joie, il a trouvé son repos. Il l'a trouvé pour de longs mois.

Mais il ne l'a pas trouvé pour toujours. Les balances qui règlent le mouvement sont dans le ciel. Les constellations d'été descendent lentement vers l'ouest. Chaque matin, le ciel de l'aube est envahi un peu plus des constellations d'hiver. Rien apparemment ne change dans le comportement de ces hordes de moutons équilibrées sur les sommets des Alpes. Cependant un beau jour les museaux pointent vers les routes qui descendent. L'herbe se flétrit sous les premiers gels. Les mulets sont sortis de leur enclos, les bêtes sont chargées, les fouets se brandissent, les sifflets éclatent et toute la horde s'ébranle sur la route vers les plaines, vers le soleil, vers la patrie d'hiver. De nouveau les chemins se remplissent, les nuits des petites villes redeviennent des nuits des premiers âges. La transhumance fait refluer sa marée.

[1961]

23.

La Méditerranée

Cette mer ne sépare pas, elle unit. Aux peuples de ses rivages, bien que de races différentes, de religions opposées, elle impose les mêmes gestes. L'Espagnol des sierras montera son âne comme le Libanais ; le gauleur d'olives du Var frappe son arbre comme le gauleur d'olives de Delphes ; on voit près d'Aigues-Mortes les mêmes mirages de chaleur que près d'Alexandrie d'Égypte ; les pêcheurs de thon de Carro traînent leur madrague en chantant les chansons que chantent les pêcheurs de Tyr ou de Péluse ; c'est du même pied, semble-t-il, qu'ont été animés les tours qui ont arrondi les jarres de la Crète et celles des Baléares et de Tanger ; en août, Marseille dort comme dormait Carthage ; Carthagène fait sécher ses raisins comme Rhodes.

J'ai longtemps trouvé dans les collines autour de Manosque le décor de l'*Orestie* ; tel vallon au nord de Sainte-Victoire semble avoir été décrit par Sinbad le marin ; ce laboureur est dans Théocrite ou dans Virgile ; ce piégeur de grives est dans l'histoire arabe de Tabarī ; ce marchand de porcs de Draguignan a la ruse d'Ulysse ; ce fanfaron de Naples insulte comme Achille ; ce charretier andalou boit à la cruche d'argile comme buvait Haroun al Rachid. Il n'est pas jusqu'aux morts qui ne soient pleurés du même thrène et le vocero corse a les mêmes inflexions que les gémissements berbères.

Ce n'est pas par-dessus cette mer que les échanges se sont faits, c'est à l'aide de cette mer. Mettez à sa place un continent et rien de la Grèce n'aurait passé en Arabie, rien de l'Arabie n'aurait passé en Espagne, rien de l'Orient n'aurait passé en Provence, rien de Rome à Tunis. Mais sur cette eau, depuis des millénaires, les meurtres et l'amour s'échangent et un ordre spécifiquement méditerranéen s'établit.

[1959]

IV

TRADITIONS
ET CHANGEMENTS

24.

Légendes de la Haute-Provence

Toutes les légendes de la Haute-Provence viennent de trois sources enfoncées dans le temps.

Les plus récentes sont de goût arabe. Elles habitent généralement les villages solitaires bâtis au sommet des rochers. Ce sont celles qui racontent la vie des aqueducs et des fontaines. Le héros, qu'il soit émir, esclave ou marchand, est toujours sympathique. Plus il est noir, plus il a de grosses lèvres, plus il a des yeux blancs, plus on l'aime. On aime le pillard arabe dans ces villages pauvres d'une extraordinaire fierté.

Dans l'histoire de ces hommes, il est presque toujours questions d'eaux et de sources ; et les princes sont avant tout fontainiers. Ils sont les maîtres de la fraîcheur, de la mousse, de l'ombre et des conduits souterrains où clapote une eau de goudron dans des canaux de pierre froide.

Certes, on parle parfois aussi d'amour dans ces histoires. Il le faut bien. Ces légendes ont l'air de s'en excuser. Si un homme du pays vous les raconte, le tendre mépris de la femme, que vous ne sentez pas dans les mots écrits, il vous le fera comprendre dans son accent et dans ses gestes. Il réservera son enthousiasme, le tremblement de sa voix pour le moment où l'aqueduc enjambera les vallons et les montagnes.

Quelquefois, le héros est romain, sans précision, à la limite d'un Romain et d'un Arabe. Et, presque tout de suite, l'yeuse appesantie de feuillage caresse du bout de ses rameaux la laine des brebis virgiliennes. Près du village de Saint-Geniez-de-Dromon est une pierre qu'on appelle Pierre-Écrite. Voilà ce qu'elle dit en belles lettres onciales : « Moi, Dardanus, préfet de César, gorgé de gloire et d'honneurs, ayant rejeté le fardeau du pouvoir, je me suis retiré dans ces montagnes avec Galba, honnête femme, pour y vivre désormais dans la paix des troupeaux. »

Les légendes un peu plus vieilles parlent de la naissance du Christ. Elles sont communes à tous les pays. Mais la Haute-Provence est une terre rude. Longtemps elle a eu besoin d'espoir, s'acharnant à en trouver dans le désespoir même. Bethléem était trop loin. Si ces événements s'étaient passés au-delà des mers, qui savait si c'était vrai ? Et il fallait que ce soit vrai ; à tout prix. Alors, ils ont déformé toute l'histoire. Tout s'est passé, non seulement en Haute-Provence, mais dans leur village. La crèche était ici. Ceux du village voisin vous diront qu'elle était chez eux : laissez-les dire. L'étoile, c'est un nommé Arniaud qui l'a vue. L'étable, elle était là-bas, à la sortie par la route de Pigne, la dernière maison à votre droite. C'est Vénérande qui a lavé l'enfant. Le bouillon que la Vierge Marie a bu, c'est une nommée Barbe qui l'a fait, avec la viande d'un bœuf qui avait mangé de cette herbe-là, que vous voyez là, sous vos yeux. Cousin Toubille était allé porter la nouvelle partout. L'adoration ? Eh bien, à l'adoration, il y avait un nommé Maure, ou Maurin, qui, peut-être, celui-là, n'était pas d'ici, je vous l'accorde, mais ce que je peux vous assurer, c'est que Jésus est né ici. Bethléem ! Ah, ne croyez pas à leur Bethléem. Il est né ici. Et quand l'histoire est finie, on peut regarder l'énorme pays rude avec ses montagnes de schiste, pareilles à Léviathan.

Il y a un peu moins de légendes de la troisième catégorie, mais elles sont un peu plus vieilles. Ce sont des légendes d'après-midi, l'été, au grand soleil. Il est venu un bouc. Il marchait sur ses jambes de derrière. Il avait des yeux adorables. On n'osait plus sortir des maisons. Les villages semblaient morts, comme maintenant avec la sieste. Quand on avait vu ces yeux, on se précipitait sur les portes pour sortir. Je parle des femmes, et des filles. On était obligé de les tenir ; de les attacher ; parfois de les tuer, et le dernier saut qu'elles faisaient, c'était vers la porte. Celles qui s'échappaient malgré tout, on les voyait courir à la montagne d'une seule traite, comme avec des jambes de chèvre, puis elles disparaissaient à tout jamais. Elles devenaient reines des cèdres. Sur le haut des grands massifs ténébreux, il y a des cèdres que vous avez pu voir, qu'on peut voir encore maintenant. Elles devenaient reines de ces arbres-là. Et après ? C'est tout. Il y avait aussi une femme, enfin, un corps de femme. Je ne peux pas vous en parler. L'adorable regard du bouc n'était rien à côté de celle-là. Elle n'avait jamais porté de vêtements. On ne pouvait pas imaginer d'ailleurs qu'elle puisse mettre de vêtements, même si on avait pu lui faire des vêtements de verre. Pourquoi ? Ç'aurait été un péché qu'elle les mette. Alors les hommes disparaissaient. Ils devenaient quoi ? Rien : ils apprenaient. Ils apprenaient quoi ? Je ne peux pas vous le dire.

Mais la plus vieille légende, je vais rapidement vous la raconter. Il y a un village dans le Lubéron qui s'appelle Vitrolles. Un matin, les paysans sont sortis : tout était changé. Les arbres, vous auriez dit qu'ils étaient toujours les mêmes, vous reconnaissiez leurs traits, mais comme quand vous voyez un homme, puis il se met à rire, vous le reconnaissez toujours, mais il rit ; les arbres riaient. Ça ne se voyait à rien. La terre labourée riait. Il y a à Vitrolles des champs

d'amandiers, des bois de pins, des rouvres et des
yeuses ; la terre est, ou labourée ou en prés naturels :
tout riait et chaque chose avait son rire particulier.
Et peu à peu les hommes commencèrent à sourire.
Et tout fut facile. Cela dura quelques jours, puis tout
rentra dans l'ordinaire. Les chasseurs découvrirent
dans la montagne une énorme trace qui traversait les
forêts. Toutes les branches des arbres étaient couchées dans le sens du passage de quelque chose.
C'est également tout.

Novembre 1937

25.

Les santons

Nous avons tous fait des crèches ; puis nos enfants en ont fait à leur tour. Alors, si nous observons, nous voyons que c'est plus qu'un magnifique jeu d'hiver : c'est un moyen d'expression. Au fond nous sommes toujours à l'époque des cavernes : il nous faut dessiner sur les parois.

Il n'y a pas que les santons. Il y a la composition du paysage. Ce n'est jamais un paysage de Judée. C'est toujours celui qui nous est familier ; le Marseillais y représente Marseille ; le Manosquin, Manosque ; le Parisien, Paris. Ainsi donc, d'après nous, le fils de dieu est né dans les rochers d'Allauch, la colline du Mont d'Or ou le bois de Boulogne. Cela le rend fameusement proche. Plus encore, Allauch, le Mont d'Or, le bois de Boulogne (ou la forêt de Fontaine-bleau, ou cette transparente forêt de bouleaux nus, près d'un étang glacé, dans laquelle Breughel place son *Massacre des Innocents*) sont installés sur le dessus de la commode familière, sur une étagère de crédence, sur le buffet débarrassé de ses bibelots. S'il y eut jamais façon d'accommoder les légendes au pot-au-feu, de mesurer en même temps que de s'approprier, la voilà. Tous les objets ménagers y concourent. De mon temps, les collines que je représentais en papier gris étaient faites d'un substratum

de volumes d'Eugène Sue, d'Alexandre Dumas et
d'un exemplaire des poésies de Malherbe. (Il n'a
jamais servi qu'à ça. Je me demande pourquoi mon
père gardait ce livre sur son établi de cordonnier.)

L'année dernière, mes filles ont fait entrer le plateau de Valensole dans Bethléem parce qu'elles disposaient des gros volumes d'un Bescherelle. Elles
avaient aussi adopté pour le sol ces grandes feuilles
de papier buvard vert qui me servent de sous-main, si
bien que nous étions en plein printemps, à l'époque
où le blé vert fait tapis anglais sous les amandiers.
Moi, de mon temps, je faisais les rivières avec du
papier de chocolat. Rivières bien différentes de notre
Durance (la seule qu'il m'avait été donné de voir, à
cet âge), car la création (et peut-être même celle de
Dieu) se fait toujours par rapport à la réalité, donc
parfois contre. Mais, papier de chocolat, attention !
C'étaient de vraies feuilles d'étain, si vraies, si
lourdes et si épaisses que ma mère les gardait pré-
cieusement, les roulait en boule, et quand la boule
était assez grosse en faisait rétamer les cuillers et
fourchettes. Ce papier de chocolat, artistiquement
pendu dans les anfractuosités des volumes d'Eugène
Sue recouverts de papier gris, donnait de somptueuses cascades vernissées, grasses, de quoi faire
rêver tous les hydrauliciens de l'E.D.F. Le papier de
chocolat actuel ne donne qu'une eau maigre, sans
reflet et dont on se demande en fin de compte si elle
est potable, si elle n'est pas souillée de naphte, ou de
sel. Je disais à mes filles qu'à mon avis elle faisait plus
Judée que mes anciennes cascades norvégiennes.
Elles m'ont répondu que la Judée était le dernier de
leurs soucis et qu'elles désiraient (étaient à la
recherche d') une nature capable de représenter
l'eau profonde, l'eau bleue, l'eau des Danubes et
peut-être même l'eau sans rive des Amazones dont
tous les esprits provençaux sont hantés.

Nous voilà loin des lieux saints, de l'histoire sainte. Mais, il est bon de voir que rien ne se fait sans le rêve et le désir ; même pas le « Divin Enfant ».

Quant aux santons proprement dits, à la façon dont ils sont placés dans le paysage, on découvre le secret des cœurs. J'ai été pendant toute mon enfance entouré de dames et de demoiselles fort dévotes. Toutes, naturellement, composaient des crèches. Autour de l'étable proprement dite (toujours ornée d'étoiles, et même de comètes à longues queues), elles disposaient leur paysannerie d'argile. Devant l'étable, les rois mages, bien entendu, puis, sur les chemins, les collines, dans les vallons, sur les ponts, dans les prairies, sous les arbres, le peuple en marche. Peuple chargé de présents, portant des paquets de morue sèche (drôle de cadeau pour une accouchée d'Asie Mineure !), des pains de sucre, des rouleaux de dentelles et même des couteaux aigui-sés. Ce n'est pas l'essentiel. Où je le vois, c'est dans la dispersion de ce peuple à travers le paysage. Cer-taines de ces dames et demoiselles dévotes qui dispo-saient de cent et même de deux cents sujets compo-saient des crèches où finalement la pauvre petite étable était bien seule dans ses étoiles et ses comètes. Tout le reste de la population était à bayer aux cor-neilles par les chemins. En direction – oh bien sûr ! – en direction de l'étable, mais en train de muser, musarder et même de ruser, en train de vivre, quoi ! en train de vivre égoïstement pour soi-même.

Or, je vis (j'avais quatre ans et le spectacle me bou-leversa au point que par la suite je l'imitai) la crèche qu'avait faite un soir sinistre de décembre 1899 une pauvre fille assez mal estimée dans le quartier (et même très décriée, chez laquelle on m'avait défendu d'aller – et où je courais quand même sur mes petits pieds parce qu'elle était jolie, triste et parfumée de poudre de riz à la vanille). Cette pauvre fille (dont on disait qu'elle avait mauvaise vie) n'avait pu s'acheter qu'une vingtaine de santons en plus des personnages divins et des rois. Elle n'avait pas pu, ou pas eu le temps, ou pas eu la présence d'esprit, de composer le paysage. Sur la table nue de la cuisine, à même les carreaux (et les trous) de la toile cirée, elle avait posé l'Enfant, sans étoiles ni comètes, et, tout autour, bien serrés contre, dans la même misère (qui paraissait sans recours), rois et peuples mélangés.

1953

26.

Sur des oliviers morts
(I)

J'ai beaucoup écrit sur la Haute-Provence, soit que ses paysages aient servi de décor à mes œuvres romanesques, soit que j'aie éprouvé le besoin de dire simplement la beauté de ce pays sauvage. J'écris en ce début d'avril 1956 qui suit ce que, plus tard, on appellera sans doute le *gros hiver*. Pendant plus de trois semaines, un froid sans exemple a détruit la beauté de ce pays. Actuellement, les oliviers sont rouges, les yeuses blanches, les pins rouillés.

Pour le visiteur qui descend du Nord vers le soleil, la joie du soleil lui cache l'étendue du désastre. Peut-être même trouve-t-il pittoresques ces couleurs nouvelles, ces harmonies étranges, ces rougeurs et ces cendres de « dame-aux-camélias ». Il est cependant au milieu d'arbres morts et d'arbres agonisants.

J'ai fait ces jours-ci le tour des oliveraies avec un groupe de propriétaires et un haut fonctionnaire des services d'agriculture. Comme tous ceux qui possèdent des oliviers, j'étais déjà allé visiter *les miens*. J'avais cassé quelques petits rameaux pour voir si la sève montait toujours. Je m'étais fabriqué une sorte d'espoir.

M. B..., des services d'agriculture, est un scientifique précis quoique d'une humanité bouleversante. Il a fait devant nous les autopsies et les chirurgies après lesquelles il n'y a plus à rêver : les arbres qui ne sont pas encore morts sont en train de mourir de gangrène. M. B... avait visité, avant de venir chez nous, les Alpes-Maritimes, le Var, les Bouches-du-Rhône, le Vaucluse, la Drôme. Il a fait le compte : il y a deux millions cinq cent mille oliviers morts.

Contrairement à ce qui se passe pour les hommes, les arbres morts restent debout. Pour l'instant, à part le changement de couleur (dont j'ai dit qu'il pouvait sembler pittoresque de la portière d'une automobile), on ne voit pas encore l'étendue de la catastrophe. On comprendra cet été, on sera atterré l'an prochain. La Haute-Provence va changer complètement d'aspect. Il va falloir couper à ras du sol près de trois millions d'oliviers. Ce *recépage* fournira évidemment d'autres oliviers, mais dans *vingt ans*, et c'est seulement dans une centaine d'années qu'on reverra de gros arbres semblables à ceux qui viennent de mourir.

Qu'on reverra ? Si on les soigne. Or qui les soignera ? Les oliveraies qui faisaient notre joie (notre huile, c'est autre chose) avaient été soignées dans une époque très différente de la nôtre, où l'envie de gagner de l'argent, quoique aussi ardente qu'aujourd'hui, était contenue et forcée à la patience par un défaut de technique générale. Forcée même à la sagesse, parce qu'il n'y avait pas d'autre issue, et qu'il était *plus facile d'être sage*. On admettait une attente de vingt ans. On ne l'admet plus. On croit qu'on ne peut plus se permettre de l'admettre. Peut-être même le croit-on avec juste raison. Qui, aujourd'hui, attendra vingt ans une récolte et, au surplus, une récolte *non payante* ? Car ce ne sont pas les oliviers de Haute-Provence qui pèsent sur les cours de l'huile. Par rapport au cours de l'huile, le désastre de Haute-Provence ne compte pas, ne compte tellement pas que, d'après M. B..., la récolte s'annonçant magnifique en Tunisie et en Espagne, le cours de l'huile d'olive (pour employer ici ce pléonasme qui précise) va baisser.

Voilà donc ce qui est dit aux propriétaires d'oliveraies de Haute-Provence : vous allez attendre vingt ans, dépenser de l'argent et du travail pendant vingt ans et, au bout de vingt ans, vous aurez de nouveau des oliviers qui rendront au pays son aspect d'hier mais ne vous rapporteront pas un sou. Qui parie qu'on écoutera cette voix ? Pas moi. Trois millions d'oliviers vont disparaître. Vont disparaître pour faire place à quoi ? Les gros propriétaires vont faire des expériences. J'ai entendu parler d'engrais vert pour enrichir le sol ; et après, quoi ? Des vergers de pêchers dans les endroits abrités (qui sont rares) ; mais sur les collines battues des vents, sur les terrasses dévorées de chaleur, dans les landes sans bornage où l'olive se cueillait à petites poignées ? La terre dénudée, foulée de soleil sans répit, s'envolera dans le vent, ruissellera en boue dans les torrents, le pays se décharnera. Il faudra parler d'Afrique.

Ces bouleversements ne se font pas sans affecter la vie et le social. M. B... nous parlait de tel village du Var, près de Toulon, où il arrivait pour son inspection. Toute la population, rassemblée sur la place du village, l'attendait : en silence, comme on pouvait attendre le docteur dans un village touché par le choléra au siècle dernier. « Or, dit M. B..., je ne suis pas, hélas, le docteur dans le cas qui nous occupe ; je ne peux que constater le mal. »

Tous ces gens qui étaient là, soumis au verdict, vivaient de l'olivier ; petitement, sans grand tralala, mais vivaient, et depuis des générations. Ils vont devenir quoi ? Les jeunes (dit M. B...) pourront peut-être aller dans les villes, entrer à l'Arsenal. Et les vieux ?

Ailleurs, du côté de Buis-les-Baronnies, un jeune

homme, rentrant du régiment, emprunte au Crédit agricole, achète deux mille pieds d'oliviers et se marie. Il a maintenant une famille et un million de dettes. Faites-le attendre vingt ans, celui-là, et pour rien, pour le plaisir de l'œil : lui restera-t-il dans vingt ans une chance de pouvoir lutter, commercialement parlant, avec les oliveraies de Tunisie et d'Espagne ? Il est jeune, il va retomber sur ses pattes, bien sûr, mais il ne sera plus l'homme qu'il aurait été. Tout un art de vivre est changé.

Art de vivre dans lequel les traditions et même celles qui viennent de la physiologie du goût comptaient. Que l'on compare ce que je dis ici à ce que je dis de la Provence ailleurs.

L'ordre naturel qui nous entoure détermine notre façon d'être et notre façon de penser. Nous sommes des appareils de transformations. (Si même nous sommes autre chose, en plus.) La chimie des matières que nous transformons par notre *chyle*, comme on disait au XVIIIᵉ siècle, passe dans nos actes. Devant l'ampleur du désastre, on se demande si ce pays restera un pays de la civilisation de l'huile (à moins qu'il ne devienne un pays de la civilisation de l'huile d'arachide !), s'il restera même un pays de civilisation latine.

Car, non seulement les oliviers sont morts, mais les yeuses, les pins et, d'une façon générale, tout ce qui permettait ici de comprendre mieux Virgile et ce qui a fait Virgile. Vers qui tournerons-nous nos regards désormais dans la descente aux enfers ?

[1956]

27.

Sur des oliviers morts
(II)

Après le rude hiver de 1956, on vit apparaître le squelette des oliviers. Jusque-là ils avaient été grecs de la belle époque ; brusquement, ils s'étaient dépaysés, ils avaient voyagé dans le temps et dans l'espace jusqu'à la brutalité et la sauvagerie des totems ; ils couvraient désormais les collines de diagrammes rituels. Ce que les poètes avaient fait du chevalier, de la dame, du moine, du roi, du pape, de l'empereur du Moyen Âge dans les danses macabres, le gel l'avait fait avec les arbres, et surtout avec les arbres éternels, sur lesquels les saisons passaient sans marquer. Du jour au lendemain, après des nuits de moins trente, leur sort fut réglé ; après quelques semaines, ils apparurent dans leur véritable identité. Sur l'emplacement du verger donneur d'huile avec lequel on avait jusqu'ici l'habitude de vivre en bonne compagnie (c'est-à-dire en hypocrisie naturelle), apparut une atroce simplification avec laquelle désormais il n'était plus possible de ruser, et qui ne pouvait plus servir à aucun mensonge. Comme le pape enfin dépouillé de ses turpitudes, réduit à une cage d'os où seul le vent peut siffler, comme le chevalier bouilli dans le dernier combat jusqu'à n'être plus qu'osselets, comme la femme devenue simple agencement de leviers très mathématiques, les squelettes d'arbres nous contraignaient à l'enquête toujours retardée sur la réalité et sur l'aspect du monde. Brusquement, à l'époque du plus flamboyant progrès, il nous était demandé de rejoindre une plus haute pensée. Tout ce qui nous paraissait merveilleusement esprit froid, méthodique, automatique, logique, technique, il nous était commandé de le penser à nouveau avec un esprit vraiment froid, méthodique, automatique, logique, technique, dépouillé de tout le romantisme de la science moderne, repris par la magistrale précision du poète du fantastique.

Les paysages qui, jusqu'alors, avaient été *naturels* devenaient magiques, et leur transformation faisait comprendre l'extraordinaire complication du naturel. Certains vallons de délices virgiliens étaient devenus les places d'armes de l'enfer. Dépouillées de tout un apparat d'espérances, les collines dressaient le théâtre d'un « après la mort » où l'on entrait tremblant de peur et de curiosité. On entendait une voix bien plus moderne que celle des temps modernes, le cliquetis des petites machines à calculer sonnait faux, c'est-à-dire composait une architecture sur l'erreur, une symphonie sur le désaccord, tout aussi équilibrée l'architecture, tout aussi spirituelle la symphonie, que celles dont le monde avait été construit jusqu'à présent, et les grandes machines à calculer commencèrent à ronronner comme des tigres, c'est-à-dire avec un manifeste instinct de conservation. Alors qu'au Moyen Âge la danse macabre était la fin de toute vanité, les huit cent mille squelettes des oliviers de Provence morts de gel installaient une vanité nouvelle à partir de laquelle le monde pouvait se reconstruire à reculons. Un décharnement qui laissait l'esprit nu, libre et léger, et, comme dans les anciennes danses macabres, on voyait le squelette du pape, de l'empereur, du chevalier ou de la dame esquisser un pas de polka, et même « jeter la jambe en l'air », ici c'était l'esprit qui se dévergondait, changeait de morale, faisait des découvertes dans l'espace (comme il y a une géométrie dans l'espace).

Que les anciens mythes de Pan étaient reposants à côté de cette réalité si objective, si concrète, de ce mystère si clair, de ces tombeaux qui ne laissaient plus échapper les os des jugements, mais les nudités d'une sorte de super-french cancan, plein d'humour puisqu'il préludait à des recommencements sans fin, et toujours pour des fins dérisoires.

De là dans la construction de ces « corps morts » le concours de toute la géométrie plane, aussi sèche que dans l'âme de Monsieur Euclide, mais combien émouvante, car, au simple souvenir du feuillage gris, grec de la belle époque, qu'elle avait si longtemps porté, nous comprenions enfin qu'elle était la charpente de notre joie avant d'être (comme il se doit, et comme on sait) la charpente de l'univers.

19 décembre 1958

28.

La lavande

La lavande est l'âme de la Haute-Provence Qu'on l'aborde par la Drôme, par le Dauphiné ou par le Var, cette terre offre ses étendues désertes, couvertes de violet et de parfums. Dans les solitudes de la montagne de Lure, la lavande sauvage s'étale à perte de vue. À l'époque de la récolte, les soirs embaument. Les couleurs du couchant sont des litières de fleurs coupées. Les alambics rudimentaires installés près des citernes soufflent des flammes rouges dans la nuit ; leurs fumées à odeur de caramel teintée par le vent vont enchanter le sommeil des solitaires dans le désert. Quand on a vécu ces nuits et ces jours, on est enchaîné à l'esprit de ce parfum. Il suffit ensuite d'un bouquet de lavande pour qu'il vous soit parlé – et en langage d'une étrange densité – de ces libertés essentielles qui sont le charme de ces hautes terres. Fussiez-vous alors dans de lointaines Amériques, en Chine ou au Béloutchistan, perdu dans des livres austères ou naufragés dans des drames personnels, sociaux ou cosmiques, c'est la liberté, c'est la fraîcheur, le calme et la grandeur de la Haute-Provence qui vous visitent, vous tirent brutalement vers elle et vous animent. Pour qui est de ce pays – ou qui l'habite, non comme un touriste mais comme un homme, c'est-à-dire en y faisant participer son esprit et son cœur –, c'est la plus grande ressource possible. Que tant de force soit dans un parfum ne peut paraître exagéré qu'à ceux qui n'ont jamais eu à se réconforter l'âme en touchant l'âme d'une patrie.

29.

Les fermes ne marchent pas
avec le siècle

On ne construit pas de fermes modernes. Je parle
plus particulièrement d'une région délimitée au sud
par la Méditerranée, à l'ouest par le Rhône, à l'est par
les Alpes, au nord par le cours de l'Isère. Aussi bien
dans les grandes vallées comme celles de la Durance
et de la Drôme que dans les collines, les montagnes
qui les entourent ou dans les plaines de confluent du
Comtat, les paysans habitent des constructions qui
datent du xviie ou du xviiie siècle. Je ne parle pas évidemment de ces « pavillons de banlieue » qui fleu-
rissent dans les terres à primeurs autour de Cavaillon, Avignon, Orange, Carpentras. La population qui
vit de la culture, du transport et de l'exportation du
primeur étant une paysannerie à part, qui, volontairement et pour des bénéfices extraordinaires, a,
par principe de base, transgressé les lois naturelles.
Elle ne peut rien nous apprendre, sinon qu'on
change de sens en changeant ses lois. On le voit bien
à quelques mètres seulement de distance près de
L'Isle-sur-Sorgue, par exemple, où la simple route
d'Avignon à Apt est la ligne de partage de deux civilisations.

À droite de cette route, en allant à Avignon, les
fermes sont construites de galets, crépies de chaux,
ont des murs de 1 m 50 d'épaisseur, sont basses et

trapues, couvertes de tuiles romaines irisées de vieillesse, et datent du xviiᵉ siècle ; à gauche, les fermes
sont construites de briques, enduites de produits
industriels et même de *couleurs fonctionnelles*, ont
des murs de 15 centimètres d'épaisseur, sont hautes,
parfois de deux étages, couvertes de tuiles plates
marseillaises d'un rouge sanglant et immuable, et
datent (les plus anciennes) de M. Fallières. À droite,
se voient tous les signes d'une civilisation paysanne
que l'on pourrait dire chinoise, avec des fumiers
opulents. À gauche, les maisons ont cet air faussement averti des médiocres qui ont enfin un cabinet à
chasse. À droite, on fait de la culture classique : blés
(qui restent courts de paille), pommes de terre dans
les bas de collines, quelques vignes et lavandes sur
les flancs ; et on chasse sur les hauteurs du plateau. À
gauche, on fait de la culture intensive, sous verre,
sous paillasson, on chauffe de la fraise au mazout, on
protège la fleur de pêcher en faisant brûler de vieux
pneus, on va se distraire à Cavaillon au cinéma et
dans les bals, on a parfois la télévision, on a en tout
cas toujours le téléphone et la radio, ne serait-ce que
pour connaître les cours de la Bourse ou les nouvelles internationales : le monde entier répugnant à
la fraise en janvier pour un simple mal aux dents
russe.

Cette gauche (de la route d'Avignon à Apt) ne peut
rien nous apprendre ; dans trois ou quatre cents ans,
s'il en reste encore des poussières ou des tessons, ces
débris seront peut-être alors pleins d'enseigne-
ments ; pour l'instant il ne s'agit que d'un vaste
Aubervilliers ou Kremlin-Bicêtre habité par des gens
qui ont gagné beaucoup d'argent en perdant leur
qualité. Par contre, le côté droit apparaît comme la
figure éternelle de l'habitat rural. D'un côté les
fermes s'appellent (comme il se doit) : « Mon Plaisir », « Sam Suffit » ou « Villa Jeannette », de l'autre

elles se nomment : « la Margotte », « le Criquet », « la Commanderie », « le Paon », « le Moulin de Pologne » et même « la Pertuisane ».

Mais c'est un même ingénieur du génie rural qui s'occupe du côté droit comme du côté gauche.

J'ai assisté, il y a quelque temps, à une conversation entre un paysan de ce côté droit, c'est-à-dire un paysan habitant une ferme du XVIIe siècle, et un ingénieur du génie rural. Le premier était un vieux bonhomme en buis, expert en moutons, en petits vignobles, en blés, en pommes de terre, en lavandes. Cela se passait dans les terres sauvages du Haut-Var, près des déserts de Canjuers. L'agriculture est héroïque dans ces régions : c'est un art de Robinson Crusoé, il y faut tout savoir faire et dieu a décidé qu'on n'avait pas le droit de se tromper. Il y faut un art de finesse et comprendre les décrets de la Providence avant qu'ils soient exprimés.

Le vieil ami chez lequel j'étais est un paysan de ces lieux sans pitié depuis mille ans, si l'on tient compte qu'il est simplement le successeur actuel de cinquante générations de sa famille qui, tantôt ici, tantôt là, ont toujours été paysans dans ces régions. L'ingénieur rural était un garçon de trente-cinq ans. Sorti des écoles et prisonnier de l'administration. Il s'agissait pour mon vieil ami d'obtenir une aide financière pour transformer en route une piste qui, depuis des siècles, permettait l'accès à la ferme. Le paysan voulait bien prendre une partie des frais à sa charge, mais demandait pour le reste l'aide du génie rural. L'ingénieur vint à la ferme et j'y étais pour mon plaisir d'ailleurs : cette ferme est aussi belle que les plus belles et les plus anciennes maisons de Toscane. Elle a été jadis la ferme d'une commanderie de Templiers transformée au XVIIe. Elle est à la fois une sorte de monastère tibétain et une forteresse féodale. Ses bergeries ont la solennité des voûtes de cathé-

drales, ses ombres sont veloutées, ses couloirs
sonores, et son abri, profondément protecteur pour
qui connaît les angoisses nocturnes et même diurnes
des terres sauvages et désertes. J'y viens goûter une
paix qu'on trouve rarement ailleurs et reprendre
contact avec les « essences ». À noter que mon vieil
ami et sa famille : sa femme, ses deux filles, ses trois
fils (un va partir pour l'Algérie), sont sensibles de la
même façon que moi et pour les mêmes raisons ; ils
comprennent tout à demi-mot. Ils paraîtraient
« péquenots » à Paris, mais ici, où le Parisien paraî-
trait imbécile, ils sont subtils, perspicaces et proches
des dieux comme des héros grecs.

L'ingénieur fit la moue devant le bel âtre qui nous
ravissait et nous réunissait (il en aurait ravi et réuni
d'autres) ; il parla de chauffage au mazout, il
demanda où était la machine à laver ; il entreprit
mon vieil ami sur « la nécessité de marcher avec son
siècle » ; il s'étonna des fenêtres minuscules qui per-
çaient les murs de 2 mètres d'épaisseur. On lui fit
remarquer qu'à l'endroit où l'on était souffle, pendant au moins cent cinquante jours par an, un vent
non seulement à décorner les bœufs, mais à emporter les bœufs eux-mêmes. Il nous fit alors un cours
substantiel sur les matériaux modernes qui permettent de résister à tant de pression, etc. Bref, il fut
très mécontent de cette ferme (qui s'appelle
« Silance », avec un *a*). Nous fûmes morigénés de
belle façon. Tout le confort moderne sortait des
narines de l'ingénieur comme la fumée sort des
naseaux des étalons qui rongent leur frein, et il
décida que le Conseil général, l'État, la France ne
consentiraient jamais à donner un centime pour permettre l'accès d'un bâtiment « aussi vétuste qu'insalubre ». On lui fit remarquer que le vétuste tenait le
coup dans des conditions particulièrement dures ;
que l'insalubre avait permis au grand-père de mourir

à quatre-vingt-dix-sept ans et à la grand-mère de
mourir à cent trois ans ; il ne voulut rien entendre.
« À moins... à moins, dit-il, que vous ne fassiez installer au moins une salle de bains et un water. » Les
grands mots venaient d'être lâchés.

Mon vieil ami n'est pas têtu : il a fait sa salle de
bains, et son water. La baignoire sert beaucoup
quand on tue le cochon, le reste du temps on la remplit de pommes de terre. Le water ne sert pas du
tout : le fumier est trop précieux. D'ailleurs, l'ingénieur avait oublié qu'à « Silence » on n'a de l'eau que
si on prend la peine de la tirer d'un puits. La tuyauterie et la robinetterie du « sanitaire » sont factices,
mais grâce à ces subterfuges on a pu avoir un chemin
à peu près convenable.

Je suis très intéressé par les administrations et par
les fonctionnaires qui veulent *faire marcher les*
fermes avec leur siècle. On n'a pas si souvent l'occasion de rire. S'il est un mode de vie qui, au XXᵉ siècle,
soit en tout point semblable à ce qu'il était au premier, c'est bien le mode de vie paysan. Il faut, en
1959, exactement autant de temps que sous Ponce
Pilate pour faire germer un grain de blé. Et ce ne
sont pas les laboratoires des diverses confessions
politiques qui changeront quoi que ce soit avec leurs
chiens à deux têtes, leurs abricots expérimentaux
gros comme des citrouilles et leurs groseilles gonflées comme les ballons rouges de notre enfance.
Quand on aura fini de s'amuser avec des expériences, et des salles de bains, on s'apercevra que
c'est le Zodiaque qui fait pousser les fruits à leur
taille et à leur saison et qui construit les fermes dans
les champs.

[1959]

30.

Maisons en Provence

Il y a le poncif et il y a l'extraordinaire. Il y a la mer bleue, les roches rouges, les plages, les fritures à l'huile solaire, les faux cow-boys, les clubs taurins, les Magali-ma-bien-aimée, les chèvres de Monsieur Seguin, les résidus de littérature conventionnelle, les artisteries de syndicat d'initiative, la Provence connue où il n'y a jamais rien eu à connaître, et il y a la Provence inconnue où il y a tout à découvrir. Si on veut habiter la Provence dans le seul but d'avoir autour de soi un cadre à détacher suivant le pointillé, pour s'envoyer aux amis sous forme de carte postale, il n'y a pas à hésiter, c'est la première qu'il faut choisir ; elle vaudra toujours pour le commun des mortels son pesant de sarriette, on est sûr de son effet ; on s'emmerdera (comme partout ailleurs), mais on sera envié : « Ah, dis donc, tu as vu Paul, où c'est qu'il est ! Tu as vu le ciel bleu ! Des mois sans pleuvoir, toujours le soleil, et des cigales ! Des courses de taureaux tous les dimanches, la pétanque tous les soirs, le pastis trois fois par jour, et, pour les fêtes carillonnées, le moulin d'Alphonse Daudet monté sur des roulettes, qu'on promène dans les rues au son du galoubet et du tambourin. Ça, c'est la vie ! »

C'est en effet une vie. On peut en vouloir une autre.

Il ne faut pas s'étonner, alors, si on n'entre pas dans une énorme « galéjade ». Certains de ces paysages sont tristes, mais avec noblesse, d'autres sont d'une aristocratie un peu méprisante ; tous sont silencieux. On n'obtiendra que ce qu'on mérite. Si vous valez quelque chose, ce pays va vous le dire ; si vous ne valez rien, vous n'y résisterez pas : il saura vous chasser. Mais il est sensible à la moindre amitié, à la plus petite velléité de tendresse ; au plus simple geste d'attachement, il va rouer comme un paon, roucouler comme une colombe, ployer sous vos désirs. Il vous surprendra, il est gris. Ces bleus, ces ocres, ces rouges, ces verts qu'on voit à la devanture des papeteries, si vous les aimez, restez à la devanture des papeteries. Ici, ce qu'on vous offre, c'est du gris. Mais du gris de toutes les nuances, un iris de gris. Au gros de l'été, il est dominé par du jaune paille, en hiver par du bleu, au printemps par du rose ; il n'y a pas d'automne. C'est tout.

Avant d'aller plus loin, il est nécessaire de dissiper un malentendu. Le mot Provence fait oublier qu'en réalité, c'est le Sud. On y déteste le soleil, comme dans tous les Suds. Si vous l'aimez, ne venez pas, allez à Saint-Tropez. Si vous venez, sachez que tout ce que vous allez faire sera fait pour fuir le soleil. Voyez ce que font ceux qui ne sont pas venus ici, mais y sont nés : ils se couvrent, ils s'emmitouflent, ils ne vont jamais torse nu, même pas tête nue : ils ont de grands chapeaux, des voiles noirs, des chemises boutonnées ras du cou, ras de la main ; ils habitent des maisons sombres. Les Italiens, qui sont railleurs (et connaissent la musique), disent : « Le soleil, c'est pour les Anglais. » Ici, où on ne voit pas beaucoup d'Anglais, on dit : « Même les chiens cherchent l'ombre. » Certes, quand on arrive du Nord, tout nouveau, tout beau ; il semble qu'on ne se lassera jamais. Après des années et des années de

soleil, on sait ce que c'est, on sait ce qu'il faut en penser, on sait ce qu'il faut en attendre. Une chose est de
venir le voir en passant, autre chose est de vivre avec
lui, toute une vie : on est obligé de la modifier en
conséquence. Il vous faudra modifier la vôtre de la
même façon si vous voulez rester ici.

Cela dit, regardons autour de nous. C'est un paysage à la Poussin ou à la Hubert Robert : des bouquets d'yeuses, des vergers d'oliviers, des landes couvertes de thym, des rochers, parfois un peu
emphatiques mais couleur de cendre, des lacs de
lavande, à l'horizon de l'est les Alpes « en gloire »,
vers le sud Sainte-Victoire et Sainte-Baume, et derrière ces deux Saintes, les reflets de la mer blan-
chissent le ciel. Le pays est haut perché. C'est un plateau qui porte de tendres collines. Dès qu'on le voit,
quand on a le goût du silence et de la paix, on sait
qu'ici on va trouver son repos.

Il ne faut pas se laisser prendre au premier appât.
Dès le premier jour, vous rencontrerez vingt maisons, toutes plus belles les unes que les autres, toutes
suffisamment en ruine pour que vous ayez, tout de
suite, envie de les arranger à votre goût. Attendez : il
faut savoir pourquoi on les a abandonnées, pourquoi
on les vend. Pour les unes, c'est une question d'eau,
pour les autres, c'est l'exposition, pour certaines,
c'est plus subtil. L'eau : inutile d'insister, vous ne
pourriez pas vivre sans eau. Comment faisaient alors
ceux qui ont bâti la maison à cet endroit-là ? Ils
allaient chercher l'eau parfois à des kilomètres avec
des ânes. La mauvaise exposition, qui peut vous
paraître bonne si vous ne pensez, par exemple, qu'à
la belle vue, ce qui est souvent le cas, la mauvaise
exposition sera aussi insupportable que le manque
d'eau. Ce pays a parfois des colères terribles, et il est
têtu comme un mulet ; le vent peut y souffler en tempête pendant des semaines, voire des mois, il est

d'une telle violence que certains villages, où il bat les
murs sans arrêt, sont dévastés par des épidémies de
suicides. Nous ne sommes plus sur la côte d'Azur.
Mais puisque, précisément, c'est pour la fuir que
vous êtes venus ici, cherchons encore. Pour certaines maisons, ai-je dit, les raisons de l'abandon sont
plus subtiles que celles qui résultent du manque
d'eau et de la mauvaise exposition. Elles s'appa-
rentent à celles qui font abandonner un terrain sté-
rile. Il y a des maisons stériles. Elles ont tout, sauf la
faculté de créer le bonheur. Cela vient, on ne sait
pas, d'un orient spécial de la lumière, d'un excès de
quelque chose : silence, tragédie des crépuscules, ou
d'une carence : certains paysages ne comportent pas
la moindre modulation des gris ; on ne s'en aperçoit
pas sur l'instant ; à la longue, c'est mortel. C'est parfois plus mystérieux encore, à la limite des tabous
primitifs. Le pays est neuf. C'est bien ce que vous
désiriez, n'est-ce pas ?

Les vraies maisons se cachent. Vous ne les trouverez pas tout seul ; il faudra qu'on vous prenne par la
main. Mais en voilà une. Elle est dans un vallon. Les
vallons sont la ligne des puits et des sources ; même
quand il n'y a pas d'eau apparente, il y a des joncs et
des saules, il suffit de gratter ; si gratter ne suffit pas,
on creuse un peu et on trouve. Mais généralement, il
y a un puits, ou, ce qui vaut mieux, une petite fontaine ; c'est souvent un simple roseau enfoncé dans
un talus et qui distille un fil d'eau plus muet qu'un fil
de la Vierge. C'est suffisant. N'y touchez pas, vous n'y
connaissez rien, la nymphe s'effaroucherait ; je
connais des fontaines qu'un simple coup de pioche
mal donné a tuées à jamais. Allez voir l'homme de
l'art. C'est généralement un homme qui aime, cela
va ensemble, il va vous faire une fontaine admirable,
c'est une sorte de Japonais ; il connaît tout : la valeur
des bassins plats, des bassins profonds, la façon de

les faire chanter, la longueur qu'il faut donner au canon de la fontaine, suivant le débit, pour que le bruit de l'eau tombant dans le bassin soit exactement à l'oreille de la douceur qu'il faut. J'ai l'air d'être à côté de la question, pas du tout, vous m'en direz des nouvelles quand, pendant les torrides midis de canicule, vous ferez la sieste dans la vaste pièce sombre et que vous entendrez le bruit de votre fontaine répercuté par vos arbres et vos murs. C'est la suave musique du paradis. Le bonheur est fait de ces délicatesses.

Il y en a d'autres. Ces maisons des vallons ont été construites après la période héroïque du XIXe siècle par des gens qui ne craignaient plus les conscriptions forcées de Napoléon et le banditisme qui s'en est suivi. Elles se sont cachées par volupté, non par peur. Elles ont donc élagué largement les taillis et les bois ; ces bois ne sont d'ailleurs, la plupart du temps, que de pins et par conséquent transparents comme du verre. Quand ils sont d'yeuses, qui donne un feuillage plus épais, il s'est toujours trouvé quelque Louis XIV pour faire établir des trouées et des approches en belle vue. La lumière est donc très vive sur les façades. On remarquera que les fenêtres sont petites, souvent même semblables à des meurtrières. C'est naturellement pour se défendre, mais pour se défendre contre le soleil. Gardez-vous bien de les agrandir, vous en souffririez mille morts. Vous verrez comme l'ombre est belle et qu'elle a la chair d'un fruit. Ce sera votre aliment principal. Jusqu'à présent, vous n'avez jamais goûté à l'ombre. Vous allez voir ! Le soleil abrutit, l'ombre enivre, l'ombre délivre. Les mangeurs d'ombre sont gais, les buveurs de soleil ne sont qu'arrogants : d'ailleurs, ce sont toujours des étrangers. Ils ne savent pas consommer les produits du pays. Une porte, une fenêtre entrebâillées laissent passer juste ce qu'il faut de lumière pour

animer les couleurs que vous disposerez au fond de
l'ombre, vous aurez ainsi le plaisir de les voir lentement venir au jour. L'œil a trouvé tout de suite son
compte. Surtout, jamais de lunettes de soleil, elles
déforment tout, vous vous agitez dans un monde
faux. Si vous ne pouvez aller au soleil sans lunettes,
restez à l'ombre, c'est la preuve même que le soleil,
utilisé de cette façon, est mauvais. Vous entrez et
l'ombre vous enveloppe. Vous êtes encore pendant
une minute ou deux dans la pinède grise, puis le
monde, le vôtre, apparaît peu à peu. Pas besoin d'un
Renoir ou d'un Van Gogh (si on les a, tant mieux,
qu'on en profite), mais il suffit d'une poignée d'épis
mûrs, d'un raphia coloré, d'une bassine de cuivre,
d'une étoffe, d'un châle, du paillage d'une chaise,
d'un bois ciré, d'un verre contenant un peu d'eau
claire, d'une rose, d'un miroir, d'une dorure, d'un
parquet de terre cuite, pour que tout, autour de vous,
prenne volume et profondeur.

Il ne faut sortir qu'aux premières heures de la
matinée, quand toutes les herbes donnent odeur :
l'Alpe laisse traîner un peu de fraîcheur au fond de
l'air ; l'horizon joue avec le bruit des bourgs et des
villages ; la lumière est brillante sans cruauté ; tout
ce qui vit se donne rendez-vous dans le matin, tout
est animé ; ou alors le soir, après le coucher du soleil
et jusqu'aux étoiles de minuit. Le reste du temps,
c'est dans la maison qu'on le passe. De dix heures du
matin à sept heures du soir, on habite l'ombre. On
mesure la lumière en ouvrant, en entrouvrant, en
fermant les portes et les volets suivant leur orientation. On peut ainsi donner à chaque heure qui passe
sa couleur et son intérêt. Une architecture de rayons
dressera les multiples palais de votre rêverie. Celui
qui s'écrase au soleil à plat ventre ou à plat dos est
loin de se douter des mystères qu'il révèle à celui qui
le plie à sa fantaisie. Une cage d'escalier par laquelle

il descend en rejaillissant à chaque marche sur de l'argile cirée, une lucarne de grenier par laquelle on le laisse glisser en oblique, un contrevent par la meurtrière duquel il lance ses flèches, et toutes les combinaisons d'ombres et de lumière qu'on apprend à créer, donnent de l'aristocratie à sa violence.

Il est évident que nous sommes là dans le contraire du commun. Il faut du caractère et un peu d'âme. Ce n'est pas à la portée de tout le monde.

[1965]

31.

« *Un paysage dans lequel on est heureux...* »

Il est évident que nous changeons d'époque. Il faut faire notre bilan. Nous avons un héritage, laissé par la nature et par nos ancêtres. Des paysages ont été des états d'âmes et peuvent encore l'être pour nous-mêmes et ceux qui viendront après nous ; une histoire est restée inscrite dans les pierres des monuments ; le passé ne peut pas être entièrement aboli sans assécher de façon inhumaine tout avenir. Les choses se transforment sous nos yeux avec une extra-ordinaire vitesse. Et on ne peut pas toujours pré-tendre que cette transformation soit un progrès. Nos « belles » créations se comptent sur les doigts de la main, nos « destructions » sont innombrables. Telle prairie, telle forêt, telle colline sont la proie de bull-dozers et autres engins ; on aplanit, on rectifie, on utilise ; mais on utilise toujours dans le sens matériel qui est forcément le plus bas. Telle vallée on la barre, tel fleuve on le canalise, telle eau on la « turbine ». On fait du papier journal avec des cèdres dont les croisés ont ramené les graines dans leurs poches. Pour rendre les routes « roulantes », on met à bas les alignements d'arbres de Sully. Pour créer des par-kings on démolit des chapelles romanes, des hôtels du XVIIᵉ siècle, de vieilles halles. Les autoroutes fla-gellent de leur lente ondulation des paysages vierges.

Des combinats de raffineries de pétrole s'installent sur des étangs romains. On veut tout faire fonctionner. Le mot « fonctionnel » a fait plus de mal qu'Attila ; c'est vraiment après son passage que l'herbe ne repousse plus. On a tellement foi en la science (qui elle-même n'a foi en rien, même pas en elle-même) qu'on rejette avec un dégoût qu'on ne va pas tarder à payer très cher tout ce qui jusqu'ici faisait le bonheur des hommes.

Cette façon de faire est déterminée par quoi ? Le noble élan vers le progrès ? Non : le besoin de gagner de l'argent. Écoutez les discours politiques, lisez les journaux : on ne parle que de prix « compétitifs », de rendement, de marges bénéficiaires, etc. Il faudrait à la fin se rendre compte, si on en est fermement sur le chapitre de l'argent, qu'il ne se gagne pas qu'avec de la betterave, du beurre, du pétrole ou de l'acier. Qu'il y a des créations artistiques qui rapportent plus que des puits de pétrole et que tous les hauts fourneaux de la vallée de la Moselle réunis. Le centre artistique de Florence rapporte plus à la ville, à la région, aux Florentins de la cité et des cités environnantes que toutes les industries groupées dans cette région, plus que si toutes ces industries étaient multipliées par mille. Seraient-elles, d'ailleurs, multipliées par mille qu'elles courraient toujours le risque d'être concurrencées par des régions où elles seraient multipliées par dix mille, et, pourraient-elles suivre la cadence, qu'il faudrait encore courir après le client et essayer de remplir le carnet de commandes avec des politiques et de la politique. Tandis qu'il n'y a pas de concurrence pour le trésor artistique que lui ont légué ses artistes, son école de peinture, de sculpture, d'architecture, ses cathédrales, ses couvents, le Palazzo vecchio. C'est par milliards que l'argent tombe dans les escarcelles et les comptoirs florentins ; c'est par milliards qu'il tombe à Venise, à

Rome, c'est par milliards qu'il inonde la péninsule depuis le Piémont jusqu'en Sicile. Il en faudrait des puits de pétrole et des hauts fourneaux pour arriver au même résultat ! Il a suffi du génie de quelques artistes et de l'intelligence conservatrice de leurs héritiers. *Les Pèlerins d'Emmaüs, La Ronde de nuit, Les Syndics des drapiers, La Leçon d'anatomie,* voilà qui n'a pas besoin de Marché commun pour faire entrer les devises.

Souvent il n'est même pas besoin d'un Fra Angelico ou d'un Rembrandt. Regardons notre région : il est incontestable que la circulation entre Moustiers-Sainte-Marie et Pont-de-Soleils ou entre Aiguines et le pont de l'Artuby serait inexistante sans la « présence » des gorges du Verdon. Si le Belge ou l'Allemand ou l'Anglais et même l'Italien circule sur cet itinéraire et laisse ses francs, ses marks, ses livres et ses lires dans les restaurants de la région, c'est pour son pittoresque. Il faut tout de suite s'entendre sur la signification de ce mot. En règle générale il s'agit d'un paysage qui fait des ronds de bras ou des ronds de jambe : l'exemple le plus parfait en serait les canyons du Colorado ! C'est si vrai que pour ces modestes (somme toute) gorges du Verdon, une publicité tapageuse les appelait naguère le canyon du Colorado français, ce qui est faux, médiocre et un peu bête. Il existe donc le paysage « tour Eiffel », le « belvédère », la « belle vue », le pittoresque à gros débit et à gros bec, c'est entendu. Celui-là s'entoure de trois étoiles, de guinguettes et de l'avenant. Celui-là est parcouru par des « circuits ». C'est le Mont-Saint-Michel, ce sont Les Baux, etc.

Il existe ensuite le paysage de mode. Celui-là se lance comme un parfum, un tweed, une danse, une marque de whisky. Un syndicat d'initiative, un maire rusé, une confédération de commerçants avisés et avides met dans sa manche un peintre (généralement sans grand talent, ou avec un grand talent de publicité), un écrivain, ou plusieurs de chaque, et ces personnages se mettent à ne plus jurer que par cette région. C'est là que la lumière est la plus belle. C'est là que la solitude est la plus solitaire. C'est là que le folklore est le plus folklorique, c'est là que les mœurs sont les plus... c'est là que les choses sont les moins... Bref, c'est là que désormais il faut absolument venir passer des vacances, si on est d'un certain monde, ou si on veut faire croire qu'on en est. Avec cette méthode on peut remplir de chalands le canton le plus revêche et le plus rébarbatif. Il peut être infesté de moustiques, de scorpions, de serpents, de fièvre, de tout ce que vous voudrez, la mode rend tout exquis et c'est à qui exhibera le plus de piqûres, de morsures, de boursouflures. Il peut être torride ou glacé ou brutalement les deux, on s'en réjouit, on fait remarquer que c'est peu banal. Ces attrape-nigauds ont parfois la vie dure. Il est inutile de citer des noms, il y en a de tous les côtés.

Reste l'autre forme de pittoresque. Il est fait de mesure et de subtilité (c'est le contraire du précédent). C'est un paysage dans lequel on est heureux parce que la gamme des couleurs est accordée d'une façon tendre et affectueuse, parce que les lignes organisent une architecture harmonieuse qu'il est agréable d'habiter. C'est le plus admirable des pittoresques. Il peut s'étendre sur toute la surface d'un pays. Il n'est plus cantonné dans un endroit précis au-delà des frontières duquel la banalité sévit, mais il recouvre de vastes étendues, s'organisant dans la diversité, si bien que tous les horizons proposent des variations infinies du bonheur de vivre. Les plaines se mêlant aux collines, les collines aux montagnes, les vallées aux vallons, les fleuves aux mers, les prés aux forêts, les labours aux paluds, les landes et les guérets aux déserts. C'est de toute évidence le pittoresque le plus efficace. (Sur le plan de l'argent, bien entendu, puisque c'est celui qui touche le plus de gens, que c'est sur celui-là qu'on jugera si nous sommes « modernes » ou si nous ne sommes que vieilles ganaches rétrogrades ; et surtout parce que c'est seulement si nous parlons argent qu'on nous écoutera et que nous avons peut-être une chance de sauver ce qui doit être sauvé.) Le plus efficace sur le plan de l'argent, car c'est tout un pays qui par sa qualité attire et retient. Il n'a plus qu'à se laisser vivre. S'il est assez intelligent pour garder intact son patrimoine de beauté. Car, cette beauté ne tient qu'à un fil. Rien de plus facile à détruire qu'une harmonie, il suffit d'une fausse note.

Il m'a fallu il y a quelques années discuter pendant des mois avec un maire pas plus bête qu'un autre maire pour essayer de lui faire comprendre qu'une prairie (qu'on voyait des portes de sa cité) dans laquelle il brûlait d' « implanter » je ne sais plus quel silo ou quelle coopérative, avait une couleur verte bien plus importante sur le plan local que le silo ou la coopérative. C'était l'évidence même : les horizons d'Alpes, les collines couvertes de chênes blancs, le déroulement d'un plateau couvert d'amandiers qui entouraient ce petit bourg aimé des touristes de passage ne prenaient leur valeur et leur qualité que par rapport à cette admirable tache de vert de la prairie. Quoi qu'on fasse à ce vert, l'abolir, ou simplement le réduire, c'était tout détruire. Le maire susdit me traita de poète, ce qui chez certains imbéciles est la marque du mépris le plus amical et le plus condescendant. Il « implanta » son silo ou sa coopérative aux applaudissements de tout le monde. Un an après, ils déchantaient tous, et en particulier les hôteliers de la région. « Les gens ne s'arrêtent plus, disaient-ils. Ils passent, jettent un coup d'œil et s'en vont. » C'est qu'on ne tient pas à avoir un silo ou une coopérative sous les yeux. C'est que ces constructions, au surplus modernes, ne contribuent pas au bonheur de vivre. Ceci se passait il y a cinq ans. Aujourd'hui il n'y a plus un seul hôtel dans la cité dont je parle. Mais, bien entendu, pas un de ces pauvres gens ne voudra croire à la vertu du simple vert de la prairie [1].

La bêtise et l'absence de goût ne sont pas les seuls ennemis des beaux paysages, il y a aussi ce qu'on est convenu d'adorer sous le nom général de science. Il suffit de quelques pylônes « judicieusement » placés pour détruire toute beauté, qu'elle soit subtile ou plantureuse. Il est à remarquer que les pylônes sont toujours « judicieusement placés ». Ils sont toujours « au beau milieu ». Et là rien à faire ! qu'il soit clair, qu'il soit manifeste, qu'on est en train de détruire un héritage de grande valeur, on vous répondra : « C'est le progrès ! »

Eh bien, non ce n'est pas le progrès. Il n'est pas vrai que quoi que ce soit puisse progresser en allant de beauté en laideur. Il n'est pas vrai que nous n'ayons besoin que d'acier bien trempé, d'automobiles, de tracteurs, de frigidaires, d'éclairage électrique, d'autoroutes, de confort scientifique. Je sais que tous ces robots facilitent la vie, je m'en sers moi-même abondamment comme tout le monde. Mais l'homme a besoin aussi de confort spirituel. La beauté est la charpente de son âme. Sans elle, demain, il se suicidera dans les palais de sa vie automatique.

---

1. Ce paragraphe appelle la comparaison avec ce passage d'une chronique antérieure : « Je connais un petit village dans le Var (pourquoi taire son nom ; c'est : Saint-Martin-des-Pallières) qui a fait classer une prairie. Parce que cette prairie mettait une belle tache de vert sombre sur un tertre où ce vert était une bénédiction pour l'œil. Bravo !!! Il ne fallait que quelques hommes intelligents ; peut-être un seul a suffi, qui a persuadé les autres » (« Carnets », *La Nouvelle Revue française*, août 1961). (N.d.É.)

C'est ce qu'a compris la Société scientifique et litéraire des Basses-Alpes. Elle vous propose ci-après le catalogue des richesses artistiques et monumentales de notre département.

[1966]

32.

Protestation contre l'installation
d'un centre nucléaire à Cadarache

La municipalité de Manosque (je cite cette ville parce que c'est la plus importante de la région), le Conseil général des Basses-Alpes et les élus du département ont accepté bêtement (je tiens au mot), et même avec un enthousiasme de naïveté primaire et de politique de comice agricole, la création du Centre nucléaire de Cadarache.

Je voudrais poser trois questions :

Le centre, qui a été présenté aux populations comme un centre d'étude, ne serait-il pas en fin de compte un centre de production ?

Est-il exact que le recrutement des spécialistes destinés à ce centre, qui devait être assuré par volontariat, a les pires difficultés pour trouver des volontaires et qu'on est obligé de désigner le personnel d'office ?

Étant donné qu'on va me répondre sûrement que même la production à Cadarache ne présentera aucun danger, pourquoi ce centre inoffensif n'a-t-il pas été installé tout simplement à Paris et plus spécialement dans les jardins inutiles de l'Élysée ? La proximité de la Seine lui assurerait plus certainement que la Durance le débit d'eau nécessaire à son fonctionnement.

Cadarache est à 8 kilomètres à vol d'oiseau de

Manosque : 10 000 habitants ; à 4 kilomètres de
Corbières, Sainte-Tulle, Vinon : ensemble d'environ
4 000 habitants ; à 9 kilomètres de Gréoulx-les-
Bains : station thermale ; à 600 mètres de la route
nationale Marseille-Briançon, à trafic intense.

Si on me répond que le site de l'Élysée est magnifique, sans en disconvenir je répondrai que celui de
Cadarache ne l'est pas moins. Si on me dit que, malgré son innocuité certifiée, ce centre nucléaire ferait
courir quelque danger à Paris et aux hôtes de l'Élysée, je répondrai que notre sort et celui de nos
enfants présents et futurs nous sont également très
chers.

Bref, il s'agirait de savoir quel est le prétexte qu'on
peut faire valoir pour justifier physiquement et méta-
physiquement l'implantation de ce centre nucléaire
(assuré inoffensif comme tous les centres nu-
cléaires) dans le site de Cadarache.

[1961]

33.

« Tout le long du xixe siècle... »

Tout le long du xixe siècle et pendant la première
partie du xxe, les villages de montagne de Haute-
Provence et du Dauphiné se sont dépeuplés. Certains
comme Redortiers (canton de Banon), qui avaient
eu en 1750 sept notaires ne sont plus aujourd'hui
qu'une tache blanche sur les contreforts de la montagne de Lure ; toutes les maisons se sont écroulées
et le vent en a emporté la poussière ; il ne reste strictement plus rien. Ce dépeuplement a plusieurs raisons qu'il faut énumérer.

À la fin du xviiie siècle, la Révolution, en faisant disparaître le château, a bien souvent dissous le caille-
lait social qui tenait la population assemblée ; les
idées nouvelles ont inquiété les habitants, qui y ont
pris des curiosités et des motifs de déambulation ;
leur masse est devenue fluide. Au début du siècle suivant, les terribles conscriptions napoléoniennes ont
dispersé la jeunesse dans des maquis de désertion.
Tout au long du xixe siècle, les treize épidémies de
choléra qui dévastèrent le pays de 1827 à 1898 firent
mourir un grand nombre de gens : aux Omergues,
dans la vallée du Jabron, tous les habitants du village
furent emportés en 1832 ; reconstitué, le village fut
de nouveau décimé jusqu'à trente-sept survivants sur
une population de trois cent quatre-vingt-quinze en

1854 ; Saint-Vincent détruit à 90 % fut reconstruit dans la vallée. Enfin, dès le début du modernisme, les moyens de divertissement mécanique et les salaires mensuels attirèrent vers eux toute la partie légère des habitants de la montagne ; femmes et filles glissèrent vers les cinémas et les dancings à néon, garçons et jeunes hommes s'engloutirent dans des métros un poinçon à la main, déambulèrent dans des rues cartable de facteur sur le ventre, ou coiffés de casquettes argentées tournèrent la manivelle de rhéostat du wattman. Il faut dire que dans bien des cas, ils y étaient obligés : petits paysans, leurs terres encore partagées entre frères et sœurs ne suffisaient plus à les nourrir ; il était non seulement facile de céder à la tentation, mais obligatoire. Restèrent des vieux, trop vieux pour partir, qui finalement moururent. Subsistèrent parfois jusqu'après la guerre de 14 (qui donne le coup final) des hurluberlus, des poëtes, des idiots : ainsi une nommée Marie qui était les trois à la fois assura la continuité de Saint-Julien-le-Montagnier jusqu'à l'époque des « estivants ».

Le mouvement de fuite se renversa après la guerre de 39. On comprit que la vie n'était pas rose. On apprit que pour avoir un poireau, il fallait de la terre. On songea qu'il y avait de la terre, des poireaux et bien d'autres choses, là-haut d'où on était parti. Il n'était pas question de revenir bien entendu, on était installé, on espérait le miroitement des H.L.M. et enfin on n'emporte pas l'usine à la semelle de ses souliers comme le dit la sagesse des nations, mais il y avait le regret : le village abandonné entrait dans les conversations avec un visage d'Hespérides. Les successives découvertes de la science, leur multiplication rapide, installèrent bientôt un abrutissant confort. On rêva non seulement aux libertés des montagnes, mais aux candeurs de la sauvagerie. Des milliardaires achetèrent des barbecues. Un petit lot de « remontants », dans lesquels il faut bien le dire se trouvait une grande proportion d'hurluberlus sem-blables à ceux qui étaient restés les derniers sur les positions désertées, grimpa (en auto) les pentes de la montagne. On s'exclama sur la beauté des granges ruinées ; le plus petit bout de ferrure de mulet ou de gond de porte fut considéré comme pièce de musée. Le premier émoi passé, on en revint ; l'hurluberlu avec (la plupart du temps) sa guitare s'échappa par la tangente. Arriva « l'estivant » et, mêlé à l'estivant, l'anarchiste, le vieil et bon anarchiste sur lequel toutes les sociétés sont construites. Celle-ci se construisit donc, ou plus exactement se reconstrui-sit. On mit des volets neufs à de vieilles fenêtres, des toits à des murs ouverts aux quatre vents.

Si ce domaine ne devient pas la proie des archi-tectes et des esthètes, la saine beauté va peut-être avoir dans ces montagnes un dernier refuge.

12 juillet 1965

NOTE BIBLIOGRAPHIQUE

Nous donnons ci-dessous pour chaque texte les références de la première publication et le titre qui lui était alors donné, lorsqu'il diffère de celui sous lequel il est repris ici.

1. « Comme une tache d'huile, la Provence... » ;
Cartoguide Shell-Berre, 1958.

2. « Il est vain de vouloir réunir... » :
Images de Provence, Les Heures claires, 1961. Le texte de cette édition diffère sur des points de détail de celui du manuscrit, d'après lequel il est reproduit ici.

3. « Quand on vient du Nord et qu'on a dépassé Valence... » :
Transcription réalisée par Robert Ricatte d'une interview de Jean Giono avec Michel Moy, O.R.T.F., décembre 1961. Le texte de cette édition diffère sur des points de détail de celui du manuscrit, d'après lequel il est reproduit ici.

4. Le printemps en Haute-Provence :
L'Écho de la mode, 5 juillet 1964.

5. Lettre sur les paysages provençaux :
« En guise de préface », catalogue de l'exposition « Paysages du Midi, de Cézanne à Derain », Aix-en-Provence, Pavillon de Vendôme, 1969.

6. « Je ne connais pas la Provence... » (1936) :
Texte figurant dans le *Journal* de Jean Giono à la date de mai 1936 ; publié sous forme de plaquette illustrée par Pierre Lanoé, Lo Païs, 1976.

7. « Ce que je veux écrire sur la Provence... » (1939) :
Publié en brochure avec des illustrations de Girieud par les soins

de la Source Perrier (achevé d'imprimer le 28 février 1939) ;
repris en 1943 dans *L'Eau vive*.

8. Arcadie ! Arcadie ! (1953) :
Publié sous ce titre et illustré par Lucien Jacques dans les *Cahiers*,
puis aux éditions de L'Artisan ; repris dans le recueil posthume
Le Déserteur (1973).

9. « J'ai beau être né dans ce pays... » (1954) :
Préface à *Provence*, « Les Albums des Guides bleus », Hachette,
1954. Le texte, qui avait été abrégé dans cette édition, est ici
publié dans sa version complète telle qu'elle a été donnée dans le
recueil *Provence* illustré par Lucien Jacques, Rico, Manosque,
1957.

10. « On n'a jamais fini de connaître... » (1957) :
Préface à *Provence*, illustrations de Jacques Thévenet, La Belle Édition, Paris, 1957 (ce recueil contient les trois textes numérotés
ici 7, 8 et 9).

11. Sur une géographie scolaire des Basses-Alpes :
Préface à Léon Isnardy, *Géographie du département des Basses-
Alpes*, Mollet, Manosque, 1939.

12. Basses-Alpes :
Préface à E. Borrély, *Basses-Alpes, Haute-Provence*, Alépée, Paris,
1955.

13. *04* :
Transcription du commentaire enregistré par Jean Giono pour le
court métrage *04* réalisé par Marcel Seren, 1968.

14. Manosque :
Publié avec les textes numérotés ici 7, 8 et 9 dans le recueil *Provence* illustré par Lucien Jacques, Rico, Manosque, 1957.

15. Itinéraire de Nyons à Manosque :
Revue du Touring Club de France, juillet-août 1964, sous le titre
« Itinéraire ».

16. Itinéraire de Manosque à Bargemon :
Elle, juin 1963, sous le titre « Sur les grands chemins de Haute-
Provence ».

17. Charme de Gréoulx :
Reflets de Provence et de la Méditerranée, mai-juin 1953.

18. Revest-du-Bion :
Marianne, 23 août 1933, sous le titre « La Haute-Provence ».

19. La montagne de Lure :
Visages du monde, septembre-octobre 1934, sous le titre « Belle terre inconnue ».

20. Les monts de Vaucluse. Gordes :
Préface à Fr. et Cl. Morenas, *Circuits de découverte des Monts de Vaucluse, Gordes et le Haut Pays lavandier*, Auberge de Jeunesse de Saignon, Vaucluse, 1961.

21. Les gorges du Verdon :
Texte manuscrit reproduit sur une brochure touristique, *Les Gorges du Verdon*.

22. La Crau :
Publié sous le titre « Des moutons » dans *Livres de France*, février 1959.

23. La Méditerranée :
Sabena-Revue, n° 1, 1959.

24. Légendes de la Haute-Provence :
Revue *Fiat*, janvier 1938.

25. Les santons :
Préface à Albert Detaille, *La Provence merveilleuse, Des légendes chrétiennes aux santons*, éd. Detaille, Marseille, 1953.

26. Sur des oliviers morts (I) :
La Nouvelle Revue française, décembre 1961, « Carnets ».

27. Sur des oliviers morts (II) :
Sur des oliviers morts, texte inédit de Jean Giono, dessins originaux de Michel Moy, Pierre Fanlac, Périgueux, 1959.

28. La lavande :
Texte publié d'après le manuscrit ; publication non identifiée.

29. Les fermes ne marchent pas avec le siècle :
Plaisir de France, mai 1959.

30. Maisons en Provence :
Le Dauphiné libéré, 7 mai 1965.

31. « Un paysage dans lequel on est heureux... » :
Préface à Raymond Collier, *Monuments et art de Haute-Provence*, Société scientifique et littéraire des Basses-Alpes, Digne, 1966.

32. Protestation contre l'installation d'un centre nucléaire à Cadarache :
L'Arc, n° 13, hiver 1961, p. 93.

33. « Tout le long du xixe siècle... » :
Préface à Pierre Melet, *Antonaves, mille ans d'histoire*, 1965.

*

Sylvie Durbet-Giono, Pierre Citron, Pascal Mazodier et l'équipe de l'Association des Amis de Jean Giono m'ont aidé dans la réunion de ces textes et la préparation du recueil.

Celui-ci est enrichi, dans cette nouvelle édition, du texte n° 14 bis qui m'a été communiqué par M. André Tillieu, d'une version plus complète du texte n° 9 communiquée par M. Claude Schneeberg et de plusieurs précisions bibliographiques apportées par MM. Gérard Allibert, Gérard Giraudin, et Roger Schmitt.

Que tous en soient ici remerciés.

INDEX DES NOMS DE LIEUX

DU MÊME AUTEUR

Aux Éditions Gallimard

Romans – Récits – Nouvelles – Chroniques

LE GRAND TROUPEAU.
SOLITUDE DE LA PITIÉ.
LE CHANT DU MONDE.
BATAILLES DANS LA MONTAGNE.
L'EAU VIVE.
UN ROI SANS DIVERTISSEMENT.
LES ÂMES FORTES.
LES GRANDS CHEMINS.
LE HUSSARD SUR LE TOIT.
LE MOULIN DE POLOGNE.
LE BONHEUR FOU.
ANGELO.
NOÉ.
DEUX CAVALIERS DE L'ORAGE.
ENNEMONDE ET AUTRES CARACTÈRES.
L'IRIS DE SUSE.
POUR SALUER MELVILLE.
LES RÉCITS DE LA DEMI-BRIGADE.

LE DÉSERTEUR ET AUTRES RÉCITS.

LES TERRASSES DE L'ÎLE D'ELBE.

FAUST AU VILLAGE.

ANGÉLIQUE.

CŒURS, PASSIONS, CARACTÈRES.

LES TROIS ARBRES DE PALZEM.

MANOSQUE-DES-PLATEAUX, *suivi de* POÈME DE L'OLIVE.

LA CHASSE AU BONHEUR.

ENTRETIENS avec Jean Amrouche et Taos Amrouche présentés et annotés par Henri Godard.

PROVENCE.

Essais

REFUS D'OBÉISSANCE.

LE POIDS DU CIEL.

NOTES SUR L'AFFAIRE DOMINICI, *suivies d'un* ESSAI SUR LE CARACTÈRE DES PERSONNAGES.

Histoire

LE DÉSASTRE DE PAVIE.

Voyage

VOYAGE EN ITALIE.

Théâtre

THÉÂTRE (Le Bout de la route – Lanceurs de graines – La Femme du boulanger).

DOMITIEN, *suivi de* JOSEPH À DOTHAN.

LE CHEVAL FOU.

L'HOMME QUI PLANTAIT DES ARBRES. *Illustrations de Wili Glasauer (Folio Cadet).*

Traductions

Melville : **MOBY DICK** *(en collaboration avec Joan Smith et Lucien Jacques).*

Tobias G.S. Smollett : **L'EXPÉDITION D'HUMPHRY CLINKER** *(en collaboration avec Catherine d'Ivernois).*

En collection « Biblos »

ANGELO – LE HUSSARD SUR LE TOIT – LE BONHEUR FOU.

Composé et achevé d'imprimer
par la Société Nouvelle Firmin-Didot
à Mesnil-sur-l'Estrée le 30 août 1995.
Dépôt légal : août 1995.
1er dépôt légal dans la collection : mai 1995.
Numéro d'imprimeur : 31950.

ISBN 2-07-039296-1/Imprimé en France.